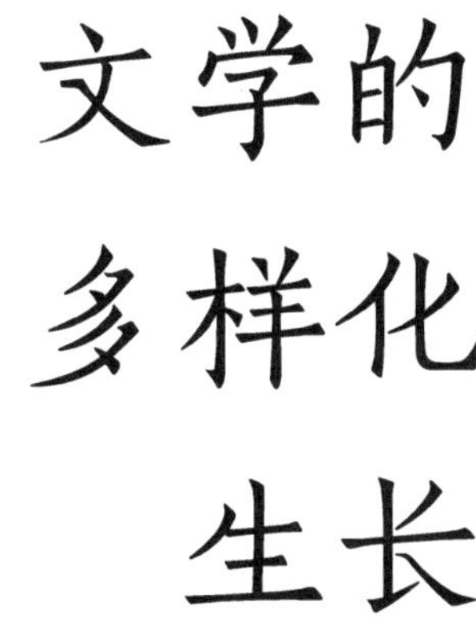

文学的多样化生长

五年（2010—2014）中篇小说印象

陈海艳等 / 著

人民东方出版传媒
東方出版社

图书在版编目（CIP）数据

文学的多样化生长：五年（2010–2014）中篇小说印象 / 陈海艳等著．—北京：东方出版社，2018.12
ISBN 978-7-5207-0374-1

Ⅰ.①文… Ⅱ.①陈… Ⅲ.①中篇小说－小说研究－中国－当代 Ⅳ.① I207.425

中国版本图书馆 CIP 数据核字（2019）第 000114 号

文学的多样化生长——五年（2010—2014）中篇小说印象
（WENXUE DE DUOYANGHUA SHENGZHANG——WUNIAN 2010—2014 ZHONGPIAN XIAOSHUO YINXIANG）

作　　者：陈海艳等
策划编辑：鲁艳芳
责任编辑：杭　超
出　　版：东方出版社
发　　行：人民东方出版传媒有限公司
地　　址：北京市朝阳区西坝河北里 51 号
邮　　编：100028
印　　刷：北京建宏印刷有限公司
版　　次：2018 年 12 月第 1 版
印　　次：2018 年 12 月北京第 1 次印刷
开　　本：710 毫米 ×1000 毫米　1/16
印　　张：16
字　　数：262 千字
书　　号：ISBN 978-7-5207-0374-1
定　　价：49.80 元
发行电话：（010）85924663　85924644　85924641

代序　城市化进程中的小说和小说家何为?

——以弋舟的中篇小说《而黑夜已至》而论

21世纪以来，中国的小说创作，包括中篇小说创作，取得了引人注目的成就。对它的积极关注，可以帮助我们有效地感知当代中国文学的创新发展脉络与内在逻辑。而对之开展“追踪”式的批评实践，自然也就成为当代文学研究者的必然诉求。几年前，基于相对稳定的文学研究立场，我们自行确定了第一期的工作任务，也就是对21世纪初期的中篇小说进行整体性关注和探索，本书就是对这一时段的前五年的中篇小说予以解读和探讨的基本成果。这是一次尝试，我们将会持续下去。

五年间，中篇小说的发展是颇为繁复的。在著作中，我们依据作品的主要审美意向和精神品格进行分类，并于必要处在这一基础上适度延伸，探究其中涉及的理论问题。本书的主体部分由六个方面构成，依次是：“社会现实的摹写与批判”“特定历史的回望与现实审视”“人性问题的深度探讨”“乡村的守望与反思”“哲理性意味的文学探寻”“文学命题的理论探索”。“附录”是特例，集中讨论《刘万福案件》这一文本，而这一文本是复杂的、丰富的，具有典范价值。在这个意义上，我们说，当下中国文学获得了多样化的生长。其实，在这几年里，城市小说也获得了很大的发展；当然，其内在肌理和质地还在进一步形成。在我们的初步构想中，“城市文学与知识分子叙事”原是本书的内容之一，但几经考量，我们还是只把关于“70后”代表作家弋舟的中篇小说《而黑夜已至》[①] 的批评文章在这里呈示出来。于是，就有了“代序”之说。

之所以要以之为“代序”，我们的核心意思是：在当前的中国，城市化持续推进，我们确实需要适时地深度思考“城市化进程中的小说和小说家何为”这一问题。毋庸置疑，在当下的文学境况中，这是一个具有普遍性的问题。在某种意义上，或许它还可以被称为当代文学发展的元问题。不仅弋舟在试图解答，本书关涉到的其他小说家其实也在以自己的方式进行回应，我们亦在探索。

一、“城市化进程中的小说和小说家何为”命题的提出

在中国社会发展的特殊性与复杂化的背后存在着一个共性判断，即中国正在由传统农业社会向工业社会过渡，中国社会的现代化走向已成必行之势。伴随着这一剧烈的社会变迁，城市化问题无可置疑地凸显出来，“城市”俨然已经成为一门“显学”，它不仅表现为城市领地在地理版图上的疯狂扩张，更体现在人们生活方式的城市化这一更深层次的意义上。

相比于西方发达国家，中国现代文明的发轫期相对滞后，而当下中国后发的城市现代化不可回避地置身于经济全球化的社会语境中，其城市化起步晚、底子薄的短板与建设国际化大都市的热潮之间的相互作用必然会带来诸多矛盾和问题。比如，盲目地寻求城市建筑面积最大化导致的耕地面积锐减；大量农民被迫进入城市成为漂泊无依的“游牧人”；大拆大建带来的历史文物遗失和生态环境破坏；一日千里的科技进步使人的神经变得过度紧张又趋于麻木，与技术的日渐强盛同时出现的是人的精神力量逐渐式微，导致人对于价值的判断准则变得随意、荒诞，随之而来的是社会个体的生存与发展陷入严重的困境……正如弋舟所说，这些问题势必爆发得格外凶猛，给人

---

① 弋舟的中篇小说《而黑夜已至》原载于《十月》2013 年第 5 期，随后获得了广泛的关注，2013 年第 10 期的《北京文学·中篇小说月报》、2014 年第 1 期的《新华文摘》等先后予以转载。该作品引文具体出处下文不再一一标示。

造成的痛苦也势必会格外强烈。①

面对这样的时代与社会境况，对城市的书写成了任何一个具有现实主义精神和现实主义勇气的中国作家、小说家无可回避的基本的文学创作倾向。然而，问题是，中国作家、小说家究竟应该怎样开展自己的城市书写呢？换言之，在当下的中国城市化进程中，小说与小说家应该如何作为？

对于其中篇小说《而黑夜已至》，弋舟明确地将其定位为严格意义上的“城市小说”。作品展示出当代城市人群的某些精神共相，将小说家的时代生命体验纳入“对于人的描述”这一亘古的文学命题中，展示出文学应有的“劝慰”性力量。他以强烈而敏锐的艺术直觉和娴熟的叙事技巧，对当下的人之存在与发展的命题作出深入解读和探索。其实，这也是他对“城市化进程中的小说和小说家何为”这个时代性的重大文学问题的一种独特而又自觉的回应。我们认为，这一文学观念和立场是颇具合理性的，理应获得更大的共识。也就是说，弋舟的这一城市小说的书写努力，为中国城市化进程中小说家的文学创作确立了一种基本而又明确的方向。

二、小说家的时代性生命体验与当代城市小说书写

在当下的城市化进程中，小说家对于世界和人的感受与诸种城市符码交错纠缠，他们经历着某些别样的生活经验和生命体验，并须适应此种生活的变化，以时代性的生命体验建构自己的作品，创造出新的文学范式与规律，乃至新的美学况味。《而黑夜已至》即是小说家弋舟基于时代的社会与文化境况，以自身的生命体验和明确的文学意图尝试当代城市小说书写的产物，作品中彰显出浓郁的现代城市特质。

这种特质尤为突出地展现在文本中诸多城市符码的设置上，那亦是弋舟塑造“城市小说”的着力点。此处所讲的城市符码不是特指在具体的某座城市中具有鲜明辨识度、能够成为城市名片的某个建筑、人物或是典故等，而是在整个时代城市发展坐标轴上具有标志意义的存在，这些存在给人的情

① 弋舟：《创作谈：而黎明将近》，《北京文学·中篇小说月报》2013年第10期，第32页。

感、思维和生活方式带来深刻而持久的影响。小说中的“我”叫刘晓东，政法大学艺术学院艺术史专业教授，半年前靠百度搜索确认自己患有抑郁症，“有着与现实环境不相称的悲观”。小说开头交代驻唱歌手徐果约“我”见面，是为了让“我”帮她讨要100万的赔偿金（后来才知道，那其实是在为一场讹诈做戏），因为她得知十年前导致她父母双双殒命的车祸的真凶是一个叫宋朗的大集团老板，而不是帮他顶罪的左姓司机。“我们”约在一家“我”常去的咖啡馆见面，“我”提前到了，看见“窗外的马路被隔离墩分割成两半”，“我”“总觉得这样的马路像是一根超长的、闭合了的拉链”。弋舟笔下的这根“超长的拉链”，其功能与现实生活中的拉链正好相反。当真正的拉链拉起时，起到的作用是“接合”，而在城市中，这根“超长的、闭合了的拉链”的功能却是为了“隔离”——让车辆与车辆、车辆与行人之间有序共行，并且又被躲避车流横穿马路的行人赋予了“捷径”的意义，那些找准时机、运气好的人从上头跨栏而过就像是“捞着了便宜”，而运气不好的则会“被车流剐擦撞飞”，将“捷径”变成了“险路”，连命都无法保全。这些矛盾意义的综合物象统一在城市人的生活中，其给人带来的利与弊、生机与危机反映出现代人的生存状态已经不容乐观，而他们中的大部分人却仍在麻木地延续着那份无知与浑然不觉。小说中诸如此类的物象还有很多，“茶、可乐、咖啡，10年，5万名女性，20%、15%，多巴胺”，从日常饮品到与城市精神疾病相关的各种数据统计和特定的医学名词，都是城市的符号。这些符号让身处其中的人感觉到从前只面对土地和植物的生存状态对于他们来说完全是另一个世界。性格鲜明的城市符号在作品的每一处细节中几乎都能看到，显然，这是小说家基于自身的时代性生命体验而有意为之甚至精心设计的，而这也正体现出弋舟在创作观察力和技法上的过人之处。

虚拟的网络组建起人与人之间繁杂的关系网，同时又恰恰因此而阻隔了人们精神世界的交流和伸展。在今天，手机无疑不仅仅属于城市，但它又确乎是城市生活样态的重要表征。小说中人物的行为甚至是思维活动，几乎都离不开手机的参与。小说刚开始，“我”用手机隔窗抓拍横穿马路的男男女女，要么是在毫无目的地拍照，要么是在谈话时趁徐果翻手机的间隙“低头争分夺秒地刷了一下自己的手机”。作为一个情绪容易极端化的抑郁症患者，“我”厌恶人群中的嘈杂，但又不甘被世界冷漠遗弃，因此“我用尽手机所有的功能，以此和世界发生虚拟的关系”。可是，互联网上微博更新的速度和数量都远超出“我”的预想，这让“我”感到虚无和惶恐，因为“网络为世事的真相加冕”，“我”亲历过的事情和拍摄的照片一旦被网络删除就如同宇宙中的粒子，完全可以视为不存在。由此“我”对于如何判断世界的真实性产生了惶惑，并对现存就一定是真实确凿的存在产生了质疑。但是“我”又无力跳出这张无边的资讯网络，不得不依赖信息资讯来定位自身的存在。因为难以离开手机，沉溺并迷信网络的真实性而又不至于完全迷失，半年来“我”每天都在夜晚拍一张位于家对面的立交桥的照片，再配上“而黑夜已至”的文字上传到一个名叫“我是刘晓东”的微博账号上，试图从反复完成这套规定动作的习惯中找到存在的意义，表达内心的恐慌，或许还在借此传达某种求救的信号。在“我”身上发生的由虚拟和真实交错的网络带来的一切，正体现出现代城市人生存的窘境——这自然也是作家的一种时代性的生命体验，将一种无名的虚幻力量看作决定整个世界存在的决定性力量，将精神活动关闭在狭隘的范围里，最终导致看不到任何向前发展的可能性。

此外，在小说中，我们可以明确感受到的是，城市强大的复制功能吞没了所有事物的独特性，就连女人相貌的美丽，这种本应是与生俱来的某种天赋，竟也成为“流水线上成批加工出来的”，因为重复、雷同而变成廉价和个性缺失的庸常之物。与徐果初次见面时，“我”认为她眼中具有独特美感的“黑褐中泛着蓝色的薄翳”的“奇异色泽”，其实源自再平常不过的两片彩色美瞳镜片，很多“80后”和“90后”的年轻人都会用它来使眼睛放大而变得更加有神。“城市里像这样的漂亮女孩比比皆是”，人与人的差别被城市的复制功能日益磨平，使得“这世界像一台巨大的磨具”。城市迅猛的科技进步一方面在不断地创造奇迹，给人们的生活带来各种惊喜，而另一方面，又以惊人的复制能力和快速的传播路径使它们迅速商品化，将那些人们原以为是稀世珍品的“原作”变成日常生活品。因此，最新的技术成果不断地产生，“原作”又迅速地将其独特性消除，使技术现代化的城市呈现出机械复制的一致性。人们周边到处都是一样的房子，一样的街道，相同的物品，甚至是人，都像是一条流水线上生产出来的产品。这让人在感受生活的便捷之余，对于先前凸显的“个性”逐渐丧失记忆。这是当代城市特质的一个基本表现，也是弋舟自觉地以自己的文学与生命感知构筑出来的城市景象。

三、一个亘古的命题：小说、当代城市小说作为“对于人的描述”

在《而黑夜已至》中，弋舟不仅将笔触确立于洪荒的城市中，揭示出浮华光鲜的城市背后那些矛盾、虚无、荒谬的现实场景，而且更淋漓尽致地呈现出身处其中的都市人充斥着疑虑、冷漠、孤独、焦躁、迷惘和罪恶的内心世界。其实，前文的分析和论述已然涉及这样的问题。弋舟在进行一场有目的的文学试验，要求自己与时代自觉勾连从而展现出繁复的现代城市生活中人的生命状态的沉重、复杂，甚至是诡异的状态。

在今天的城市化进程中，小说家、小说都相应地具有了一些新的要素，但是，更为重要的是，当小说家以新的要素建构小说文本时，最终又必须，也只能落实和回归到“对于人的描述”这一文学亘古的要义上，对此，弋舟有着清醒而明确的认识。[①] 其实，这也是文学伟大的精神传统，今天的小说家需要以小说的方式、以今天的方式，自觉地呼应这种伟大的精神传统。毫无疑问，《而黑夜已至》是对这种文学伟大精神传统的积极回应，它叙述、揭示出如火如荼的中国现代城市化进程中人的生存与发展的困境，尤其是人内心的隐疾——人性的“黑夜”。

1. 我持躲避以应世界

因丧母、离婚、精神状态出现问题，学校给了“我”半年的假。自我诊断为抑郁症之后，“我”开始以一个抑郁症患者的眼光打量这个世界，周围的一切都自然镀上了一层病态的抑郁色彩，而这种“病态”正是作家着意要表现和揭示的。通过百度搜索，“我”总结出了抑郁症的不少症状。这些症状的产生源于“我”在诸种城市符号构筑的城市时空中迷失了生活的目的

---

① 弋舟：《创作谈：而黎明将近》，《北京文学·中篇小说月报》2013年第10期，第32页。

性，不能理解这种生活，找不到意义的存在，因此感觉生命缺乏保障而逃避到疾病的旗帜下瑟缩过活。半年来，“我”在同一家咖啡馆吃午餐，避开选择其他餐馆的烦扰，去的时候大都是过了正常的用餐时间，那是为了能得到一个固定的座位，在最后面，靠窗，圈起一个自己的地盘。在马路上行走时看见身旁的人罹受交通事故或是偶遇斗殴事件，“我”也只是漠然走开，回到一个人的住所在网络上舔舐自己无能的伤疤。甚至这半年来都未能与身边的情人杨帆有任何亲密的接触。这种躲避的姿态让“我”在浩荡的时代洪流中感到无力、虚无、茫然，但因内心隐约仍有疗救的愿望而感到痛苦万分。正如被徐果反复唱到的一段歌词：“这城市那么空 / 这胸口那么痛 /……/ 这快乐都雷同 / 这悲伤千万种 /Alone。”每一次“我”逃避现实蜷缩蜗居，都会坚持那个日复一日的习惯，给立交桥拍照，配上同一句话：“而黑夜已至。”这降临的“黑夜”，实则是人被孤独和冷漠的洪流淹没之后的精神景象。

2. 无处安放的灵魂何以归家

“我”感觉到自己的灵魂在这些城市符码中无处安放，因而对这个世界冷眼旁观，用躲避的姿态予以回应。其实，小说中灵魂在城市中漂浮无定的岂止是“我”一人。杨帆，离婚多年，没有孩子，在某中学做音乐老师，独身一人生活在学校分配的老式楼房里，是“我”儿子的小提琴老师，也是“我”的情人。她的感情处在与“我”之间没有名分的关系中，在城市的上空漂移。徐果，虽然只有二十来岁的如花妙龄，可不算长却充满坎坷的唱歌生涯让她掌握了与年龄不符的老练的处事能力，在通过“我”从宋朗那儿得到 100 万“赔偿款”之后，她预计将其中的 50 万给男友左助去日本留学，30 万给对她而言像妈妈一样的老师杨帆用作新房的首付，还有 20 万给“我”作为酬劳，却没有为自己预留一分钱。她生命的流向正像她的驻唱职业一样，永远在寻找地方作暂时的停驻。“我”所在学院的院长郭劲涛和宋朗一样，都因为生活紧逼的胁迫而患过抑郁症，经历过“我”正经历着的所有黑暗。左助，年轻的吉他手，是帮宋朗顶罪的司机的儿子，喜欢徐果，但他却不想了解徐果的世界，甚至将两人之间的关系草草以异性朋友来界定，在徐果死之前，他的心似乎还在无法抵达的日本。

当技术理性的普及给人们的生活带来秩序和便捷时，人在肉体和精神上都开始对工具产生依赖，逐步丧失人作为真实存在而应有的对于世界的警觉和应该保持的距离。小说中的人物都是在城市生活中无处安放甚至已经丢失灵魂的罹难者，他们找不到一个固定的人际关系，临时性的工作随时可以被置换，“性”也成为没有责任的即兴行为，过着对于他人而言无足轻重的生活。

3. 我能相信什么

这种冷淡麻木的生活状态有时会随着一种被彻底遗弃的虚无感的激活而使人陷入焦虑之中。这焦虑源于对人、对世界的不信任而导致的对自身和他人真实存在的不确定。

徐果算是闯入“我”的病态生活中的一个不稳定因素，在不认识她之前，“我”的生活还是一如既往地处于病态的平静中。小说中多次提到徐果眼睛里戴的美瞳让“我”对那种奇异的美感到惊奇，同时出于专业角度，“我”试图去探究这美的来源。而人进行的一切主动认知活动的初衷都出于怀疑的暗示，果然，在百度上搜索之后，“我”发现那眼睛的美原来都不是“我”所以为的；在反复确定徐果的身份和她拜托“我”的事情的真实性之后，“我”帮她拿到了那笔“债款”，而当从宋朗那儿知晓真相的那一瞬间，“我”否定了徐果，主观认定是她利用了“我”，“我”万万没想到会被一个命运坎坷又看似清纯的小姑娘玩弄。当得知徐果在刚拿到钱的下午就出车祸身亡后，“我”又立马怀疑那是宋朗为了杀人灭口而犯下的罪恶。大量信息的产生和处处雷同的生活环境，让“我”怀疑身边存在的一切，只能靠重复简单的照片拍摄之类的生活习惯来寻求生活中“单纯而稳定的特质”，以此维系病态生活的“常态”。

当所有的一切都归结为无意义的虚无，此时便没有任何信息和人能够被看作真实可信的了。小说中过着无根生活的城市人的生命前进的基础在于忘却，或是暂时被忘记，因为他们的种种罪恶和苦痛在单向度的生活习惯中显得格格不入，他们又缺乏某些必要的前瞻性思维方式和有目的性的规划，以至于记忆和预见都必须也可以从脑中淡化，因此生活中也没有什么东西是具有真实存在性而让他们选择相信的。

如前所述，我们无可置疑地正经历着一场剧烈的社会变迁，“生产的不断变革，一切社会关系不停地动荡，永远的不安定和变动……一切固定的古老的关系以及与之相适应的因素，被尊崇的观念和见解都被解除了，一切新形成的关系等不到固定下来就陈旧了。一切固定的东西都烟消云散了，一切神圣的东西都被亵渎了。人们终于不得不用冷静的眼光来看他们的生活地位、他们的相互关系”①。是的，社会的现实发展让小说家，也让我们不得不冷静地审视自身的生活与生命状态。在现代化、城市化快速发展的当下进程中，人的精神出现了一些普遍性的问题，更多的痛苦与不安裹挟着人们，进而导致了人性的黑夜。在这之中，现代性的自反性问题明白无误地暴露出来——社会在进步，人的问题却越来越严重，现代化进程在一定意义上加深了人的问题的严重化。社会的现代化进程越是深入，人之生存的基础就越容易遭遇改变、消减甚至是移除。这种问题对于城市来说更为突显，人们面临的矛盾和冲突也更为尖锐、更为复杂，从而更加迫切地需要得到解决。

如果说当代城市人生存状态的各种隐忧是城市现代化带来的必然结果，那么，处于其中的个体就需要从中抽离出来，对城市现代工业社会形态进行自我反思，进而整合、规划出一条更为合理的现代化道路。我们无法演算出现代性自反性的必经历程，但其中有一个核心命题不可回避，即在自反性的现代化过程中还原“人”的底色，树立真正的“人”。这也是文学这门艺术中恒久不变的题中之义，因此，当代小说家、当代小说、当代城市小说对这一现象的关注与介入亦是当下文学发展的内在要求。

四、小说、当代城市小说的“劝慰”：“而黎明将近”

那些承载人类发展数千年之久的事物正在被现代化机器高速运转的齿轮粉碎，城市最先为这些机器的进入敞开大门，用实体存在的消失换来不断进

---

① ［德］乌尔里希·贝克、［英］安东尼·吉登斯、斯科特·拉什：《自反性现代化》，赵文书译，商务印书馆 2001 年版，第 5 页。

化的生活必需品和新的社会秩序，而这些换来的东西却并不负责为人提供存在的意义和价值。因此在城市现代化进程中，社会发展不可避免地会衍生出诸多问题，这些问题无可置疑地会给人带来痛苦，使他们感觉到自己的生存与发展受到威胁。弋舟笔下的人物在城市中背负着各自的罪，沉浸在无边的抑郁、猜疑、孤独、迷失、荒谬和苦闷之中。但正如米兰·昆德拉所说："我们惟一的自由是在苦涩与快乐之间选择，既然我们的命运就是一切的毫无意义，那就不能作为一种污点带着它，而是要善于因之而快乐。"[①] 倘若弋舟将笔触仅停留在将城市化造成的诸多精神隐疾展示给人看，表述这些城市人孱弱不堪的精神状态，那么，这种小说的价值究竟有多大呢？这正如他自己在创作谈中提出的问题："对于一个无可避免的事实，进行过度的描黑，除了徒增人的悲伤，究竟意义几何？"弋舟认为，小说家在清醒地意识到自己的小说写作需要与时代相勾连的同时，应该以符合文学创作规律的方式，"给予这个时代某些劝慰性的温暖"。[②]

1. 当代城市小说的文化态度

有关当代城市生活的题材，在 20 世纪 90 年代随着城市经济的崛起开始成为小说家挣脱传统的乡土创作模式而重新开辟的一块思想跑马场。他们开始从社会历史的宏大叙事转向小众性、私人化的个性表达，刻意规避发出崇高、伟岸、壮阔之类的时代强音，转向为非崇高、非庄严、不符合群体意志的小时代规划蓝图。还有一部分先行者察觉到物与人之间的矛盾冲突，着重于批判地呈现人在物质充盈时代的"异化"状态，并对被消抹了历史、深度的时代精神和出现人性迷失的个体发出"魂兮归来"的呐喊。他们面对消费时代人们作出的非理性选择自觉保持警醒的态度，甚至是尖锐的敌意，在通过文字建立起的理想园地中让人看到其对意义、价值的追问和反思，以及深藏其中的对生命苦痛的抚慰与对平和安宁时代的美好信仰。

弋舟在其城市小说创作中正表现了这样的一种文化态度，即通过描绘城

---

① ［捷克］米兰·昆德拉：《生活在别处》，袁筱一译，上海译文出版社 2004 年版，第 29 页。

② 弋舟：《创作谈：而黎明将近》，《北京文学·中篇小说月报》2013 年第 10 期，第 32 页。

市生活中患有精神隐疾的人的生存状态卑微的无意义，从无望的篇章氛围的营造中，发出一种疗救的吁请。因此，《而黑夜已至》篇末的设置，像一束光，照亮了令人颓丧的漫长的黑夜，给予人片刻的安宁和长远的希望。

小说的结尾，弋舟写道，之前抑郁症给“我”带来的无止境的困倦终于得到了终止，“我”明确地感觉到自己真正地睡着了。在晨曦中醒来，“我”开始关注身边无任何名分，与“我”交往已久的杨帆，开始冲破内心的囚牢，关心她是否因此而沮丧、气馁，产生羞耻感，欣赏她将逼仄的老式房屋装饰得如梦一般的灵巧和勇气。开始正视在这个城市中生活的人身上的罪恶，开始用起码的容忍去认识那些身负罪恶的人也“都在憔悴地自责，用几乎令自己心碎的力气竭力抵抗着内心的羞耻”。这是一股向上的生机。“夜以继日”，寥寥四个字，却预示出暗含转机的节点。“我”记得，昨晚如往常一样平常，只是“我”没有像之前的半年一样，拍下夜色中的立交桥并附言“而黑夜已至”上传到微博，而是在晨光中用手机拍下一片灰白的虚空，将这团白光附上“黎明将近”发到微博上。内心的光明和病情的转机已然到来，“我”已经蓄积起面对一切痛苦的决心和勇气，“我”眼中的世界不再存在过多的阻隔、罪恶和冰冷，而是充满温情、温暖和希望。

2. 城市小说捍卫的文学精神

人，终归是这个世界上最为珍贵的，他需要黎明，需要温暖，在城市化进程中亦如此，甚至此时这种需要还显得更为迫切和紧要。小说、城市小说需要叙写这种黎明与温暖，小说家更要自觉地在自己的小说文本中积极构建这种黎明与温暖。《而黑夜已至》中传达出人的无力、绝望和病态，绝非为了追求苦难叙述效果的另类极致。文学不是一种肤浅的展现和炫耀，它的力量在于召唤洪荒世界中人性的美好，人心中的诗意和尊严永远值得期盼。弋舟就这样说：“我从来相信，时代浩荡之下的人心，永远值得盼望，那种自罪与自赎，自我归咎与自我憧憬，永远会震颤在每一个不安的灵魂里”[①]，所以，在小说中他选择用极度的切痛感来挖掘那种幽暗深处的力量，唤起蒙蔽

① 弋舟：《创作谈：而黎明将近》，《北京文学·中篇小说月报》2013年第10期，第32页。

在长久的黑暗之后人类心中的光明和温暖。

小说究竟应该以何种身份和方式介入这个让人又爱又怕的时代，是一直以来人们不断讨论和探索的话题，也是坚守各自文学理想和价值追求的小说家们难以回避的问题。除了用细致的描摹技术将历史现场还原，或是让读者亲历作家构想出的虚幻场景，那个或色彩斑斓或迷惑杂乱的世界背后，都是作者充满矛盾的同时又在竭力凝聚的一种与时代中的人相关的巨大精神推力，这就是文学的力量。这种如王蒙所说的“九死未悔的郑重”虽不能帮人避开他可能遇到的悲剧性命运——因为在时代发展的洪流中很难对“未来会发生什么”这种问题作出明确的或是令人信服的解答，但存活于这个时代的人，都必须通过自己的存在，在他自己的活动过程中，对这一问题进行回答。而这种预见性的效果却只有在一个目标上才能得以完成，那就是使人类意识到自身。文学的力量就是去捍卫这种意识存在的权力，并且在审美活动过程中，树立起一个精神标杆，激扬起我们弱化了的感知能力，使像沙子一样涣散了的人心，重新聚集成水泥钢筋一般坚毅，能在这一个风雨如磐的时代，照亮无光的精神故园，求得坚强的涅槃。

弋舟的小说以一抹能给人带来安宁和希望的亮色收尾，可能会让读者感到疑惑，为什么作家在给我们带来彻骨的冰冷和痛感之后，要留下一剂宽慰、温暖的药？这是否因为他受到了某种主流价值观的规约，或是对生活作出了过高的预期？现代生活纷繁嘈杂，对人在物质方面的需求能够迅速地满足，因而人容易快速地对冰冷的生产机器产生依赖，这种依赖开始破坏之前人类发展数千年积淀下来的人之存在的基础：个体产生自我力量的能动性。已经越来越少的人能够辨认自身特殊的生存状况，进而去审视、反思、批判和重新建构。相反，越来越多的人如小说所描述，还在被抽走了价值、尊严和痛感神经的机械秩序中麻木苟活。弋舟在小说最后显露的温情，正是源于对人类生存处境的现实经验和客观分析之后在灵魂深处生出的默默关切，对生命，对人生，对城市，对世界。因这一道希望的光，纵使城市中还有层出不穷的猜疑、迷惘、孤独和罪恶，人也能够找到心灵的坚实支撑，往某些未知的方向摸索自身存在的道路。在这一意义上，正如弋舟所说，小说以“而黑夜已至”为名，毋宁说是在呼唤“而黎明将近”。显然，这是一种文学理想。弋舟试图呼吁一种治愈性的、温暖的文学创作倾向，穿透黑夜的层层笼罩，期望构建带有光明属性的文学，从而达到他所说的“给予这个时代某些劝慰性的温暖”。

海德格尔说，诗人不行动，只做梦。“最终的信仰是信仰一个虚构。你知道除了虚构之外别无他物。知道是一种虚构而你又心甘情愿地信仰它，这是何等微妙的真理。”① 如弋舟一样的中国城市化进程中的当代小说家，他们需要具有这种信仰的能力，通过作品去揭露在当下生活中被异化的令人战栗的“人”的相貌，向往和还原被庸常的时空遮蔽的“人”最重要、最根本的生命底色。

---

① ［美］华莱士·史蒂文斯：《最高虚构笔记》，张枣等译，华东师范大学出版社 2009 年版，第 251 页。

目录

第一章　社会现实的摹写与批判　/ 001

第一节　日常生活的美丽与苦涩　/ 001
——论滕肖澜的中篇小说《美丽的日子》
第二节　共同危机下责任担当的冲突　/ 009
——论杨少衡的中篇小说《谁被推倒于地》
第三节　“迷宫”：当下社会与精神生态批判　/ 018
——论范小青的中篇小说《高楼万丈平地起》
第四节　现实批判与内心善良的维护　/ 027
——论弋舟的中篇小说《你的眼目遍察全地》

第二章　特定历史的回望与现实审视　/ 036

第一节　“日常”中的“反常”　/ 036
——论唐颖的中篇小说《女生倦了》
第二节　日常生活的肃杀与中国故事　/ 042
——论张翎的中篇小说《夏天》

第三节 “文化大革命”青春成长的疼痛 / 050
——论李铁的中篇小说《会唱黄歌的大姐》
第四节 历史的伤害与现实社会中协和生活的构形 / 059
——论滕肖澜的中篇小说《去日留声》

第三章 人性问题的深度探讨 / 067

第一节 繁复、坚执与温暖 / 067
——论嘉男的中篇小说《鲜花次第开》
第二节 冲突书写与“不归之路” / 075
——论刘庆邦的中篇小说《东风嫁》
第三节 人的多维性存在及其极致状态 / 083
——论迟子建的中篇小说《晚安玫瑰》
第四节 边界模糊：人性的深度探测 / 091
——论须一瓜的中篇小说《智齿阻生》

第四章 乡村的守望与反思 / 100

第一节 为乡村而歌 / 100
——论南在南方的中篇小说《唱歌》
第二节 并非乡村的胜利 / 108
——论胡学文的中篇小说《风止步》
第三节 当下视域中的乡村坚守与灵魂安放 / 116
——从杨守知的中篇小说《于道生的渔网》谈起
第四节 生活的民间状态与文学创作的价值选择 / 124
——论叶广芩的中篇小说《黄金台》

第五章　哲理性意味的文学探寻　/ 134

第一节　隐秘寻觅里的人生壮丽及生命自由　/ 134
——论胡学文的中篇小说《从正午开始的黄昏》
第二节　可能性的美丽绽放　/ 144
——论邓一光的中篇小说《你可以让百合生长》
第三节　群体性的“无罪暴力”与庸常之恶　/ 153
——由曹寇的中篇小说《塘村概略》延生的思考
第四节　清澈消逝于欲望的肆意增生　/ 164
——论林那北的中篇小说《雅鲁藏布江》

第六章　文学命题的理论探索　/ 172

第一节　“底层”式写作与底层文学的匮乏　/ 172
——从滕肖澜的中篇小说《握紧你的手》说开去
第二节　庸常生活中的诗情与有力量的文学　/ 181
——从张翎的中篇小说《何处藏诗》说开去
第三节　小说赋予现实以意义：一种有效的写作　/ 187
——从计文君的中篇小说《无家别》谈起
第四节　文学的绿色之思：文学生态内质的凸显　/ 194
——从冯俊科的中篇小说《鸦雀无声》说起

附录　邵丽中篇小说《刘万福案件》评价　/ 202

第一节　理想诉求的文学书写　/ 202
——中篇小说《刘万福案件》旨趣之一

第二节　泥淖中的自救与渡生　/ 210
——《刘万福案件》的文学伦理及其现实关怀
第三节　文化中的人与人的文化塑造　/ 217
——《刘万福案件》的文化意蕴及其延展
第四节　“何为小说”与“小说何为”　/ 224
——中篇小说《刘万福案件》中的文学问题

后　记　/ 233

第一章
社会现实的摹写与批判

文学是社会生活的反映，社会生活是文学的源泉。这是一种基本的文学观念。当代小说家需要积极关注中国社会现实，关注中国社会现代化进程中的现实问题，包括社会生活中的日常图景。与此同时，小说家作为社会的良心、深刻的思想者，还需要与社会现实本身保持必要的距离，确立起明确的批判性眼光。有距离，观察和评价往往就更为通透、深入。这是一种时代性要求，不少小说家也在持续地实践着、探索着。

第一节　日常生活的美丽与苦涩
——论滕肖澜的中篇小说《美丽的日子》

在中国现当代文学地图上，上海一直是一个醒目的坐标。从清末民初一直到今天，上海，包括它的物理空间和精神空间，在文学中得以不断地塑造与建构。在《歇浦潮》《九尾龟》《海上繁华梦》等小说中，上海是汇聚天下奇谭的罪恶渊薮[①]；在茅盾、穆时英、张爱玲的笔下，上海是社会关系角力的

① 刘永丽：《20世纪文学中上海书写的现代品格》，《西南民族大学学报》（人文社会科学版）2006年第2期，第145页。

国际竞技场，是现代男女纸醉金迷的世界大都市，是没落贵族昏黄的院落和寓所；在 20 世纪 50—70 年代的书写中，上海消泯了外滩、百老汇大楼等外在场景原有的殖民与消费文化含义，成为纯然的有关工业化生产的符号式表述[①]。尽管上海在中国现当代文学中出现了颇为深刻的变化，但是，一直到王安忆、陈丹燕等作家的文学书写中，上海市民的普通生活，仍然缺少深切、细致的表现。这种现象，在进入 21 世纪之后被改变。一批“真正开始用手中的笔去表现上海普通市民的生存理想与生命和生活状态的作家”将文学表现镜头的视点下沉，“热衷表现都市中的芸芸众生及其日常生活”，从而使对市民社会的表现及市民形象的塑造获得了历史的与审美的双重意义。[②] 这些作家中，滕肖澜是极具代表性的一位。2014 年，滕肖澜凭借其在 2010 年第 5 期《人民文学》杂志上发表的中篇小说《美丽的日子》获得第六届鲁迅文学奖。在这一作品中，滕肖澜以沉着的叙述、精巧的结构，表现出上海市民世俗日常的生活面貌和精神气质，显示出现实书写的独特成就。但是，身为作家的滕肖澜对生活复杂性的完全认同，又难免让人感觉到难言的苦涩。

一、世俗日常的现实书写

李永东指出：“新时期以来，中国的现代化进程唤起了人们对租界时代上海的都市经验的缅怀，人们试图从昔日的上海形象中，寻找理解现代中国的线索……现代化的强烈诉求与怀旧风尚相结合，导致了对号称‘东方巴黎’的旧上海的缅怀和想象。与这股风气相呼应，对旧上海的文学书写渐成气候，90 年代以来更是呈现出滥觞之势。”[③] 怀旧情绪的流行，在某种程度上，表现的是文学书写对世俗日常生活的一种回避。如戴锦华所说：“作为当下中国之时尚的怀旧，与其说是在书写记忆，追溯昨日，不如说是再度以

① 张鸿声：《文学中的上海想象》，《文学评论》2005 年第 4 期，第 165 页。

② 杨新刚：《日常生活及其升华的向度——滕肖澜都市小说叙事主题简论》，《东岳论丛》2017 年第 5 期，第 179 页。

③ 李永东：《纪实与虚构——论 20 世纪 90 年代以来的上海怀旧书写》，《天津社会科学》2009 年第 5 期，第 106 页。

记忆的构造与填充来抚慰今天。”[①] 怀旧，正是要以逝去的光辉——哪怕是想象中的——来弥补世俗日常生活的苍白黯淡（也许是主观上的）。不同于当代上海书写常有的拂之不去的怀旧情结，《美丽的日子》直面当下世俗日常生活，以简单甚至略带粗糙的笔触去表现下层市民日常生活的方方面面。对于小说中人物活动的场所，弄堂与阁楼，滕肖澜没有进行任何描写。在当代上海书写中，外滩外白渡桥、探戈萨克斯风和淑女老克腊，早就成为昔日上海的象征符号，即便是弄堂、阁楼也已演化为今日上海在现代化途中的怀旧对象。但是对于滕肖澜来说，弄堂和阁楼，仅仅只是弄堂与阁楼，仅仅只是人物生存和活动的狭小空间罢了。滕肖澜拒绝了关于弄堂和阁楼的描述，斩断了当代上海书写常常难以避免的伤感和哀怜的调子，自觉拉开与宏大叙事的距离，使得《美丽的日子》在直面当下世俗日常生活的同时，有着一种坚硬的品质。

在弄堂、阁楼狭小的空间中，滕肖澜设置了一个颇富趣味的情境。上海人卫老太守寡抚养儿子卫兴国，不幸的是，儿子幼时因患小儿麻痹症瘸了一条腿，因此年近四十还没找到媳妇。找媳妇这事，卫兴国本可凭着上海户口待价而沽，但现在只能是打折出售。因此，在媒人的操作下，江西上饶的寡妇姚虹进入了卫老太的家。卫老太的犹疑使姚虹处于一个准媳妇和小保姆之间的尴尬位置。于是，一场场较量就在这两位深具人生经验、富有心机的女性之间展开。通过这两个不同年龄、不同地域女人的过招，上海普通市民的生活面貌和精神气质自然而然地从滕肖澜的笔下流出。

姚虹进入卫家的第二天，卫老太便带着姚虹去医院体检。姚虹没有孩子，这一方面固然让卫老太非常满意，另一方面又让做梦都想抱孙子的卫老太担忧姚虹不会生养。因此尽管直白，卫老太还是带着姚虹去医院体检，体检报告显示一切正常，卫老太这才放下心来。这是上海人的精细、小家子气甚至是俗气，但是在俗气之中，却又有一份独特的认真。为什么俗气？俗气出于对生活的认真态度。之所以斤斤计较、多般挑剔，是因为小户人家没

① 戴锦华：《想象的怀旧》，《天涯》1997 年第 1 期，第 9 页。

有多少选择的余地，既然选择了，便要拿出全部的心思和精力去对待。卫老太初步接受姚虹时，耐心地教她学习上海话，去书报亭买时尚杂志《ELLE》《秀》《瑞丽》让姚虹当教科书看，教她怎样打扮、怎样穿衣、怎样摆弄发型。一句话，卫老太要让姚虹这个外地女人成为一个地道的上海媳妇。这自然是为了儿子的体面，是虚荣心作怪，摆脱不了俗气的底子，但是这俗气，因为认真，反而显现出几分雅致来，如同卫老太烧出的上海小菜。姚虹进家门不久，为了给她下马威，同时也是为了调教她，卫老太"手把手地指导"姚虹做上海菜："一道水芹肉丝，水芹菜是最麻烦的，要一片片剥开，小心挑去里面的污泥，半斤水芹菜总得择个一阵子，洗个三五遍才行。而肉丝则必须配合水芹菜的宽度，切得极细，头发丝似的，否则装盘不好看。开油锅一炒，水芹菜里的水便出来了，滗去水，盛到盘里才半盘，却是极费工夫的。还有香煎小黄鱼，便宜东西，也是折腾人的，一条条鱼要开膛剖肚，把内脏拿掉，水龙头下冲洗干净，拿盐腌了，晾个大半日，再放到滚油里煎，一条条进去，香味顿时便出来了。煎的时候不能急，一急受热不均，肉质就不是外脆里嫩了。火也不能太大，否则皮焦了，卖相便差了。卫老太故意烧这两道菜，像新学期给学生上的第一堂思想教育课，把主旨提到一个高度。上海人过日子的意思，精致的简朴，絮叨的讲究——全在里面了。"① 菜是日常小菜，花不了几个钱，却要以态度的认真、工夫的细致去弥补材料的平易，从而显现出主人的品位和生活的滋味。精致的简朴，絮叨的讲究，这是社会底层人家的虚荣，也是他们的尊严；是他们的生活哲学，也是滕肖澜对上海市民生活最精确的概括。

滕肖澜关注饮食男女的柴米油盐。她曾经说过："平民百姓的生活，没有太多大风大浪，有的只是从柴米油盐中渗出的温情、鸡零狗碎里流露出的惬意。"② 在滕肖澜的笔下，柴米油盐、鸡零狗碎不仅是世俗日常生活的物质所需，更是世俗日常生活的滋味所在，甚至就是世俗日常生活本身。正是在

---

① 滕肖澜：《美丽的日子》，《人民文学》2010 年第 5 期，第 5 页。该作品引文具体出处下文不再一一标示。

② 滕肖澜：《城里的月光》，上海文艺出版社 2008 年版，第 252 页。

对世俗日常生活的柴米油盐、鸡零狗碎的描写与表现中，滕肖澜建构起了自身写作的独特领域和风格，显现出了她对前辈作家诸如张爱玲、王安忆的继承与发展。

二、美丽生活的文学表达

婆媳关系是世界文学中一个常见的主题。无论是在中国还是在西方文学中，婆媳双方往往因为激烈的冲突而导致最后的悲剧，夹杂于两者之间的男性也成为冲突的牺牲品，比如哈代的《还乡》，中国南朝的《孔雀东南飞》、巴金的《寒夜》等。但是，在《美丽的日子》中，卫老太和姚虹之间虽也有尖锐的矛盾，但两者之间的冲突却是节制的、温和的，二人你来我往的过招倒像是孩子气似的别扭。夹于二人之间的卫兴国，不仅没有焦仲卿、汪文宣那种撕裂般的痛苦，反而体会到了更为丰富的生活滋味。归根结底，人与人之间的博弈和冲突总是被根植于他们内心深处的善良、温情以及对美好生活的渴求所化解并消除，因而使简单甚至是困窘的日子显示出独特的美丽。

为了能早日成为卫家的正式儿媳，姚虹想出了假怀孕的办法，信以为真的卫老太欣喜万分，开始打开心扉，从心底里接纳这个外地女人。滕肖澜这样写道："两个女人在天井里晒太阳，一个缠线，一个绕团。冬日的阳光落在两人脸上，洋洋洒洒的，很美很温柔。"两个早早成为寡妇的女性，一个想为残疾的儿子找一个得体的媳妇，一个想要重新找到一个完整的家，她们都怀着对美好生活的愿望，相互走近。卫老太和姚虹的相互接纳，是一种纯粹的对世俗生活的美丽诉求，它无关乎外在世界的宏伟和内在世界的深邃，却因真挚和朴素，而独具打动人心的力量。现世安稳，岁月静好，俗世红尘的内心期盼在这两个晒太阳的女性身上得到了最好的表现。

不过，真正将姚虹和卫老太的心融在一起的，不是怀孕，而是事情败露之后姚虹的静坐"威胁"和柔声哀求。这才真正让姚虹和卫老太两者的生命从本质上融在了一起，从而建立起了水乳交融的联系。姚虹的静坐"威胁"和柔声哀求，让卫老太想到了几十年前，丈夫在事故中去世，为了多争取一些抚恤金维持孤儿寡母的生活，她带着孩子，在厂长家门前跪求三个星期的情形。世俗生活之所以是世俗生活，正是在于它不仅仅与激昂壮阔的宏大叙事没有什么关系，甚至在现世安稳、岁月静好的小叙事中，也总是回环牵连、磕磕绊绊。街道花园中，卫老太扶起了姚虹，就如同当年厂长女人扶起自己一样，岁月似乎出现了一个轮回。

> 姚虹的手，有些粗糙。卫老太触到的时候，不自禁地打了个寒战。有什么东西在心头流转，只一瞬，便似穿越了几千几百个日夜。原来日子竟是流动着的呢——昨天是今天，今天便是明天，明天又是昨天，日子是打着圈过的。卫老太拿自己的心，去比照她的心，明镜般清清楚楚，一幕一幕都映在上面，都是不容易呢。为了这个“不容易”，卫老太牵起了她的手，放到自己手心。
>
> “好好过日子吧。”卫老太说。

好好过日子。可“都是不容易呢”，即便这一点简单的诉求，甚至也要以二分无赖的手段、三分卑微的身姿、五分死不瞑目的韧性豁出整个自己才可能得到。当年，跪求没有效果，卫老太趁着厂长女人回娘家，以自己的身体为代价换得厂长改口，将抚恤金的数量增加了一倍，这才使得孤儿寡母的生活勉强有了今日这个局面。而今日，轮到卫老太受姚虹的“威胁”与请求。再后来，是卫老太和姚虹结成联盟，共同与拆迁方讨价还价。可是，精明的卫老太还是没有想到姚虹竟然还留有后招——她在老家有一个近十岁的女儿。当时，是姚虹用一个红包封住了媒人的嘴，打开了通往上海的路。

两个具有丰富人生经验的精明女人的谋划、算计，并没有引起读者内心的反感，卫老太千算万算，不过是想给儿子一个完整的家；姚虹万算千算，只是为给自己和女儿找到一个好的归宿。复杂的谋算和单纯的目的之间形成的张力，反而更显现出人物内心的温情。

日常生活从来不是纯净的水晶石，而总是闪耀着驳杂的光芒：隐忍与舒展、脆弱与坚韧、卑微与崇高、狡黠与善良常常模糊成一片。这驳杂正是原生态的日常生活的真实表现，也正是这驳杂，才显示出日常生活的美学意义。

三、美丽日子背后的苦涩

滕肖澜曾经说过，“我偏爱写平民百姓，我希望我的写作，永远以他们为主，永不失一颗悲悯的心，去倾听、去体会。他们的喜怒哀乐，是我永远所关注的，是写作永不枯竭的源泉”[①]。确实，滕肖澜将自己的所有笔墨，献给了上海这个国际大都市中的小人物。在她的作品中，她甚至很少使用“上海”这个词语，常代之以浦东、黄浦、普陀、徐家汇、嘉定、青浦等更具体的区域，以消解“上海”这个词语常具有的宏大意义，赋予笔下人物更明确的活动空间，揭示他们的生存处境。她熟悉他们的生活，理解他们的情感，尊重他们的选择，以手中的笔，写出了他们的善良、困窘和骄傲，写出了他们平凡日子中的温情与美丽。但是，滕肖澜的写作，又不免让人捕捉到美丽日子背后的苦涩。

> 原先姚虹以为，上海的“日子”是闪着光的，摆在橱窗里的那种，现在看来，好像也是落在实处的。撇去表面那层亮晶晶的东西，上海的“日子”其实是咖啡色的，沉甸甸的颜色，沉甸甸的质地，让人屏息凝神，说不出话来。上海的“日子”，初尝是有些苦涩的，可慢慢地，有香甜从里面一点点渗出来。这香甜也是要尝过苦才能觉出的。苦涩落在舌根，香甜源自心底。苦是甜的先导，没有苦，又怎会有甜呢——这道理，其实到哪儿都是一样的。

可是，为了这“甜”，是否就要肯定那“苦”？年轻时的卫老太，为了孤儿寡母的生活，跪求三个星期，再以身体为代价，换得多了一倍的抚恤金。当年的行为，卫老太从不曾后悔过，不然孤儿寡母早不知怎么样了。但是，如果这“苦”是必须的，那正义在什么地方呢？正义是不是人身上的阑尾，把它割掉，就不会作痛了？这个问题，身处特定情境中的卫老太可以不

① 滕肖澜：《城里的月光》，上海文艺出版社 2008 年版，第 252 页。

假思索，身为作家的滕肖澜却不可以不假思索。但是，也许是情感投入太重，身为作家的滕肖澜完全将自己等同于作品中的人物，也满足于日常生活的“甜”，而失去了对“苦”的反思与追问，这也是她的作品真正的苦涩之处。

《庄子·人间世》中有个人叫支离疏，“颐隐于脐，肩高于顶，会撮指天，五管在上，两髀为胁。挫针治繲，足以糊口；鼓筴播精，足以食十人。上征武士，则支离攘臂而游于其间；上有大役，则支离以有常疾不受功；上与病者粟，则受三钟与十束薪”。支离疏确然由于残缺的形体才得以悠游于世，可问题是，为什么想悠游于世就非得形体残缺？明末陈忱曾说，“《南华》是一部怒书”。而滕肖澜过分满足于“甜”，因为这“甜”，便心安理得于“苦”，甚至以“苦”为骄傲和资历，这种理想追求的失落与价值判断的模糊，不能不说暴露出了生活深度、文学深度上的一种欠缺。

早在20世纪90年代初期，社会转型时期知识分子的精神立场和价值取向问题就曾引发中国知识界关于人文精神的大讨论，作为人学的文学，自然成为大讨论的核心阵地。作为论战一方主将的张炜、张承志激烈地批评文学写作中人文精神的失落。张承志以决绝的姿态宣称要“以笔为旗”，反抗“文化的低潮和堕落”。而论战另一方的王蒙、王朔等人则认为，人文精神似乎并不具备单一的与排他的价值标准，因此所谓的人文精神的失落，失落的只是某部分人所秉持的独断论的人文精神罢了。论战双方之所以有这么大的分歧，主要原因的确在于双方对人文精神定位的差异。对于张炜、张承志来说，“人文精神更多的是形而上的，属于人的终极关怀，显示了人的终极价值”[①]，抵制世俗、排斥物质，回旋浩歌于纯粹的精神领域；而对于王蒙、王朔来说，人文精神的指向是世俗的，尊重大多数人的合理的哪怕是平庸的需要。双方的冲突本质上是理想主义与世俗主义的冲突。人文精神大讨论在当时没有，也不可能取得一种共识。二十多年后的今天，理论资源建设更为丰富，社会发展趋势更为明朗，回头去看当时双方争论的立场，就多了几分圆

---

① 高瑞泉、袁进、张汝伦、李天纲：《人文精神寻踪》，《读书》1994年第4期，第73页。

融的理解。理想主义与世俗主义并非必然是矛盾的，理想要同世俗结合起来，否则理想是空洞的；世俗一定要以理想为向度，否则难免沦入庸俗。

对于日常生活，薛毅说，“关键问题并不在于怎样使日常生活脱离意义或怎样用意义控制日常生活，而在于怎样赋予日常生活以意义，这种意义不应高于日常生活之上，而是在日常生活之中，昭示出其无限可能性……换言之，不是在日常生活之外寻找意义和价值，不是用日常生活之外的目标去控制日常生活，而是用生活之内的意义和价值去评判一切”，但“这并不意味着要认同平庸”。① 不否定日常生活，也不认同平庸，召唤着作家对生活进行更深刻的思索。这并非让作家以精英式的道德感、宏大的价值观凌驾于作品人物之上，而是期望其在对作品人物日常生活的观照、表现、理解和同情中，表现出更高的价值判断和精神追求。这是作家的使命。如有论者所说的，假如滕肖澜在创作时能够注意到“在日常生活中，启蒙主义的使命并没有结束，它应该不断地为日常生活开启新的可能性，并揭露那日常生活之外的控制和毁坏日常生活的一切力量”② 的话，她定会走得更远、飞得更高。

第二节　共同危机下责任担当的冲突

——论杨少衡的中篇小说《谁被推倒于地》

作为一位致力于书写当代中国基层官场现状及其问题的作家，杨少衡一直将目光投向那些被公众高度关注的重大社会问题，其小说《谁被推倒于地》③ 正是这类作品中的典型。小说讲述的是县政府的几位领导，在面临一起

---

① 薛毅：《日常生活的命运》，《上海文学》1995 年第 12 期，第 66 页。

② 杨新刚：《日常生活及其升华的向度——滕肖澜都市小说叙事主题简论》，《东岳论丛》2017 年第 5 期，第 184 页。

③ 杨少衡：《谁被推倒于地》，《中国作家》2012 年第 3 期。该作品引文具体出处下文不再一一标示。

群体上访事件这一共同危机时的不同考虑与选择；正因为有着各自的考量与权衡，作家，包括读者，对于他们也就有了明晰的评判。

小说的整体事件生发链条可以分为三段，第一段是824尾矿坝垮塌事件，它是整个群体上访事件的导火线。肇事企业龙腾石业集团，其尾矿场年久失修，在一次暴雨中矿坝倒塌，并形成了泥石流灾害，最终造成九人死亡，多人受伤，大量民房被毁的恶性安全事件。县里的领导对此事处理失当，点燃了群众的怒火，他们决定中秋节集体去市政府上访。这也是“中秋节群体事件”的开端。第二段则重点讲述了，群众上访后各个领导人面临危机时的种种表现，其间，县委书记柳和平在北京和肇事集团的老总邱镇东商议如何为824矿难事件消除影响，拯救自己的仕途；县长宋凌则在群众的围堵下狼狈退去；最终，解决问题的重任交给了主管农业的副县长游胜国，但游胜国刚一下车，就被群众误认为是县长宋凌而被打倒，满身鲜血的他强作镇定地将群众劝退，随即晕倒，被送往医院。第三段则是“中秋节群体事件”的衍生事件，游胜国没想到自己被打的样子竟然被拍到，好事者还将之传上了网络，该照片在网络上以惊人的速度传播，引起了媒体的高度关注。在这种情况下，作为县委领导的柳、宋二人，面临着一次前所未有的仕途危机。二人互相怀疑，推脱责任，甚至构陷对方，演绎出种种官场的丑恶。最终两人却又达成协议，把与此事本无太大干系的游胜国推上前台，而他承担了所有责任，小说最终以这种戏剧性的结尾收场。

小说着重刻画的三个主要人物，分属于两种不同类型的领导。柳、宋保住了自身的利益，这也是他们的最终目的；而为了平息事件，身受重伤依然不退却的游，却惨痛地被“推倒于地”，当然，同时被推倒的还有被游一直维护在身后的老百姓。如果就此而观，作品的情绪应该是颇为激烈的，它需要对毫无作为、一心为私而罔顾百姓利益的官员进行愤怒的控诉，但小说结尾处游胜国的自我排解却不能不引起我们深刻的思考。当危机事件发生时，为政者，也包括我们读者，应该采取怎样的态度去承担责任、解决问题？

一、共同危机与责任担当

小说中，柳、宋、游曾经“为了一个共同的革命目标，走到一起来”①，而现在的首要共同目标是处理好 824 矿难及其衍生问题，保住各自的仕途。面对共同危机，出于不同的责任担当意识，他们作出了各自的选择。其实，小说写的不仅仅是这三个人的责任担当问题，更意在探讨当代中国从政者的责任担当问题，即面对共同危机时究竟应该如何担当责任的问题。

1. 责任作为伦理学概念

责任是一个具有广泛含义的概念，在伦理范畴内的“责任”指的是，人们意识到的，自愿承担的对社会、集体和他人的道德义务，同职责、使命等概念有相同含义。伦理学范畴中的“责任”更强调它的道德范畴，康德认为，在这个范畴中，履行德性义务是功德（meritun），对它的违背则是无德性，或者说是道德上坚强的匮乏［defectus moralis（道德上的匮乏）］。②责任担当作为一种必要的伦理要求，是一个社会道德范畴，体现了责任担当者的思想道德素质。

责任伦理作为一种道德原则，不是为了达到某种目的才去做的，而是“当为”。马克斯·韦伯认为，“责任伦理要求的就是无条件地对自我的行为承担责任，他说‘能够深深打动人心的，是一个成熟的人（无论年龄大小），他意识到了自己行为后果的责任，真正发自内心地感受着这一责任。然后他遵照责任伦理采取行动，在做到一定的时候，他说：这就是我的立场，我只能如此’。这才是真正符合人性的、令人感动的表现。我们每一个人，只要精神尚未死亡，就必须明白，我们都有可能在某时某刻走到这样一个位置上”③。在当今这个物质和精神增长并不一致的现代社会，提倡责任伦理是有益的，也是必要的。当下的实践活动中如果缺少责任伦理的量度，人们的选择不免会

① 杨少衡：《创作谈：小说之由来》，《北京文学·中篇小说月报》2012 年第 3 期，第 28 页。

② 李秋零主编：《康德著作全集》第六卷，中国人民大学出版社 2007 年版，第 403 页。

③［美］马克斯·韦伯：《学术与政治》，冯克利译，生活·读书·新知三联书店 1998 年版，第 116 页。

缺乏终极导向性，从而导致道德主体产生责任选择上的矛盾和冲突。

小说中的柳和平、宋凌等人正是因为缺少责任伦理的度量才会产生一系列的矛盾和冲突。在整体事件生发链条的第一段中，824 尾矿坝垮塌事件发生之后，县委书记柳和平理应担当起全部责任，处理事故善后事宜，给予受灾群众合理的经济补偿。县长宋凌应当尽快建立健全安全保护措施和赔偿机制，以减少此类事故的发生。主管矿业的副县长林华应当立刻介入事故调查，安抚群众情绪，调查事故原因。共同面对危机，解决问题，理应成为他们的唯一选择。然而，他们却没有这么做，而是把责任推给了主管农业的游胜国，只因为柳认为游“处理群众问题经验丰富”，而罔顾职责分工。在游胜国接受工作，并取得一定进展之后，不等工作收尾，柳和平又把游胜国抽调去做其他工作，而把 824 矿难事故的处理交给宋凌和林华，此举实属不当。在事故链条第二段的开端，林华以工作组辛苦、中秋假日为由向宋凌提出工作组全体成员放假的请求，在 824 事件未妥善完结之前，县长宋凌竟答应了林华的这一请求。与此同时，县委书记柳和平远在北京和肇事企业集团老总商讨如何平息事件。县委领导班子缺乏责任伦理和基本的危机意识，集体离岗。在此期间，莲塘村的拖拉机与龙腾石业集团的货柜车相撞，没有相关责任人去调查处理此事，安抚受灾群众的情绪。而此时 824 事件的善后还远未结束，事故原因的调查还未给出结论，群情激愤之下出现了“中秋节群体事件”。在处理危机的过程中，他们无视责任，把游胜国“推倒于地”的同时，也把个人的良心与道德推倒于地了。

小说中的主要领导大多缺乏必备的责任意识和思想道德素质，不以人民群众的利益为先，不以职责范围内的责任担当为先。这种责任伦理的缺乏，思想道德约束的溃败，使他们对于危机的处理出现失当，甚至在这一过程中出现了不作为的现象，让上一个危机直接成为下一个危机的引爆点。

2. 责任担当作为政治学概念

责任担当除了体现责任担当者的思想道德素质之外，对从政者来说，它更是一个政治学概念。或者说，责任担当是对他们基本的政治要求。对从政者而言，责任担当就是，在现实政治中必须对自己的政治行为可预见的后果负责。没有责任担当不是小问题，不论是对从政者个人政治生命的成长还是对整个社会的进步来说，责任担当都是至关重要的。小说中县委书记柳和平、县长宋凌、副县长林华在面对共同危机时，不约而同地选择了逃避责任的做法。

当今时代是机遇与挑战并存的时代，是矛盾多样化、利益诉求多元化的时代，在这种时代背景之下，党中央对领导干部精神状态、工作态度都提出了新要求，强调领导干部要有责任意识，对工作尽心尽责。但在现实生活中，却有一些干部弱化了责任，消解了担当。[①] 在一定程度上，杨少衡的《谁被推倒于地》正是描写了一类没有责任担当的干部。由于主要领导干部没有责任担当，在其位不谋其政，直接导致了824尾矿坝垮塌事故；同样是因为缺乏责任担当，才发生了“中秋节群体事件”，以及游胜国被“推倒于地”的悲剧。

责任担当的缺失主要表现在两个方面：一是没有担当的能力，不敢负责；二是没有担当的勇气，不愿负责。在小说中，县长宋凌代表着没有担当、不敢负责的一类官员。作品中三次提到宋凌的“气喘”，这三次气喘表现了宋凌作为县长的无能，以及不敢承担责任的形象。开篇宋凌在县城接到告急电话，而后又接到县委书记柳和平从北京打来的电话，柳让宋尽快控制局势，宋在电话里气喘。这是文中所交代的宋凌的第一次气喘。中秋节期间，宋是在县里的最高领导，发生群体事件，他责任重大。面对柳和平的电话，他首先是推脱责任，把中秋节干部离岗的责任推给林华。宋在市政府被上访群众围堵，逃到鸭面馆之后，“在店里发抖，脸色发白”。但随后一接到游胜国的电话，游应允出面处理，宋凌的气喘立刻消失。宋凌的第二次气喘是在桃色事件中，宋被当地警察发现和一青年女子幽会于私家车中。宋凌、柳和平互斗，宋把柳构陷自己一事直接告到省里，意欲和柳斗到底。游胜国劝宋和柳共同解决问题，承担责任，并暗指柳的势力远大于宋。听到这里时，宋再度气喘。在事件生发链条的第一段中，宋同意林华的请求，个人决

① 石开：《没有责任担当不是小问题——“看干部看什么”之一》，《人民日报》2010年11月7日。

定给所有责任官员中秋放假，致使群众情绪得不到安抚，事件得不到及时处理。对于824事件，宋凌也是束手无策，但他在县委会议上对自己责任的界定却异常敏感，不愿承担责任。宋基层管理经验不足，却身居要职，而其实县长这一职位也只是他个人仕途上的一个过渡，这不能不说是体制的疏漏。

宋凌代表的是没有能力、不敢承担责任的一类官员，柳和平代表的则是有能力担当却没有勇气、不愿负责的一类官员。柳和平做事干练，临危不乱，深藏不露。在尾矿坝事件发生后一小时，柳和平亲自赶到事故现场，组织救援工作，成立特别工作组，应对灾后工作，指派熟悉群众工作的游胜国负责处理矿难事故。面对突发事件，如此干练有序，柳和平的领导能力不容置疑。但柳和平在事件趋向缓和时，并没有一鼓作气地把灾后工作妥善完结，而是跑到北京和肇事集团老总邱镇东商议如何把该次事故压下，保住自己的仕途。柳和平中秋期间擅离职守，不愿担当，使824事件没有得到及时妥善处理，间接导致了"中秋节群体事件"。

无论是宋凌的不敢担当，还是柳和平的不愿担当，说到底都是"因为个人得失之心太重"[①]，把个人利益凌驾于人民群众的利益之上。作为从政者，责任担当是对其基本的政治要求，也是其应有的政治素质。责任担当不仅涉及从政者的个人成长，更是涉及国家利益和人民群众的福祉。

二、冲突之美

应该认为，《谁被推倒于地》的最大艺术成就或审美特质是它在根本上构造出了一种冲突之美。具体而言，主要表现在以下三个方面。

1.冲突之下的戏剧化意味

小说的矛盾冲突主要体现为共同危机下责任担当的冲突。正是在这样的矛盾冲突之下，与事故本无太大关系的游胜国"被推倒于地"，承担了所有责任。一直主张柳、宋二人消除疑虑，共同面对危机，三人共喝一瓶路易十三的游胜国，最后却把路易十三的空瓶在尾矿坝口砸碎。游胜国的结局成

---

① 石开：《没有责任担当不是小问题——"看干部看什么"之一》，《人民日报》2010年11月7日。

为作品中最富有戏剧性的一笔。在责任担当的矛盾冲突之下，游胜国的结局，在情理之外却又在意料之中。

中秋节群众围堵在市政府门口，宋凌慌张无措，柳和平身在北京，二人都在找游胜国出面处理此事。就这样，游胜国带着前夜应酬的酒气，闯进了故事中。在小说中，酒是游胜国的外在表现形式，杨少衡自言这么写是“想把若干内容隐蔽于酒气之下，让它们在酒文化的熏陶下释放和表达，这与生活里的某些现象相映成趣，也有助于产生反差效果”①。小说中游胜国三句不离酒话，什么都爱拿酒作比，在柳和平、宋凌因“中秋节群体事件”的责任处理失和，领导班子团结受到重大威胁时，游胜国用酒桌作喻表明立场，主张团结一致处理此事，以酒润滑，酒杯一端，和谐平安。而小说结尾处，把酒瓶砸碎在尾矿坝口的游胜国又有另一番况味。

游胜国自嘲是“踩地雷专业户”，总爱说句“命苦不能怪政府”的玩笑话，他从基层一路坐到副县长的位置，善于处理基层生活中的种种难题，对群众也有一套办法。作为官员，游胜国有他通达官场世故的一面（被工作组接见之后，立刻给柳打电话，委婉暗示此事；对于柳、宋的争斗，在两边分析利弊，巧妙化解矛盾），但在小说中游最难能可贵之处，“当是他的情感立场，他的尽力担当，以及其无可奈何的豁达”②。酒品见人品。在酒桌上，游胜国是“柳书记要求喝一瓶，绝不喝半斤”的，尽力担当责任。县长宋凌则是一杯脸红两杯倒地，气量不够，承受能力尤其不足。而书记柳和平则深藏不露，平日不喝，需要时一鸣惊人。这也是小说中三人性格的写照，游胜国对于责任总是尽力担当，对受灾群众“叩了这头叩那头”。在两巨头失和时又三番两次主张用酒去解决矛盾，主张共同承担责任，消除疑虑。宋凌，犹如其酒量，经不起事。他在中秋节前思想松懈，导致工作决策失误，造成“中秋节群体事件”，事到临头惊惶失措，应对失当。面对应该担当的责

---

① 杨少衡：《〈谁被推倒于地〉创作谈：一身酒气》，2012 年 4 月 17 日，见 http://blog.sina.com.cn/s/blog_534c13f20102e7tc.html。

② 杨少衡：《〈谁被推倒于地〉创作谈：一身酒气》，2012 年 4 月 17 日，见 http://blog.sina.com.cn/s/blog_534c13f20102e7tc.html。

任，他想到的不是去承担面对而是逃避。关于柳和平，小说中游胜国有这么一段评价，“有的人在酒桌上很霸道，让谁上就得上，牺牲谁都不在乎”。似乎是一语成谶，最终，柳和平为了自己的仕途牺牲了游胜国。在三人共饮路易十三的那天晚上，宋凌对酒醉的游胜国尚于心不忍，柳和平则依旧高深莫测。于心不忍也好，高深莫测也罢，柳、宋都“需要推荐个人去为之承担”，经小试牛刀后再审时度势，他们选择了让游老三去承担责任。就这样，原本主管三农的游胜国却因尾矿坝问题，被两位上司推倒于地。

2. 批判的现实主义：作家与社会现实之间的冲突

小说中的矛盾冲突一环扣一环，这些矛盾冲突正是作品批判现实主义写作的最好注脚。批判现实主义作为一种写作方式和写作态度，彰显着作家的创作立场和价值倾向。

小说采用第三人称全知全能的叙述方式，作家把自己放在一个相对冷静的位置叙述事件。和以往的作品一样，杨少衡对小说的着力点集中在描写场域中的人物上，通过对细节的描摹，力求塑造真切饱满的人物形象。宋凌的无能，柳和平的干练老辣，游胜国的负责担当，是三个人各自的主要性格特色，而更难能可贵的是小说将他们的形象塑造得尤为饱满。场域中的每一个主要人物都有他们的挣扎，并不是非黑即白。这得益于作家叙事态度的相对冷静和客观，不把自己的意志强加于读者。但是这并不代表，强化了小说的艺术品质就削弱了作品的批判立场。

杨少衡在基层乡镇任职多年，所写的题材绝大多数也是基层官场。作家坦言，创作《谁被推倒于地》这篇小说源自朋友的遭际，并且这种遭际颇有普遍性：大事一出，负责官员害怕担责，各求自保，互相推卸，以至彼此抹黑，连锁反应，窟窿越捅越大，最后两败俱伤。① 杨少衡在这篇作品中书写现实，反映现实问题，并且尝试性地给出解答。对于责任问题，他认为应该先把责任担当起来，该是什么就是什么，那样反而没什么。小说对柳和平、宋凌、游胜国三人如何面对责任，作出了比较，亦给出了高下。然而，正是

---

① 参见杨少衡：《创作谈：小说之由来》，《北京文学·中篇小说月报》2012 年第 3 期，第 28 页。

在这种高下之别的情况下，作品中受到作家褒扬的游老三，勇于承担责任、解决问题，最终却受到降级调职的处分。作家与现实之间的矛盾感跃然纸上，也正是这种冲突成为作家文学书写的推动性力量。

3. 究竟是谁被推倒于地？——人与体制间的冲突

小说中矛盾丛生，整体事件的三条生发链条环环相扣，推动着故事发展。冲突作为一种张力充盈着整个故事。

小说取名为“谁被推倒于地”，这显然是作者想要传达的某种思考。通过分析，我们可以明白，被直接推倒于地的是副县长游胜国；其实，同时被推倒于地的还有 824 矿难中的受灾群众和部分官员的个人道德、责任意识与政治伦理。这两者是我们尤需注意的。因为部分官员把个人仕途置于人民群众的利益之上，使尾矿坝的安全隐患没有得到及时处理，从而导致了 824 悲剧，把人民群众的生命安全推倒于地。而在面对共同的危机时，主要官员缺乏责任担当和社会良心，互相构陷，游胜国“被”牺牲，就这样，他们把个人道德、责任意识、政治伦理也全部推倒于地。

那么，我们需要探讨的是，所有这些为什么能够被推倒于地？或者说，是什么力量导致了这种状况的发生？究其根本，还是体制的问题。这其中，既有社会体制问题，更有政治体制问题。其基本结果是，身处此种体制之中的人与体制之间构成了一种相当严峻的冲突。

游胜国的最终被推倒，是在柳、宋的“审时度势”之后。柳和平、宋凌二人因为“中秋节群体事件”的责任归属问题发生分歧，柳顾忌到宋在省里有一定的人脉，而宋更考虑到柳势力庞大，互相掂量之后，他们选择了相对没什么后台的游胜国。游胜国的遭遇，在偶然的背后，隐藏着必然。杨少衡在作品中不动声色地将现实官场中的潜规则揭露了出来，这种表面上的一团和气与内部激荡着的钩心斗角直指现实中的官场问题。这样的显性描述和隐性揭示，都是小说激烈冲突的表现，也是小说本身的艺术魅力所在。而在这种文本所营构的艺术冲突之下呈现的无疑是人与现行体制之间的矛盾，在体制之下，个体无力突围。

在当下，不少为政者缺乏更为合理和成熟的政绩观，缺乏更为明确的责任担当和政治伦理，在个人利益诉求和社会事业发展要求之间存在着较为显豁的矛盾，应该说，这是由于制度设计中存在缺漏而导致的基本结果；换句话说，这也是由于人与体制之间存在冲突而引发的基本问题。在政治博弈中，期望避免人被惯常的力量推倒于地，就必须重视和完善现代语境下的政治体制和社会体制建设。领导干部必须有责任担当，在共同危机下，应该共同承担责任，解决问题，始终把人民群众的利益放在首位，这是对从政者的政治要求，也是社会有序发展的基本诉求。

在某种意义上可以认为，在《谁被推倒于地》中，作家杨少衡是在借小说的形式积极探索克服人与体制之间矛盾冲突的有效途径；以此而论，我们不能不对其文学书写的政治参与意识表示充分的肯定。

第三节 “迷宫”：当下社会与精神生态批判

——论范小青的中篇小说《高楼万丈平地起》

20世纪80年代末90年代初，后现代主义开始影响第三世界国家，中国作为第三世界大国，自然难以避免。后现代主义颠覆了我们以往所持有的经济观念、生活观念、文化观念，其总体特征“最重要的一点是对现代性的否定——对现代主义的一元论、绝对基础、唯一视角、纯粹理性、唯一正确的方法的否定，对现代个人主义、帝国主义、家长制以及西方文化中心主义的否定”①，它打破了现代主义对单一化、封闭性、绝对、理性的追求，转而朝向多元、开放、相对、非理性发展，打破了所谓逻各斯中心主义的僵局，为社会发展开辟了新的道路。与此同时，多元复杂的后现代社会也让人们难以适应，人们难以找到恰当的标准去衡量是非善恶，难以寻求到适合自己的生活轨道。面对纷繁的价值体系，一切都似乎难分对错、难以抉择，以致不少当代人似乎生活在迷宫中，眼花缭乱、晕眩不已。多次的寻求未果后，精神

① 王治河主编：《后现代主义辞典》，中央编译出版社2004年版，第10页。

生态危机也就随之出现。

范小青一直以平淡的笔调叙写着普通人的日常生活，关注当下社会现实，注重书写人的心灵，寻求精神关怀，坚守着其作为一个作家的人文情怀。“我自己觉得我的小说看似平平淡淡，没多少波澜，但内含的是人性的东西，是内在的精神冲突，怎一个淡字了得，自己津津有味，乐此不疲，但别人不一定认同。”[①] 虽然《高楼万丈平地起》这部发表在《中国作家》2012 年第 8 期上的中篇小说相较于其以往的作品已经有所变化，不似以前那么散漫、寡淡，但其坚守的文学内质没有变化。

《高楼万丈平地起》叙述了“我”因喜欢高楼、想住上高楼而去应聘红姐的助理，又因红姐要在玉涵楼一带建高楼而引发了“我”接下来的一系列行为。为了拆迁玉涵楼，“我”找到了老蒋，却因老蒋的不配合，“我”又去寻找玉涵楼的主人，找陆谦逊遗留下来的文字，找文物鉴定，找“真玉涵楼”的地址，等等，这一切皆因“高楼”而起，最终却不知“我”认定的玉涵楼是不是真正的玉涵楼，以至于后来连玉涵楼在哪、大名鼎鼎的红姐是否会造高楼等问题也不那么确定了。刚开始“我”所经历的一切似乎都是真的，所知道的都是合理的，但是最后“我”却发现所有的问题并不是那么肯定，这一切好像都只是传说而已，甚至是虚假的。“我”生活在一个没有出路的迷宫中，自以为马上就接近出口了，事实却告诉我并非如此。这样的遭遇反复出现，不断冲击着“我”的精神世界，让“我”无所适从，以致出现精神上的失常。其实，“我”这种自以为是的真实感、真实的幻灭感、精神上的不确定感等现象并不仅仅是“我”一个人所独有的精神状况，而是这个多元复杂的后现代社会中大多数人所共有的，只是程度不同而已。在《高楼万丈平地起》中，范小青透过普通人的生活遭遇来窥视当代社会繁荣背后的真实状态，以及人们所存在的精神生态危机，在真与假的文学书写中表现出当代社会现状给人带来的虚无感，并以此表达自身的文学批判立场，彰显出一个当代作家所坚守的文学精神。

---

① 范小青：《在变化中坚守，或者，在坚守中变化》，《扬子江评论》2009 年第 1 期，第 7—8 页。

一、“迷宫”社会、精神生态与文学隐喻

《高楼万丈平地起》是作者精心打造的产物，她为小说主人公设置了一个接一个的陷阱，构成了一个没有出路的迷宫，让主人公深陷其中而难以自拔。这部小说不仅让文本中的“我”身陷于迷宫中，同时也让读者在里面找不到出路，绕不出来。范小青在创作谈中说：“在写这篇创作谈的时候，我自己又重读了一遍《高楼万丈平地起》，读的时候，自己都觉得透不过气来，结构上纹理很紧，空间很密，内容上真假难辨，虚实难分，一个圈套套着一个圈套，跨出去的每一步都是陷阱。我确实是造了一个迷宫，差一点把自己也绕进去了。”① 迷宫的生产者都难以保持清醒的头脑，更何况我们这些走进迷宫的人呢？文本的迷宫构造是这部小说的特色，而迷宫中每一种出路的可能、每一个陷阱都使文本更加变幻莫测、惊险不断。我们常说，文学是对现实生活的审美反映。《高楼万丈平地起》固然也是对当代社会部分真实现象的审美反映，要从文本中全面深刻地认识当今社会状况，则必须认清小说的叙事手段。我们审读一个作家的创作，就必须找到他的“智慧”所在，即，他如何调用一切叙事的手段，成功地将他对存在的感悟和发现传达出来。唯有把准了这一创作关键，我们才有可能洞悉一个作家全部的写作秘密。② 而《高楼万丈平地起》的叙事手段则主要是隐喻，它以文学隐喻来表达作者对社会状况及人的精神生态的理解与感悟。

1. 文本的“迷宫”构造

文本的“迷宫”构造是迷宫般的当代社会的隐喻。迷宫的特点是充满多种可能的通道，复杂、难以捉摸。文本中的“我”在迷宫中行走，所遇到、所想到、所看到的都充斥着多种可能，没有完全唯一的事实。传说中有楼的不叫楼，没有楼的叫个楼；玉涵楼大门边的石碑可以随意立，不管有没有落款都有一定的效用；玉涵楼是不是文物，其主人是不是陆状元；那一堆破旧

---

① 范小青：《创作谈：关于〈高楼万丈平地起〉的点滴感想》，《北京文学·中篇小说月报》2012 年第 9 期，第 25 页。

② 参见洪治纲：《隐喻的力量——王彪小说论》，《南方文坛》1997 年第 3 期，第 21 页。

的文稿是否为真；此玉涵楼是不是“我”所要找的那座楼；红姐是不是建高楼的人以及我能不能住高楼；等等，这一切都是不确定的。“我”唯有走一走每一条通道，但是每当遇到障碍或被他人否定后又转向另一条通道，反反复复地走完“我”所能想到的道路后，出路依旧无法确定。“我”想住高楼的出发点或许就是错误的，红姐是否曾经建过高楼，还是仅仅建过虚拟网络中的“高楼”，原本以为是真之又真的事实却最终在变化中被推倒，变得难以确定、难以捉摸。直到小说结尾也只留给读者“网络上说，哥是个传说，姐是个传说，楼是个传说，人是个传说”这样一句让人琢磨不透的话，却正因此，文本的“迷宫”构造彻底完成。这个迷宫，也许就是我们身在其中的当下社会。①

2. 社会“迷宫”下的精神生态

文本中充斥着各种不确定，其实是当下社会充斥着不确定这一状况的反映和体现，是当代社会类似“迷宫”的表现。当代社会逐渐脱离了原来一直强调的统一性、秩序性、稳定性，而转向追求个性张扬、混搭、自由、刺激，归结为一句话，即“我怎么样都行”。但是，当整个社会都充斥着这种任意的选择时，就会不可避免地出现混乱。任何选择都是一种可能，我们无法评判它的价值是非，即使是那些仿真的、虚拟的、符号式的事物也同样能给人带来快感。任何事物或人都处在变化中，事物的发生或人的选择都是偶然的，一切确定的观念、事物均被人们所消解，让我们生活的这个社会充满了不确定性。郇建立在英国思想家鲍曼《后现代性及其缺憾》的中译本序言中指出：在一个有序的现代世界中，世界往往被感知为确定的、可控制的和安全的，然而，在一个非规则化的世界中，世界则被感知为极其不确定的、不可控制的和令人可怕的。所以，如果说现代性代表了确定性，那么，后现代性则代表了不确定性……②《后现代性及其缺憾》一书是鲍曼的一本论

---

① 参见范小青：《创作谈：关于〈高楼万丈平地起〉的点滴感想》，《北京文学·中篇小说月报》2012 年第 9 期，第 25 页。

② 参见［英］齐格蒙·鲍曼：《后现代性及其缺憾》，郇建立、李静韬译，学林出版社 2002 年版，第 3—4 页。

文集，在该书中，他考察了道德、艺术、文化、宗教、性等诸多社会生活领域，并试图论证我们处在一个不确定的世界中，在这样的世界中，我们变得日益自由，然而问题是，我们不再有安全感，一切都变得捉摸不定、难以预测。这无疑是自由的代价，也是后现代的缺憾。“我”在这样一个充满着不确定性的世界中，在追求高楼的过程中不断地掉入陷阱，不管是老蒋设的，还是“我”的丈夫故意误导“我”进入的，这种迷失其实都是这个社会所导致的人类精神生态的失衡。生活在价值乱象中，人缺乏安全感，在追求自我欲望的过程中不断地失去精神自由。面对这样的事实，“我”甚至“我们”都难以承受，在欲望、想象与现实之间的矛盾的不断冲击下，我们的精神世界遭遇到困境，难以解脱。

3.“迷宫”作为一种文学隐喻

我们知道，文本的“迷宫”构造在深层次上是对人的精神生态的隐喻。“迷宫”般的当下社会严重侵扰社会个体的精神生态，人的精神生态是随着社会价值体系的混乱而无序的，随着社会不确定性的加剧，人们甚至还会出现精神生态的裂变。这种极端的不确定性让人们难以感到安全稳定，这样缺乏安全感的生活使人们容易沉浸在自己的想象世界中或者各种形式的享乐中，以填补精神上的不安。“我”要住高楼的选择并不一定适合“我”，这一选择仅仅是因我幻想着住进高楼后的那种高高在上、掌握一切的优越感；红姐或许根本就没有建造过实体的高楼大厦，她只是沉迷于虚拟网络中那“抽楼主丫的，楼下保持队形”的符号式高楼中，这些虚拟的“高楼”在红姐的幻想世界里满足了她建高楼的远大理想，让她获得了自我精神满足的快感。当今社会，拜金主义、消费主义、实用主义、功利主义、个人主义泛滥，人类确实得到了短暂的感官愉悦和满足，但与此同时，信仰缺失、心灵的空虚与麻木也接踵而来，伦理道德的沉沦和生命意义的颓丧似乎也成了难以避免的现象。[①] 当人们从“狂欢”中醒悟并认识到现实的残酷时，他们的精神分

① 参见刘文良：《精神生态与社会生态：生态批评不可忽视的维度》，《理论与改革》2009年第2期，第96页。

裂现象开始凸显，不断上升的自杀率以及精神疾病患者的增加即是当代社会精神生态危机加剧的实证。

社会生态中存在的不确定、复杂莫测，致使社会个体的精神生态危机重重，这便是《高楼万丈平地起》以其“迷宫”构造所暗示的现实状况，也是作者以其文学隐喻所要思考与表达的社会现实。

二、文学书写：真与假作为一个哲学命题

“真假”问题既是一个哲学家们长期争论不休的古老问题，也是一个涉及学术研究与日常生活的广泛领域的复杂问题。[①] 而文学书写当中的“真与假”则显得更为复杂。

1. 作为文学书写的“真与假”

文学本身就是在真实基础上的虚构，而文本世界的真假则需要凭借我们自身所知去逻辑地、艺术地把握，而非要求其与现实的客观事实完全相符。《高楼万丈平地起》采用“迷宫”构造，使文本世界本身就体现出了强烈的不确定性，我们无法判断文本中所发生事件的真假。文本中的“我”一直在追查“玉涵楼”的真相，“我”经历了真与假的激荡，最终也没有找到想要的确定答案。而作者范小青的目的并不是想要追寻这些事件的真假，而是通过“真与假”的文学书写来反映不确定性的社会生态和人们混乱的精神生态。

> 我们在日常生活中，听说了一个事件，大家跟着感动或者愤怒，但很快有人告诉你，假的。又出了一个事件，大家又跟着感动或者愤怒，又被告知，假的。那么真相在哪里呢？大家又去追寻真相，等到真相出来了，还是，假的。
>
> 我晕。
>
> 生活已经没有确定的答案，只有不确定的现象，难道事情就没有它确定的真相吗？

---

① 参见刘永福：《论真假——兼论真善美的统一》，西安交通大学出版社 2002 年版，第 8 页。

> 生活告诉我们：这个真没有。
>
> 即使是你自己最后亲历了那个真，但是，你从其他的角度再想一想，它真的是“真”吗？所以，小说中的那许多圈套，最后体现的是一个“无”。①

现实生活中，人们总是避免不了要去追问某些事件的真假，但是往往得不到确定的答案。每个人心中都有一把衡量真假的尺子，或者，因时代环境的变化，我们已经无从寻找某些事件的真相。“真与假”的客观事实判断在人们的生活中虽然重要，但似乎更为重要的是主观价值判断意义上的“真与假”。玉涵楼前的石碑对老蒋来说是真的，对“我”来说却不一定是真的，但也没法推翻它。网络上虚拟的“高楼”对红姐来说是“真”的高楼，对“我”来说却只是无聊人士的幻梦。“我”认为是真的东西人们却说是假的，这让“我”无法寻找事情的真相，无法走出迷宫。在现实生活中，有人相信上帝的存在，有人认为“上帝存在”这一命题是假的；有人认为科学技术给我们带来了财富，但也有人会说科技进步使人们更加穷困潦倒。这样不一致的回答处处可见。绝对的真假或者说绝对的真相已经被注重个人、注重自由的后现代人们所消解，人们主要从自身的角度出发，作出自身的判断，而这种判断往往带有主观性，没有绝对的真假，只有相对的真假。所以，作家会说，小说中的那些圈套，最后体现的是一个“无”。而这看似“无”的境界，蕴含的却是一个沉重的无法言说的现实存在。

2. 真假命题下的当代精神图景

生活的“无真相”状态或者说人们普遍持有的相对主义观点给社会的核心价值观念造成冲击，社会秩序变得混乱了；反过来，它又对人们的生活造成重大的负面影响，人们无法确定自身的判断是否正确，也无法按照个人的选择去实现自身的理想。个人所作出的相对判断或选择总是遭到他人、他事

---

① 范小青：《创作谈：关于〈高楼万丈平地起〉的点滴感想》，《北京文学·中篇小说月报》2012 年第 9 期，第 25 页。

的否定，使我们在精神上无法保持稳定，无法拥有安全感，甚至怀疑自身的存在。人们在幻想与现实的冲突中不断遭受精神上的痛苦，在真与假的激荡中逐渐走向紊乱。

这便是当代社会众多人共有的精神现象。这意味着当代社会中，人们的精神生态面临着危机，作家正是真切地体会到了这一状况，所以通过“真与假”这一哲学命题的文学书写来揭示，以引起人们对当代社会状况、精神生态甚至人的生存问题的重视与思考，也表达了自身对社会与人的健康发展的美好愿望。

三、作家的文学批判立场

从《高楼万丈平地起》的字里行间，我们可以感受到作家对社会生态以及精神生态的关注，同时也可以感受到作家对人的关怀。在这个丰富多彩、多元变化的时代，人们生活在喧嚣与骚动的社会中，精神上的不确定性甚至危机日益严重，却常因繁杂的日常生活而无暇顾及或是没有意识到自己的精神状况，而作家却以冷静、清醒的心态观察、感受这个社会及社会中的人，并站在人文关怀的立场上用文字来批判当今社会中存在的不健康的精神生态，以此引起人们对于自身和社会状况的了解与关注，希望能够使社会和人们朝健康的方向发展，这便是她在文学书写中表现出来的作家立场和作家良知。

其实，不只是《高楼万丈平地起》，范小青自创作以来就一直在坚持着自己的文学主张、文学立场与文学精神。

范小青一直都以其犀利的眼光和细腻的笔触关注着普通人的生活状态，给人以温情。从《顾氏传人》《裤裆巷风流记》《女同志》《赤脚医生万泉和》《城乡简史》《谁能说出真相》《你要开车去哪里》《寻找卫华姐》《哪年夏天在海边》到她 2012 年发表的这部《高楼万丈平地起》等，均是表现普通人的生活状态的，不管是长篇、中篇还是短篇，均贯穿着其特有的文学精神、文学温情。范小青关注的重点是人们的精神状态。精神生活在人们的生活中占有更为重要的地位，精神上的优劣认知更能反映出一个作家认知的广度与深度。《谁能说出真相》《你要开车去哪里》《寻找卫华姐》等几部她近期的作品，较明显地表现了当今人们的精神生存状态，通过对普通人的精神世界的细致剖析，写出了人们难以寻找到真相和精神上的怀疑与不确定性。如在《谁能说出真相》中，沙三同因藏品“鸡鸭鱼肉”的丢失而怀疑身边的每一个人，追查到最后却得知是由于自身的疏忽而被保姆带走这样一个荒诞的结果。《寻找卫华姐》中身份的难以确认及《高楼万丈平地起》中“我”的各种猜疑与事件“真相”的不确定等，都表现出作家对当今人们精神生态的认识，同时也隐含了作者的担忧。此外，作家虽随着时代的变化而改变自己创作的表现内容和表现形式，但同时又坚守着自己作为一个作家的文学精神。她曾在一次访谈录中说她的精神立场便是“自己对社会对人生对历史对时代的独立思考和看法，而不是随波逐流，不是人云亦云”①。她用自己的双眼关注着社会、人生、历史和时代，并没有被时代、社会、历史、人生表面的繁荣、充实所迷惑，也没有跟风创作，而是以深邃的、沉静的心灵去感受社会的真实情况与人的精神生态，并给予关怀。批评家洪治纲曾这样评价：范小青的创作虽然在不同的阶段呈现出不同的变化，但始终贯穿着一条非常清晰的精神主脉，也就是，一种富有人道主义伦理的叙事温情，一种宽厚柔韧的人性基质，一种游离于创作主体知识分子角色的平民化叙事心态。②《高楼万丈平地起》虽然让人头晕目眩，喘不过气来，但是这一精神主脉依旧贯穿其中。它以平实的语言讲述“我”寻找玉涵楼真相的过程，在“迷宫”的建构中关注当下人们的精神生态，给读者以深刻的警醒和反思，同时也让人感觉到作家对人们的生活及生命的关爱。

范小青始终站在人文关怀的角度反映当下现实生活，关注人的精神生态，以淡淡的笔调书写平常事情、平常人生，却留给人们深长意味、深刻思考。《高楼万丈平地起》中的真真假假、曲曲折折，让我们认识到了一个不确定的社会，以及处于危机中的人的精神生态，让读者从作家的批判中反思：为什么当下社会会表现出这样的一种状态？人们应该如何去化解精神上

① 李雪、范小青：《创作的可能与困惑——范小青访谈录》，《小说评论》2010 年第 5 期，第 42 页。

② 参见洪治纲：《范小青论》，《钟山》2008 年第 6 期，第 15 页。

面临的危机？什么样的社会才能促进人的全面发展？等等。这便是《高楼万丈平地起》的批判意旨，也是它作为文学的力量与作家的生命力的体现。

第四节　现实批判与内心善良的维护

——论弋舟的中篇小说《你的眼目遍察全地》

近些年来，原本处于尴尬地位的“70后”作家一路前行，渐次成为中国当代文学创作的主力军。弋舟是其中非常具有代表性的一位。他的小说题材广泛，有的关注当下人的生存状态和精神困境，有的关切社会底层普通人的困顿与挣扎，以及他们精神世界的悲凉。他能够从当下的日常生活中提取素材，以审判的眼光穿透社会精神内核，从而使得作品具有深远的现实意义。《你的眼目遍察全地》原名《天上的眼睛》，是弋舟在《时代文学》2013年第3期上发表的中篇小说，作品写了一个历经生活苦难的底层人于艰难时刻仰望天空，以求安慰。作品以最朴素的情感打动人心，曾获“黄河文学奖”一等奖。“你的眼目遍察全地”语出《圣经·旧约》，耶和华的眼目看得见人类所走的每一步路，神始终与我们同在，因为神的眼目是遍察全地的。神的眼睛透露着智慧，他会帮助诚实的人，他也存留着对人的怜悯与恩典。只要心存敬畏与仁爱，神必定会眷顾我们。弋舟以遍察全地的眼光，全方位呈现出当下城市底层人们普遍的生存状态，主人公“我”不甘于沉沦、麻木，软弱无力却睁着雪亮的眼睛，执着地庇护着内心仅存的温度。弋舟在作品中描摹的种种状况，是当代社会高速发展引发的诸多现实问题、社会矛盾的反映。面对当下的社会境况，作家持有严正而坚决的批判立场。

一、“批判”的现实主义：文本特质与作家的文学态度

从《赖印》《谁是拉飞驰》《空调上的婴儿》到《凡心已炽》《你的眼目遍察全地》《我们的底牌》《刘晓东》系列等，弋舟的小说经历了一个从虚到实的华丽转身，这不仅是其作为小说家的写作诉求，也是其生命的期望。“我

想拯救自己，想有更为朴素的审美能力，想更好地学习如何理解他人，这些都敦促我回到‘实在’。”[①] 弋舟的创作遵从自己的生命轨迹，并将其自然地呈现给读者。他强烈地感知外在世界的变化，“我如今的心绪，越来越与时代休戚与共”，“我们的时代，我们的背景，就是我一切悲伤与快乐的根源”。[②] 他将对现实的感知诉诸笔端，以小说的方式去表达，正如其在访谈中提到的，要以“最好的艺术表现最多的生命真实”[③]。于此，我们感受到，作家具有一种鲜明的现实主义态度。“‘现实’从未像今天这般庞大，它以一种压倒性的摧折之力逼向小说艺术。”[④] 作为成熟的小说家，当复杂的现实冲击过来，弋舟“以现实为挥舞的长鞭”，开拓自己的文学疆域。他的小说写作首先来自他对现实生活敏锐的观察与捕捉，他的笔如同手术刀般从一个细微的切口深入，直抵时代精神的深处，把自己对当下时代精神内核的深刻审视传达给广大读者。

1. 批判现实主义：作为一种文学流派与写作路径

在 21 世纪的今天，提到批判现实主义文学，我们首先想到的还是它作为 19 世纪风靡于欧洲文坛的一种文学流派出现。19 世纪 30 年代以来，资本主义制度在欧洲范围内形成并发展。一种新的社会秩序的形成必然产生新的社会矛盾，现实日益暴露出各种丑恶与阴暗，社会矛盾日益激化，于是，很多作家一反浪漫主义的主观想象和抒情，力图通过对社会现实的客观细致描写，展示物质与金钱压迫下的扭曲心态，暴露和批判社会黑暗，显示出高度的社会参与度与艺术批判精神。这就促成了被视为经典的欧洲 19 世纪批判现实主义文学的产生和发展。巴尔扎克、托尔斯泰等代表性作家更是把批判现实主义文学推向了高峰。他们秉承批判现实主义的态度，客观冷静地分析和解剖现实的社会心理和风气，以寻找社会问题的源头和根本解决方法。

---

① 弋舟等：《保持对于生命那份微妙的警惕》，《野草》2016 年第 2 期，第 205 页。

② 弋舟、张存学：《最好的艺术表现最多的生命真实》，《创作与评论》2013 年第 14 期，第 6 页。

③ 弋舟、张存学：《最好的艺术表现最多的生命真实》，《创作与评论》2013 年第 14 期，第 11 页。

④ 弋舟：《让现实成为我们驱策美的长鞭》，2015 年 11 月 14 日，见 https://cul.qq.com/a/20151114/011222.htm。

然而，批判现实主义文学并不仅仅属于19世纪的欧洲文坛。“理性的批判不仅是19世纪欧洲现实主义的精神，也是人类因为对生存现实的不满而生发的对文学艺术的普遍要求之一。”① 因而，我们可以认识到，批判性其实是现实主义文学的一种应有品格。在当下，无论从客观还是主观方面来看，对于现实主义文学的理解是不能忽视其批判性特质的。习近平总书记在文艺工作座谈会上指出：作家应当有忧国忧民情怀，“处江湖之远则忧其君”。文艺工作者要想有成就，就必须自觉地与人民同呼吸、共命运、心连心，欢乐着人民的欢乐，忧患着人民的忧患，做人民的孺子牛。“现实主义作家无疑更需要这样的忧患情怀。这里所说的忧患，应当源于对生活现实，特别是对那些消极腐败现象的关注，来源于对生活现实中严峻社会问题的批判性思考，因此，忧患情怀与批判精神在根本上是相通的。”② 当今时代，社会现实依然严峻，生活不只是“光明”与“黑暗”的二元对立模式，而是白与黑交错重叠错综复杂，复杂性才是生活自身的真实。我们无法简单地判断这种复杂性，作家们以文学这种特定的方式对之进行真实反映和批判反思。“问题在于，当今的文学是否具有这样一种自觉意识，是否依然拥有宝贵的文学良知。在这样的时代背景下，重温现实主义的文学传统，尤其是它的批判性精神传统，无疑是必要和有意义的。”③ 当今文艺界呼唤“现实主义文学”的回归，现实主义文学是人类在艺术地掌握世界的漫长过程中逐渐形成并不断丰富不断发展的根本方法。而“批判”是一种受理性制约的艺术判断方式，“批判”赋予了人们观察现实的开阔视野。现实主义文学反映新的社会现实并为新的时代服务，也热切呼唤着批判精神。当前的不少现实主义文学作品写出了社会转型期整个社会肌体的复杂性，体现了作家们希望用文学达到改造社会的目的的高度自觉性，也是作家对社会责任的承担。“批判”的现实主义文学在揭示和批判社会的阴暗和丑陋、人性的卑劣和弱点的同时，也规范着社会发展，为推动社会进步作出了其应有的贡献。弋舟的中篇小说《你

---

① 解葳：《新世纪中国现实主义小说研究》，博士学位论文，山东师范大学，2015年，第172页。

② 赖大仁：《现实主义文学的批判精神及其当代意义》，《文艺报》2016年9月12日。

③ 赖大仁：《现实主义文学的批判精神及其当代意义》，《文艺报》2016年9月12日。

的眼目遍察全地》就是这样一部彰显着批判性品格的作品。

2. 社会现实批判：文本特质与作者态度

对社会现实的批判是批判现实主义文学的灵魂特质。我们从文本自身的叙述与文本透露出来的作者态度中，都能看出这种旨向。

首先，就小说文本自身的叙述而言。作者从主人公“我”经历下岗失业、家庭危机的故事中撕开一道裂口，巧妙地切入社会现实的深处。“我”和妻子同时下岗，“我”做过超市送货员，摆过旧书摊，但都无法满足家庭生存的基本要求，生活由此陷入绝境，后来，受政府救济，我做了综治员，虽然收入微薄但好在较为体面，“我”“伸直了腰杆，觉得自己重新站立了起来，心又重新回到了以前的位置”[①]，“找回了自己存在的价值”。从此，“我”把维护菜市场的秩序当作自己的重大使命。从表面看来，“我”的生活步入正轨，似乎朝着好的方向发展。然而，作者笔锋一转，开始呈现这个社会的不堪。菜市场小偷横行，严重扰乱了大家正常的日常生活，弋舟将小偷现象纳入他的小说图景中，其目的不仅在于深耕偷窃行为频发的社会文化土壤，而且更是为了击破现实生活的表象，反映社会发展进程中秩序混乱的症候，令人陷入对世界与人性的深思当中，毕竟，“那些贼偷走的不止是一些钱，有时候他们偷走的就是人的命”。“我”秉承认真负责的工作态度，揪住小偷，即使被一群同伙殴打，“我”依旧紧紧揪住那个小偷不肯放手，导致“我”吃了一刀。因为“我”的拼命，得到了公家的奖励，菜贩们、买菜的妇女们都对“我”刮目相看，还有卖鸡的人坚持送“我”一只土鸡。人生随着卖鸡人的手起刀落而改变了轨道，这只鸡二目圆瞪，挣扎无力却只能被宰杀。它看到了不该看到的，比如刀子，比如自己喷溅的血，所以它活该痛苦。这也是“我”即将面临的生活逻辑，“我”对所看到的一切难以接受的事情都无法视而不见，所以“我”总是痛苦的。“我”勇斗蟊贼受伤回来却撞见妻子出轨，外出寻妻又被妻子的出轨对象黄老板暴打，甚至被前来制止

① 弋舟：《你的眼目遍察全地》，《北京文学·中篇小说月报》2013 年第 5 期，第 5 页。该作品引文具体出处下文不再一一标示。

的公安诬陷为自己闹事。“我”与黄老板、范公安分别代表了两股社会力量，一股是以“我”为代表的底层百姓的力量，一股是以黄老板与范公安为代表的资本权力的力量，一股软弱，一股强势，底层群众与资本权力冲突碰撞，“我”的人格尊严被反复践踏。与此同时，十五岁的女儿青青早恋辍学离家，母亲告诉“我”自己并非父亲亲生，“我”的情感伦理一再被颠覆。千疮百孔的日子让“我”鼻青脸肿。“我”灰头土脸地回到综治办上班，发现同事与小偷们达成金钱利益同盟，曾经正义凛然的“我”只能被迫同流合污。“我”耗尽了生命中的血性，慢慢地向生活低下头来，“脖子好像变软了，头好像变重了”，换回的却是生活的再次发难，青青的男友拿着大剪刀捅向了夺走母亲暴打父亲的黄老板，家庭最脆弱的一环戛然断裂。面对发了疯的妻子，受罪的女儿，“我”主动认罪，供认女儿受自己指使。“我”从一个老实本分的底层百姓沦落为“无罪的”罪犯，人格尊严被不断侵犯，生存权利被不断剥夺，小说的社会批判倾向尽显无余。“我”秉持善良与真情，睁着雪亮的眼睛努力生活，当苦难接踵而至，生命中的美好不断被撕毁时，“我”惶恐而绝望，只能依靠虚无缥缈的“天”获得心灵慰藉。

小说书写苦难，却超越了当下底层叙事中专注于苦难书写的局限，作者在对人物苦难的生存境遇的描摹中将批判的矛头指向了社会。

当代中国社会正处于急剧转型阶段，市场经济发展带来的不只是人们生活的富庶、人的创造能力的发展，同时也引发了诸如贫富分化、下岗等亟待解决的社会现实问题。市场经济制度塑造了竞争性的社会，社会分配不均衡的现象由此铺展开来，社会最底层的人民依然处于为衣、食、住等基本生存权而奋斗的夹缝中，他们仍然为这种“第一生存”要义所左右。城市快速发展、蒸蒸日上，他们却未能享受发展所带来的福祉，只能忍受生存状况恶化和内心失衡的双重煎熬。于是，憋屈、无奈、躁动一拥而上，最终只能向生活发出绝望的悲吟而无可奈何。弋舟生于城市、长于城市，他熟识这块领域不断崛起的文明形式，并深悟其中的冲突与悖谬。现实存在问题的根源不只是市场经济体制的建立，还表现为与市场经济配套的政治体制尚未完善。从根本上说，个人与社会永远是矛盾的统一体。在个人与社会的博弈中，应寻求一个能使彼此和谐相适的平衡点。文学是满足人们生活需要的精神产品，它只有通过对人们心灵的积极作用而产生对于社会生活的影响。在《你的眼目遍察全地》中，弋舟以日常叙事的冷静格调展示平凡卑微之辈的世俗生活，平庸、寻常，其中却包含着本质上的尖锐与激烈。这种本质上的尖锐与激烈就是现代社会纠合的诸多矛盾与冲突。弋舟的眼光是敏锐而犀利的，他洞悉现实主义文学的批判性及其巨大的社会作用，在文学作品中以鲜明的价值判断来表明自己的立场，热烈颂扬真善美，无情鞭挞假恶丑。这也是弋舟的根本性的文学立场。

二、人的内心善良的维护

习近平总书记强调：文艺创作“应该用现实主义精神和浪漫主义情怀观照现实生活，用光明驱散黑暗，用美善战胜丑恶，让人们看到美好、看到希望、看到梦想就在前方”[①]。确实，现实主义文学的批判性也指向这一诉求。批判性是一种理性的品格，它以一种历史的、发展的眼光，对物质世界和精神世界进行审视、思考和体察。它以明白或隐晦的方式指引人类的前进方向，鼓舞人们确立起对于未来发展的信心。它既帮助人们认识世界的不和谐之处，从而引起人类警惕，又作为人类追求理想的内在自觉力量，坚定地指引人类走向内心所向往的世界。

1. 作品底色之善

追随着弋舟的小说世界，我们会发现，他用文字的柔软与世界的坚硬相对抗，在与世界的搏斗中洞悉了生命的底色。在《你的眼目遍察全地》中，“我”的善良是生命最真实的底色。善良包括待人真诚、宽容、关心他人以及诚信、正直等内在品质，是人们道德品质的基础和核心。人们总是以善恶标准来评价和判断自己的对错，要求自己尽可能地为善不为恶，以获得心理上的满足。中国千百年来流传的《三字经》中的首句便是“人之初，性本

① 中共中央宣传部：《习近平总书记在文艺工作座谈会上的重要讲话学习读本》，学习出版社2015年版，第22页。

善”，“性善论”也一直代代承传。

小说的故事朴实而平淡，仿佛是我们周围随时随地发生着的事。人们一而再再而三地被损害、被剥夺、被屈辱，他们或奋起反击，或反过身来和施害者同流，力图使自己也成为施害者而去损害他人。除却这两种极端，更多的人则是默默地低头忍受，他们企望用自己对于世界的善意来消化这一切。“我”便是这更多的人之一。抓贼的过程中，即使被殴打，“我”也死不放手，即使吃了一刀，“我”也不后悔；卖鸡的人送“我”一只土鸡，“我”心心念念地把钱还给人家；妻子出轨，“我”试图谅解并屡次挽回；女儿离家出走，寻找过程中看到其他的父亲给发脾气的女儿塞钱的时候，“我”觉得对不起自己的女儿；看到菜市场惨遭偷钱的女人哭泣时，“我”心里难受；喝醉酒差点和大桂搞在一起，“我”心怀愧疚并离开；女儿为“我”出气被抓，“我”替女儿顶罪。苦难生活中的“我”身上不乏人性的善良，并不时闪现着光芒，这光芒微弱而幽暗。“然而消化所有的不公，何其难!”“我”的善良没有照亮自己的生活，身边的人却屡次向“我”灌输“闭眼”的生存哲学，闭上眼，生活没有了光亮，却安宁、平静。女儿说：“怪你，你装作看不到，不就没事了吗?”以前的工会主席大桂说：“这种事情现在多得很，你睁一只眼，闭一只眼，也就过去了。”母亲说：“眼睛闭住了，这一辈子我们才太太平平地过。”吕老师说：“闭上眼睛是教育的艺术。”队长郭开说：“那你干脆把自己当个瞎子好了！你就当没看到他们，他们在你眼前转，你就给我把眼睛闭起来!”“我”不懂得“闭眼”，所以被生活一再教训，反而是不看、不听、不管，才能过太平的日子。“闭眼”，闭的是良心之眼，更是一种纯粹人性在人世间的消散。

整部小说的底色是晦暗的，不过，弋舟并不止对于生活阴冷和压抑的展示，他触摸到生存痛楚的同时也情不自禁地流露出些许善意的关怀与温情。从伦理角度上而言，人的生存悖论表现为善与恶的二重性，但最终人性的善一定会战胜恶。“我”善良的内心在推动着“我”向生活的更深处前进。“我”自始至终没有憎恨，忍耐生活带给“我”的所有创伤，而“我”却并不痛恨生活。“我”之所以能够屹立不倒，正是因为“我”还有对生活的祈盼，仍旧拥有真情，拥有一家人的亲情。患有严重糖尿病的母亲亲自去布料市场找妻子金蔓，带着注射笔，坐在花盆上，给自己注射胰岛素，白水就着馒头解决午饭，死守着金蔓，一直等到金蔓松口肯回家为止。女儿为了让“我”减轻家庭负担，决定离开学校、离开家去打工，甚至在离开前去找黄老板算账。亲情温暖着“我”的心，给“我”源源不断的力量，为“我”的善良培土加固。“我”那深埋心底的善良使“我”在忍受痛苦时未曾感到孤独，甚至给予“我”生活的勇气。

2. 作者孜孜以求的人心之“善”

内心的善良是“我”力量的源泉，心存良善，“我”坚韧地活着。于是，作家也随着主人公的心境有了坚持其文学立场的勇气。正如弋舟在创作谈中提到的，文学“更大的意义还在于为无力者添力，替软弱者搀扶。要给这绝大多数的沉默者一个坚持下去的理由。要让他们低垂的头颅偶尔仰望之际，能够看到光。要让他们的悲伤，不再苍白无力”①。文学不仅仅是一种表达，从根本上讲，它更是一种精神。弋舟在小说中写出无力者在世界潮流涌动下的卑微，更着力表达的是他们身上的诗意与尊严。他们身上有着其特有的生命的真实底色。“我”倔强而执着，经受种种践踏、打击与扭曲，最终发出感慨，“这个世界我既理解不了，也毫无办法了”。“我”抬头看天，“心事浩茫连广宇，于无声处听惊雷”。当“我”仰望星空，看到满天的星星，“它们那么多，那么亮”，“我”觉得“我”的一切都被这些天上的眼睛看着，随之，“我”就有了寄托，就不再是孤苦无靠的了。所谓“天”正是软弱者对于终极正义的仰望，《你的眼目遍察全地》最初发表时还有一个名字叫《天上的眼睛》，暗合了普通民众对“苍天有眼”这一朴素情感的寄托。“天上的眼睛”悬于天际，俯视芸芸众生，以其微弱的光芒赋予百姓温暖的慰藉和跋涉的力量。你遍察全地的眼目投注于这个世界的根本价值之上，于是为人们赢得了飞翔的尊严。人并不是生来就是非不分的，在没有利益得失的时候，群体的眼光都是明亮的。郭婆、金蔓的钱包被偷走之初，他们都是愤怒

① 弋舟：《创作谈：从清晨到日暮》，《北京文学·中篇小说月报》2013 年第 5 期，第 22 页。

的；“我”的英雄事迹发生后，菜市场的妇女们对“我”的态度都是亲热的；“我”与小偷同流合污后，菜贩们对“我”冷嘲热讽。社会被无数双这样的眼睛所注视，人们在遭遇屈辱时，就有了得以弥补的机会，“这双眼睛是尘世逻辑之外那份有效的平衡与矫正，被其凝望的人，就有了重新获得稳定与宁静的可能”①。当“我”向公安招供，“心里一下子就敞亮了”，“我觉得我的家又成为了以前的那个家”，生活趋近平静，“我”了然人生的痛苦“不再只是一场没有意义、投告无门的苦役”②。痛苦是有其意义的，它本身并无意义，但因为存在痛苦，人生才有意义。痛苦是人存在的方式，于痛苦中挣脱最终获得幸福是人生的终极目标。凡是有人的地方就有痛苦，这些痛苦如影随形，疾病、死亡、暴力、仇恨……不断地敲打着我们生命的脊梁，当我们接受痛苦面对苦难时，生命便有了意义。只有这样，人才能超越苦难，才能超越主体困境，才能活出人生的意义。由此可见，苦难中充满了意义与力量，是一种对自我生命的重新审视，敦促人看清人生本质，领悟生命意义，理解生存处境中的积极力量。其实，这显然也是作家个人对生活的理解。

弋舟对底层人的态度不仅只是具有悲悯情怀，而更是真正地“感同身受”。因而，我们，即他们。其以一种态度、一种智慧去透视个体生存空间与时代精神症候，不仅见证现实的痛苦，也在书写苦难中的温情、疼痛中的坚守。他说：“我的小说，具有这样一种力量……来自于我们描述的对象本身——人。是‘人’最重要、最根本的生命底色令我们战栗。这种底色被庸常的时光遮蔽，被‘人’各自的命运剪裁，在绝大多数的时刻，以卑微与仓皇的面目呈现于尘世。”③弋舟要通过自己的写作“力图去还原‘人’的底色”④，给予人们把日子扛下去的勇气。他努力在混乱失序的现实世界中为我们质疑黑暗、守望光明，找寻精神支撑与力量源泉。

① 弋舟：《天上的眼睛》，2010年7月2日，见http：//news.sina.com.cn/c/2010-07-02/000017744857s.shtml。

② 弋舟：《创作谈：从清晨到日暮》，《北京文学·中篇小说月报》2013年第5期，第22页。

③ 弋舟、张存学：《最好的艺术表现最多的生命真实》，《创作与评论》2013年第14期，第4页。

④ 弋舟、张存学：《最好的艺术表现最多的生命真实》，《创作与评论》2013年第14期，第4页。

第二章
特定历史的回望与现实审视

在中华人民共和国成立以来七十年的发展历程中，经历了较长时间的特殊时期。特殊时期固然已经成为历史，也是一些人生命中的过往，但是，这种历史和过往注定不是一种随性的可抛弃物，对于不少中国人来说，它是印象深刻的经历，甚至是教训。它也成为文学表达的对象，当然是一种反思性的对象。让我们感到欣喜的是，不少小说家具有这种文学自觉，以充沛的情感，执着地回望这段历史与过往，并将之置于现实生活中予以艺术性审视。无疑，这是难能可贵的。

第一节　“日常”中的“反常”
——论唐颖的中篇小说《女生倦了》

近年来，对“文化大革命”这一特殊历史时期的文学书写不断出现。其中，有老一辈“文化大革命”亲历者对“文化大革命”历史的追溯及感受，也有未亲历“文化大革命”的中青年作家对“文化大革命”的文学构造。这些书写中有的是对这一历史阶段的整体性反思和批判，也有的着眼于这段历史中人的生活状态问题的探讨。上海作家唐颖的中篇小说《女生倦了》[1]大体

---

① 唐颖:《女生倦了》,《北京文学・中篇小说月报》2012年第5期。该作品引文具体出处下文不再一一标示。

上即属于后一种情况。

纵观唐颖的创作道路,《女生倦了》是独特的。一向擅于书写当代都市女性情感和生存状况的她,在这篇小说中,把视角转向了 20 世纪六七年代的上海弄堂,聚焦于“文化大革命”中一群天真烂漫的倦怠女生,相对成功地把作家惯常的文学视域转向了历史劫难对人性带来的无形戕害上。

一、素颜时代的日常生活与反常社会伦理

“素颜”,顾名思义是指色彩的匮乏,小说中的素颜时代不仅仅是指人们衣着素朴、缺乏色彩的时代,更是指日常文化生活单调乏味,缺乏色泽与亮度的时代。《女生倦了》讲述的是“文化大革命”时期上海某条弄堂里的故事,但通篇并未出现“文化大革命”的字样,取而代之的是“60 年代大抄家”“70 年代初”“批斗”等词语。“文化大革命”作为一种潜在语境而存在,作品描写的是在这种语境下的中学女生生活。小说题为《女生倦了》,故事还未开始,作家就用“瘫坐”“困倦”“倦怠”等词语来指称这群本该精力充沛的中学女生,用“墙破瓦缺”“颓败”等词汇来形容经过大抄家后的弄堂。这样的弄堂是 20 世纪 60 年代的遗留物,亦是故事中女生们生活的地方。

在这里,什锦妹是这群女生中的领衔角色,父母的蓝色工装和哥哥们的绿色军装给她增添了这样的底气,她自己更是每周从周一到周六都穿着同一件被裁短的男式军装,“女生里风头最健”。故事中 20 世纪 70 年代初的其他人都是素面朝天,千篇一律的深蓝深灰、黑色毛装或类似的毛装,这是一个“素颜”的时代。素净的颜色和这日渐颓败邋遢的弄堂似乎很应和。然而这条 20 世纪 30 年代建造的新式弄堂,也有过风光的时候,“三层高的砖木结构楼房一式一样紧紧相连,比起石库门,建筑上的西式风格更鲜明,清水外墙钢窗框松木地板,每栋楼一套沐浴设备(也称大卫生)原是为一户人家配备”,就像住在这条弄堂中的女人们也曾有过粉黛的日子一般。一切的改变都来自“大抄家”之后。

生活在“大抄家”之后的女生们倦怠疲乏,她们的日常生活除了午后

待在老牛家、去学校听内容千篇一律的有线广播之外，只剩下去“看”人，“看”在这个素颜时代中与众不同的人。偷窥那些人的生活是这群女生日常生活中最大的娱乐。那些人中有弄堂口穿着艳丽的跳舞的疯女人，还有纽珍妮的医生父亲、疯子母亲和白俄姐姐。这群女生把戏弄跳舞的疯女人、偷窥老牛的家庭当作一种娱乐，也只有在这些时候，她们仿佛才会快乐，之前的倦怠才会稍稍退去。这些女中学生的好奇心通过窥探别人的隐私得以满足。

然而，暴力正是以这样一种快乐的方式施行，在这漫长而失序的冷酷生活中，人性中的黑暗盖过了人性中的善，人性中的恶尽可以“漫不经心地呈现出来”①。这群天真单纯的女中学生，看见跳舞的“疯女人”竟没有一丝同情和怜悯之心，取而代之的是调笑，从戏弄弱者中得到一种“恶作剧式的快感”。小说里不仅写了这群女中学生，还写了围绕在她们身边的成人世界。围观的人在说着跳舞的“疯女人”的身世——丈夫在“大抄家”时自杀，女人和儿子在那之后精神失常，这些本该是让人同情的遭遇——时，却是夹杂着笑声的。甚至在知道疯女人一听到“奇装异服要批斗”这句话就会吓得赤裸身体后，他们反而更加肆意地逗弄她。他们乐于观看女人惊慌失措时的裸体，善良和羞耻之心全无。在这里，人性中最基本的善湮灭了。也是在这里，看似有序的日常生活实则被无序的道德伦理打乱，暗示着人内心的极度空虚无聊，以至于只能把一己的娱乐置于他人的不幸之上。

对待陌生人是这样，对待好朋友老牛亦是如此，她们无聊的窥探欲还是战胜了朋友间的情谊。老牛生病了，她们与其说是去看望病人，还不如说是借此窥探老牛家的隐私。小说中的什锦妹恨不得把弄堂里所有人家的房间都看一眼，看到这里，笔者不禁想起张爱玲在《小团圆》里借蕊秋之口说出的一句话：习惯偷窥他人生活的人可见生活是多么贫乏。这种贫乏正是她们日常生活的常态。也正是在这种常态之下，如唐颖所言，这群女中学生“天真

① 唐颖：《创作谈：几个天真单纯的女孩子》，《北京文学·中篇小说月报》2012年第5期，第68页。

而不自觉地加入了集体迫害之中”[①]。

时代倦了，生活倦了，女生倦了，她们需要寻求一种娱乐，从而以快乐的方式施暴，加入集体迫害之中。人具有一种“逐浪”的趋同性，在全民的时代暴行中，“什锦妹”们丧失了个体的判断。这是一种病，而且似乎病入膏肓。她们如果不以此排解，生活便会进入可怕的倦怠的循环之中。她们毫无意识地加入迫害他人的队伍之中并以此为乐，生活除此以外没有了其他的乐趣和意义。而造成这种现象的，就是日常生活的困倦无活力，以及政治劫难中社会伦理的失序与反常。

二、日常的力量与人的构型

前文提到，《女生倦了》的故事发生在20世纪70年代的上海弄堂，在这里，女生们集体倦怠。整个“文化大革命”时期，人们处于一种自我认知和自我身份确认的迷惘中。整个时代因此倦怠。小说标题“女生倦了”，一个“倦”字颇值得玩味，这种“倦”并不仅仅指向肉身的沉重，更多的还有因为自身无明确目标和精神追求导致的迷惘，所以，这群女生会有“无以排遣的空虚”。

尚在青春期、精力充沛的女生对日常生活感到厌倦，她们“精力过剩”却又空虚倦怠，潜伏在这一组矛盾之下的是时代的倦怠和日常生活的空虚。同时，如唐颖在创作谈中所说的“单纯无辜”的女中学生“不自觉”地加入原不属于她们那个年纪的集体迫害中，文中的这两组矛盾都指向了“漫长的失序而冷酷的日常”。如唐颖所说，这部小说想要让人关注的就是“日常”中的“反常”，尤其要警惕日常中的反常。[②]

然而值得注意的是，小说的深刻之处在于，它不仅传达出历史劫难中日常生活对人性的无形戕害，同时还指向现代社会中由“日常”所导致的人的倦怠，即“日常”生活对人的构型的重大而深刻的影响。

---

① 唐颖：《创作谈：几个天真单纯的女孩子》，《北京文学·中篇小说月报》2012年第5期，第68页。

② 参见唐颖：《创作谈：几个天真单纯的女孩子》，《北京文学·中篇小说月报》2012年第5期，第68页。

在作品中，“文化大革命”不仅仅是作家反思的对象，唐颖更为看重的是在这种极端的历史背景之下人的生存状态以及日常生活的自在性和侵蚀性。倦怠产生于日常生活，这里的“日常生活”指的是现世的，引导人趋向认同的一种现实维度。在小说中，“日常生活”就是漫长失序之后对他人生活的窥探，对不幸者的嘲弄、调笑，以及让人倦怠的千篇一律的有线广播。人的很多倦怠都来自这种日常生活的自在性，它无拘无束，看似自由实则散漫。作品里的日常生活之所以让精力充沛的女中学生们都感到倦怠，是因为除去物质之外，生活失去了更高向度的精神追求，人们的精神世界无所归依。

小说的现实价值也在于此。作品中出现的“钟”这一意象，颇值得玩味。它悬挂在老牛家空荡荡的课堂间的墙上，在文章开头和结尾均有出现。这里的时钟并不仅仅指向时间，更多代表的是一种时空的立体维度，可以看作作家给予读者的警醒：对于这样的悲剧和反常，如果不加以警惕和扼制，也许它还将发生。

这样，作家就让这篇小说穿过历史时间直指当下的现实时间。日常生活无处不在，如前所述，小说揭示的也不仅仅是“文化大革命”时期的人性问题，它指向的是更深广的大众。日常是一种巨大的力量，倦怠也存在于我们每个人的身上，这是由日常生活的自在性导致的。缺少对精神向度的追问和思考，生活就很容易陷入倦怠无聊之中。这种倦怠无聊的后果在小说里，唐颖表现得有点骇人：女生中风头最健、精力最旺盛的什锦妹在被关进疯人院一晚之后，“一身活力从此消失，终日处于梦游状态，目光涣散神情恍惚”。迫害人者被迫害，什锦妹加入集体迫害中是不自觉的，被迫害更是来得有点莫名其妙。就是在这样失序的日常生活中，单纯无辜的女中学生不自觉地加入集体迫害中，又莫名其妙地被戕害，日常生活的乖谬让人惊骇。

日常生活构造着我们的生活，也形塑着我们的身体、精神和灵魂。这种作用是潜移默化、水滴石穿的。小说用什锦妹的精神恍惚、众人的冷酷来表现“反常”的可怕，警醒世人要警惕日常生活的自在性和侵蚀性。作为一个社会个体，我们应当追求更为丰富的精神生活、更高的精神境界，而不应单纯地被自在的日常生活所拘囿。

三、作家的态度和立场

和王安忆、陈丹燕等沪上女作家一样，唐颖的小说也以书写上海女性故事为主。作家潘向黎评论唐颖的小说，认为文如其人，“好看，生动，鲜活，毫不掩饰个性”，“尊重生命感受、有点感官主义、敏感的、绵密的、敏锐的、犀利的，同时有点拒绝常规教条驯化的率真”。[①]在仔细观察之下，我们会发现，唐颖的小说中对上海女子的生存状态及其个性有颇为细致的描写。

唐颖的小说着意书写女性，不论是以东南亚为创作背景的四部小说《瞬间之旅》《情欲艺术家》《爱的岁月最残酷》《寂寞空旷》，还是以上海为背景创作的四部小说《红颜》《丽人公寓》《随波逐流》《理性之年》，其书写的都是物质世界之中女性的情感故事，表现“情感的可贵，唯有坚守，才有希望”[②]。相较于唐颖以前的作品，《女生倦了》虽然描写的仍旧是女性，空间地点设置在她熟悉的上海弄堂里，但是表达的主旨却不再仅仅是关注女性的情感问题，而是更为自觉地把创作意图放置于日常生活对人的构造问题上来。当然，唐颖以往的女性书写风格在《女生倦了》中也还是有所体现的，比如对弄堂口跳舞的疯女人的服饰描写。在小说中，疯女人是作为有别于性别错乱的素颜时代中的众人而存在的，相较于那个时代抹杀掉女性特征的服饰，她的服装真是“奇装异服”，对此作家有这么一段描写：女人在自己家的天井穿着高跟皮鞋，鞋上配裙子，裙上配颜色鲜艳的羊毛衫，在围观者千篇一律的深蓝深灰和黑色的毛装和类似毛装里，女人的衣服亮得令人目眩。在春天绿莹莹的梧桐树下，唯有这个女人的衣着仿佛会唱歌般与季节作着呼应。女人虽然疯了，但是她的气质和修养仍在，她优雅得体，这和文中宁愿“野蛮”也不要“俗气”的正常女中学生什锦妹形成对比。这是唐颖文学书写的独到之处：通过服饰和细节表现女子的情态。

小说里，唐颖给最有精力的什锦妹安排了误入疯人院导致精神涣散的结

① 潘向黎：《唐颖：独自行走的花》，《小说界》2001 年第 5 期，第 88 页。

② 苑学智：《守望女性的情感家园——从唐颖〈丽人公寓〉说起》，《理论界》2007 年第 11 期，第 206 页。

局，让什锦妹和老牛共同坐在课堂间聊及已下乡劳动的小喇叭和双胞胎。此时老牛的父亲因为“生活腐化”的罪名入狱三年，这给弄堂居民的生活重新增添了兴奋点，却使老牛失去了最亲近的人。弄堂继续沉闷无聊，中学生们都下乡劳动去了，家长在他们的成长中缺席了。唐颖的小说写出了日常中反常的冷酷可怖，意在让人警惕日常中的反常，当然，如前面所论，它还传达出了某种对于自在的日常生活的批评意向。然而，正如潘向黎评价她及其作品时所指出的，唐颖太过重视个人的感受了，这往往导致小说中理性判断的缺失，使小说对社会问题的思索与批评不可避免地流于感性。

在《女生倦了》中，唐颖揭示出日常对人构型的影响，自在的日常侵蚀着我们的生活，时代倦了，生活倦了，女生倦了，但是，“疲惫困倦”之后，人们应该如何去突围、如何去应对这倦怠的日常——对此，唐颖并无意探索出一个较为明确而合理的方向。这也是小说的局限所在。

第二节　日常生活的肃杀与中国故事

——论张翎的中篇小说《夏天》

因为冯小刚的电影《唐山大地震》，海外华人作家张翎开始为中国大陆读者所熟知。然而，《余震》在张翎的创作中却是个异数。仔细梳理张翎的创作脉络，可以发现，从最初的《望月》到《邮购新娘》再到前几年使她备受争议的《金山》[①]，张翎倾向于通过一个人或一个家族跨越大洋之后的生活进而描写一个家族或一个时代的历史。这种写法在华人作家中较为常见，如张翎的好友、海外作家严歌苓在《扶桑》《寄居者》等作品中所使用的叙述策略大体也是如此。而在其中篇小说《夏天》[②]这部作品里，张翎想做的是写一

① 张翎的长篇小说《金山》发表之后，赢得了国内评论界的一片赞誉，但同时也带来了非议，有人指称她的这部作品涉嫌抄袭，事后张翎已作澄清。

② 张翎：《夏天》，《人民文学》2012 年第 11 期。该作品引文具体出处下文不再一一标示。

个“没有任何洋味的纯粹中国故事”①，这个故事就发生在夏天。

一、20 世纪 70 年代初某个夏天的中国故事

夏天在宋朝诗人苏轼的词《阮郎归》中是“微雨过，小荷翻，榴花开欲然”般清爽明丽，在英国作家伊恩·麦克尤恩的小说《夏日里的最后一天》中是闷热无聊且危机四伏，而在张翎的中篇小说《夏天》里，“夏天”在众多文学作品中所具有的自然属性——“热”让渡给了其时的社会生态环境。在那个夏天，胖老太的眼睛让小女孩五一害怕；在那个夏天，五一的姐姐死了；在那个夏天，自小生在农村的五一失去了童年。

《夏天》的故事发生在作家的家乡温州，创作的灵感也来自张翎的一段童年回忆。故事发生在夏天，这毋庸置疑，但究竟是哪个具体的夏天张翎在小说中却没有明说。故事发生的具体年份虽不可考，但发生的时间段和地点却是透过细节表现出来了。诸如，每块玻璃上都有红漆字“忠”的窗户，居民革委会的胖老太，用粮票、肉票买东西。再详细点儿的关于年代的信息在小说中也有，比如，胡蝶对五一说，五一出生的时候，“正赶上城里武斗，两派打巷战”；再比如，爸爸看着报纸说，“老了这么多，下巴都合不拢了，我看撑不了多久。林秃子的事对他刺激不小”。这些细节都表明，张翎要讲的是一个“文化大革命”时期、20 世纪 70 年代初某个夏天的中国故事。

《夏天》用小标题作为小说的发展线索把整个故事串联起来。由母亲从城里寄给外婆的信引出五一要从乡下的外婆家回到陌生的城里父母身边，再到患有心脏病的姐姐国庆出场。因为父母忙于上班和照顾患病的姐姐，五一总是独自一个人待在家里，由此她认识了胡蝶和四平，并且得以自在地观察周围的人和事。

透过这个七岁孩童的眼睛，人们看到的是美丽善良的寡妇胡蝶，虽然胖老太对胡蝶颇为不满，但在五一眼中初次见面的胡蝶却是可亲的。而担任居民革委会主任的胖老太一出场就把半个院子的光亮都遮掉了。因为她，小院

---

① 张翎：《创作谈》，《北京文学·中篇小说月报》2012 年第 12 期，第 32 页。

里的人都活得草木皆兵。爸爸妈妈的言行都要提防窗外，五一、四平不能随便出门玩，胡蝶的窗帘总拉着……这些都不仅是因为“南屋的舌头，跟刀子似的，见谁扎谁”，老太太的眼光能把人后背盯得“起了无数个燎泡”，更是因为她的居民革委会主任的身份。在一定意义上，她在小说中代表着权力与当时的高压政治。她紧盯着邻居们的言行，邻居们一朝出错后果便不堪设想。她甚至利诱五一把胡蝶与腱子肉男人的事情公之于众。她的出场习惯性地与丑陋龌龊联系在一起。这么一个人也用自己的可怖和可怕构筑了自己的可怜，大人和小孩没有一个人愿意和她亲近。她很早就守了寡，独自拉扯儿子长大。她生活拮据，仅靠儿子从部队寄来的生活费过日子。她的菜篮里，装的是菜市场里最便宜的食物——豆瓣海蜇皮和小鱼头。“门上的那块‘革命军属’的匾和袖子上那条红箍光鲜是光鲜，却当不得碗里的饭食。”她对邻居胡蝶的感情复杂，俩人都是年轻就守寡，但是胖老太知道“胡蝶不是她的昨日，她也不是胡蝶的明天。胡蝶时时刻刻在提醒着她：她原本倒是有一个不同于今日的昨天的。她原本也是可以把自己残缺了的命，再烧成一把小小的火的，可是她却自己把引火纸扔了”。胡蝶虽然年轻守寡但是仍旧热爱生活，活得有尊严有韵致，而胖老太则一步步沦落为一个龌龊的角色。但就是这么一个人，至少在五一的眼中也并不全然严酷无情，姐姐国庆的尸体搬回家时，是胖老太帮着料理后事的。她和胡蝶在帮国庆换衣服时都想到了许多年前给死去的丈夫换寿衣的情形，平时跋扈的胖老太在这时居然嗓子喑哑了。没有一个人生来就愿意做恶人，被人厌恶和憎恨，国庆的死展现出了胖老太人格中善良和柔软的那一面。这也不禁让人深思在 20 世纪 70 年代初某个夏天发生的这个中国故事的深意。

二、日常生活的肃杀

每一个社会个体都处于特定的环境之中，如马克思所说，环境改造人，人也改造环境。这其中蕴含着深刻的辩证法。作为社会成员的个体，常常处于被社会机制规训的地位。在这种规训之下的日常生活状态，总是能成为当时社会机制的某种反映。《夏天》中的社会个体，诸如“爸爸”“妈妈”、

五一、胡蝶和她的男人、胖老太都处在社会机制的规训之下，原本生机盎然、热情四溢的夏天变成了阴冷、严酷的冬天，日常生活一片肃杀。

五一家人的谨慎与对五一的训诫是这种严酷日常生活的基本写照。五一出生没多久就被父母送去乡下的外婆家，直到快上小学的年纪才被母亲接回城里。她还有个生病的姐姐叫国庆。其实国庆根本不是生在国庆日，五一也不是生在五一节，给两个女儿取这样的名字是母亲不得已而为之。本来母亲已经给姐妹俩想好了名字：之翀和之翃，但这两个跟羽翼和飞翔有关的字让在家里总是埋头看报、谨言慎行的爸爸大为不满，说这两个字难读，但更重要的原因还是“在这个世道里起这样的名字，你是想当出头鸟，被人乱箭射死吗？”甚至五一从小被送到乡下也是因为父母的谨慎——妈妈当时想“请个保姆”，但爸爸认为“影响不好”。一次早饭时，父亲谈及时政，母亲更是警告他“不要在小孩面前乱说话”，隔窗有耳。五一后来才知道，在城里醒来的第一个早晨看见的镶着八块玻璃的窗户，每一块玻璃上都漆着的一个褪了皮的红漆字，是“忠”，忠孝节义，忠党爱国。

父母不像外婆，会让五一随着心性地玩，爸爸告诫五一“现在是在城里，不比乡下，你这样满嘴放炮，是要给家里惹祸的”。在随时都有可能因言获罪的时代，小孩被逼迫不要问不要说，就这样，孩童的那点儿好奇心被社会机制的肃杀活生生地扼杀了，成人要么像五一父亲那样埋头看报，在看完报纸之后埋头看饭粒；要么像围观国庆换寿衣、紧盯胡蝶背心的那些直勾勾的眼睛一样无聊龌龊。

在这样的社会生活中，胡蝶无疑是个异数。“女人剪的是和妈妈一样的齐耳短发，只是女人用一枚菜绿色的塑料发卡，把头发卡到了耳后，发梢在耳垂上拢回来，拢成一弯残月。女人身上的那件豆绿碎花衬衫，腰身收得很紧，浅灰细布的裤腿却有几分肥，走起路来，摇摇曳曳，没风也像是有风的样子。”这是五一对胡蝶的第一印象。胡蝶不仅衣着与旁人不同，住处也和别人不同，分明是差不多的布局，但是胡蝶的家和五一的家就是两个样子。“女人屋里有两扇窗，疏疏地拉着两块绿竹帘子。日头挤扁了脑袋想钻进来，却被切成一条条细细的绿丝，比外头暗淡清凉了许多。女人屋里只有一张桌子，吃饭写字都用，上面铺了一块浅绿格子的桌布。五一身下的那张床，占去了大半个房间。细布床单上的绿花，枝枝蔓蔓的，一路爬到了墙边，把墙也染绿了。被子叠成小小的齐齐整整的一坨，也是清一色的绿。”微妙的细节不仅可以造就非凡的著作，也能点亮平凡的生活。胡蝶的世界是绿的世界，这种绿是坚强和富有生命力的绿。苦难不分贵贱，它对胡蝶这样热爱生活的美丽女人同样没有另眼相待。在那个时代，胡蝶的出身和遭际是危险的。她父亲早年去了台湾，她“错过了一班船”，只能和家人隔海相望。她年轻时嫁了个比自己大十多岁的男人，丈夫和孩子很早就去世了，现在又因为被学生追求而迫于社会压力辞去了公职。但即使遭遇了这么多，在这个“已经很难找到像样玫瑰”的城里，她还是尽量地把生活过得丰富。她的装扮，她的住处，她对邻里的关怀都是这个肃杀夏天里的一抹亮色。

但再漂亮的蝴蝶也飞不过严酷的社会机制的大网。年轻男人的出现让胡蝶的生活更加受到“瞩目”。本是一对相爱的人却因为年龄和出身不见容于世。胡蝶知道四周都有眼睛在看着自己，两人的日常联系只能通过字条来进行。这样的字条即使是对五一这样的小孩，胡蝶也是严防死守唯恐被看见。然而即使两人并未见面，男人的出现仍然会吸引锥子似的眼睛。男人给她做煤球，在她门前停下，并不敲门，只把塑料布取下来，铺在地上，把筐里的东西倒在地上。胡蝶把屋里的窗帘拉下来，屋外看不见里面，里面却能看见外面。男人热得汗流浃背，绿帘子“裂开一条缝，又缩了回去。窗台上多了一杯凉茶”。面对这种情景，就连五一爸爸妈妈这样谨小慎微的人也被吸引过去议论纷纷。

男女正常情感被社会压制，被舆论扭抑，在小说中只有通过性，胡蝶和她的男人才能得到精神上的释放。《黄金时代》中，王小波将性作为反抗社会机制和传统观念的武器。在《夏天》里，严酷的社会机制是不提倡性的，小说一开始，五一无意中翻出父母的避孕套险些惹出大祸，而被扣上败坏社会风气的罪名。夫妻尚且如此，更别提胡蝶和她的男人了。甚至为了抓住他们的把柄，胖老太连小孩儿的纯真都不放过——利诱五一把胡蝶拉下水。人性的丑陋和卑鄙在胡蝶被抓住的那一刻显现无疑，“那些贪婪的眼睛勾啄着胡蝶身上的肉”，男人的身子再宽也挡不住这许多双眼睛，胡蝶被强行揪出屋，仓皇到找不到一件衣服蔽体。人基本的尊严在肃杀的社会生活中荡然无存，在被抓出来的时候胡蝶甚至小脚趾还受了伤——他们用对待阶级敌人的方式去对待一个弱女子。被抓住之后，面对他们的是污言秽语和被扭送公安局的命运。没有人为这对情人说话，直到腱子肉男人说他们有单位证明是夫妻，加上在民政局上班的五一的父亲解围，他们才逃过一劫。然而，人格受到的侮辱和精神的伤痕却仍旧存在，从那以后，胡蝶不再和院子里的人说话了，她和腱子肉男人总在离人群最远的地方悄无声息地生活。

这是发生在20世纪70年代初一个夏天南方小城中的故事，那个夏天不是“阳光灿烂的日子”，相反，在日常生活的肃杀之下，呈示出的更是人的精神世界的阴冷和严酷，仿若冬季。人与人之间的情感被压制，生活缺乏亮色，缺乏夏天应该有的生机与活力。这种强烈的审美冲撞也是作品从整体上展示出来的审美意向和特质，给人带来无尽的思考，更有对精神生活的震撼。

三、“童真”的被扼杀与五一的成长

文艺理论家钱谷融先生在20世纪50年代曾提出过“文学是人学”的命题，认为文艺反映现实，“在文艺中，所谓现实就应该是指人的个性（人的思想和行动，理想和愿望）”①。作为人学的文学，应当是描写现实生活及其中人的生活和命运的文学。张翎的创作，她自己坦言，相对于文化冲突“更关注的是人的命运”②。她的创作总是尽可能把自己置于“零度叙事”的位置，没有控诉也没有批判，这种特点延续到《夏天》的创作上。小说里，张翎选择用七岁女孩五一的视角来讲述这个故事，因为“七岁的眼睛不懂得批判，它只是好奇”③。这也是作家明确的创作立场与态度：好奇而非评判，借孩子的视野展示一个特殊年代社会机制规训之下的日常生活。然而正是由于这样的好奇，扼杀了五一的童真。如前文所说，五一在进城的第一个夏天就失去

---

① 李世涛：《“文学是人学”——钱谷融先生访谈录》，《新文学史料》2006年第3期，第48页。

② 杨时文：《华裔作家张翎：在加拿大写唐山》，《中国新闻周刊》2009年第27期，第75页。

③ 张翎：《创作谈》，《北京文学·中篇小说月报》2012年第12期，第32页。

了童年，“这是这个表面温情的故事里的残酷内核”[①]，张翎这样讲述和评价自己的作品。

五一的成长极富隐喻意味，这主要表现在五一身上“乡”与“城”的对抗。五一与姐姐国庆的对比是这种对抗的表现之一。姐姐国庆自小生长在城里，深受“文明”洗礼，她纤细、斯文、娇气又脆弱。生长在乡村的五一刚到城里时，健壮、冒失、富有生命力。五一在城里醒来的第一天，姐姐国庆就给她上了一课。国庆首先是用锐利的目光打压五一的好奇心，在高压的社会环境里，眼神总比语言更安全、更能“表情达意”。接着，她又告诉五一要遵从长幼秩序喊自己姐姐。这些，对从小生活在乡村的五一来说都是陌生的。在五一的家庭中，受自然沐浴长大的五一与受当时“文明”熏染的父母和姐姐是那么的格格不入，她也不受重视。小说中，国庆在乡下死去，五一在城里活着。这不能不说是对当时孱弱文明和高压政治末路的某种隐喻。

同时，值得注意的是，那个不爱哭、不撒谎、天真可爱的乡下孩子五一也不复存在了，变成现在这个流着泪、面不改色地撒谎、懂得忘却的五一了。这也是成长的代价。初入城市的七岁女孩五一有着这个年纪特有的对新事物的好奇心，这个城市的新鲜和诱惑也在不断吸引五一的好奇心。因为这份儿好奇，五一随同院子的男孩四平爬树看“西洋景”，从而知道了胡蝶和她男人的秘密，看见了男女之间的交欢。这对五一产生了巨大的震动。这件事，一方面使她痛心，自己视为亲人和可倚赖的人竟然发生这样的事，被人叫成“头毛”（温州方言：婊子）；另一方面，也让五一对胡蝶的感情发生了微妙的变化，为后续故事的发展埋下了伏笔。她仍旧是喜欢胡蝶的，只是她忘不了那天看到的场景，这对她这么一个小女孩来说太震撼了，她跳下胡蝶的床，跑走，临走前还记得没头没脑地告诫胡蝶把窗户关好。

在那个时代，孩子的天真会成为打击报复他人的工具。当胖老太告诉五一可以把书包送给她的时候，“五一抬头看天，天上一下子出了九个日头。那九个日头齐刷刷地照下来，照得天上地下都通透敞亮，没有一丝阴

① 张翎：《创作谈》，《北京文学·中篇小说月报》2012年第12期，第32页。

影”，但紧接着胖老太却以胡蝶的把柄作为交换条件。在乡下的时候外婆告诉五一，身上脏了可以用水洗干净，但是心脏了，一河水也洗不白。五一进城之后，被这个社会机制弄脏了心，也因为成长而有了心事。所以，她喜欢看云，想让云把自己的心“擦拭得干干净净，没留下一丁点心事瘢痕”。胡蝶事发，胖老太嘲弄胡蝶的时候告诉她这件事是五一告的密，胡蝶的眼神击碎了五一。胡蝶的疏远、父亲的巴掌让一向喜欢光明的五一竟生出“我不要光”的念头。七岁的孩子不知道如何面对这严酷、阴冷的现实，只能选择逃避。

人是社会中的个人，社会机制和家庭对人格的形成具有重要作用，尤其对自我认知尚未成熟的幼儿来说更是如此。五一的成长被深深刻上了那个时代的烙印，时代裹挟着孩童迅速成长，这使她的成长具有某种悲剧意味，而这种意味在那个时代却无可置疑地具有普遍性。

小说最后一节的标题为“秋”：夏天凋零，迎来了秋天。这不仅是时间的推移、自然节气的更替，同时也是小说色调的转变——由夏天的肃杀、阴冷到秋天的温暖和灿烂。作为社会边缘人的胡蝶，在众人面前被羞辱，再加上结婚对象父母的坚决反对，导致她身心疲惫，然而，四平妈和五一爸妈精挑细选送给他们夫妻的脸盆终于让胡蝶开始和大家接近。在那个时代，脸盆是作为出嫁女儿的嫁妆的。在“秋”里，胡蝶有了精神，“换了新凉鞋，浅绿色珠光，鞋带上钉着一朵花”，重新对生活燃起热情。她主动找五一和她妈妈，一来是对送脸盆表示感谢，二来是给五一送铅笔盒，她原谅了五一。铅笔盒上那只在葵林里自在飞舞的蝴蝶，给肃杀夏天之后的秋初带来了无限暖意。

小说中的事件虽发生在“文化大革命”的背景之下，但是张翎明显无意写一个模板式的“文化大革命”故事。《夏天》中，社会生活“夏而秋”，由阴冷肃杀变得有了暖意与秋色，这归根结底是因为故事中人与人之间的温情和人性的高贵。是人与人之间的温情，让胡蝶对五一视如己出，让胖老太与胡蝶帮助料理国庆的后事；是人与人之间的温情，让父亲帮胡蝶解围使其顺利结婚，让邻居即使偷偷摸摸也要帮胡蝶置办点结婚的东西；是人与人之间的温情，让胡蝶烧掉了画像，使胖老太逃过大劫，也让胡蝶最后原谅了五一，重新开始和邻居说话。在这种肃杀之中，人性的温暖和高贵依然顽强地生长与壮大。

张翎绕过了以往对“文化大革命”进行文学书写的一贯套路：重现灾难，抨击社会制度，反思历史；她想做的不是声嘶力竭地怒吼，也不是“匕首投枪”式地批判，她想写的是在肃杀的日常生活中依旧生长着的高贵人性和温情、光和亮、爱与美。这是她自觉选择的一种文学表达方式，其中，显豁地体现出一种温暖且颇为强大的文学力量，还有她对祖国的浓烈情感。

第三节 “文化大革命”青春成长的疼痛
——论李铁的中篇小说《会唱黄歌的大姐》

文学与社会、与时代密不可分。社会、时代影响着文学所反映的内容和其体现出的文学精神，甚至决定着文学作品中人物的行为动机、思想情感等，反过来，文学同样对现实社会有着或批判，或促进，或麻痹等作用。一部优秀的文学作品绝不仅仅是个人式的情感宣泄，绝不是象牙塔内的主观臆造，也绝不会只能供个人欣赏。它必须延展、深入至更为广阔深远的社会历史中，以作家独特的生命体验、独立而深刻的思想、悲悯的人文情怀去把握特定社会、时代的脉搏，去书写并呈现特定历史时期人们的生存状态与精神面貌。因此文学批评实践也绝不能割裂作者、作品与社会、时代之间的关系，而应站在特定的社会历史背景下去理解、分析和评价作品中所描写的社会现实、所刻画的人物及所传达的思想旨趣。站在这样的角度上所开展的文学批评实践会更为合理，也更具价值。《会唱黄歌的大姐》是李铁笔下一篇回忆式的写实主义小说，它通过叙述“大姐”这一普通女子的青春成长经历来呈现“文化大革命”这一特定历史时期中人们尤其是青年男女的生存困境以及精神状况，他们的生存困境以及精神状况或许受其自身家庭状况、个人经历等因素的影响，但更为普遍而且具有决定性的缘由则是“文化大革命”时期的社会背景。

一、基于青春的回忆：食物、娱乐与死亡

青春是人成长的必经过程，人们经由青春走向成熟、融入社会。在这个过渡阶段，人们初识人生的丰富性与复杂性，体会到美好与绝望、激情与悲伤、理想希望与困惑迷茫……而正是这种丰富性与复杂性彰显了青春所具有的张力和魅力。这使得青春成为人们人生经历中的一段美丽风景，成为了一代又一代作家笔下书写的重要母题。尤其是 20 世纪 90 年代以来，众多的青春文学与青春电影如雨后春笋般出现在人们的视野中。他们笔下的青春有着相似的张扬、相似的美好，也有着相似的悲伤。同时，代代青春又有着各自的独特之处，呈现出了青春的时代性特征。

1.“青春”作为叙述基点

《会唱黄歌的大姐》是作家李铁根据自身的青春记忆创作而成的作品，该文以“青春”作为文本叙述的基点，其中所涉及的食物、娱乐等均围绕着这一基点展开，且在逐步的展开中让人们看到了“文化大革命”时期青春的面貌。毋庸置疑，人们均会在有意或无意中受到民族、社会及时代文化的规约，更何况是在青春这样一个由纯真走向复杂、由稚嫩走向成熟的阶段，这就使得李铁笔下的青春不可避免地打上了“文化大革命”的烙印。这一段时期的特殊社会现实与状况，就像朦胧派诗人杨炼在《我们从自己的脚印上》中所写的那样：

> 我们从自己的脚印上／结识了历史／从诗被洗劫的年代／从鸽子和花朵有罪的年代／从孩子悄悄哭泣的年代／从友谊、爱情无法表白的年代／从对妻子也不敢信任的年代／从连歌曲也僵硬得像冰一样的年代／从思想和衣着同样单调／灵感和土地同样干涸的年代／结识了历史／结识了／你在图画本上／我在青草地上／那童年的梦从未宣示过的死亡。①

① 阎月君、高岩等编选：《朦胧诗选》，春风文艺出版社 1987 年版，第 247 页。

这是亲身经历过“文化大革命”的诗人所感受到的真实历史。在如此动荡不安的社会背景下成长起来的青年们深受其害，他们不仅面临着食物匮乏所导致的生存困境，也面临着文化专制暴力所造成的精神戕害和“精神贫瘠症”。李铁同样经历过“文化大革命”那一段历史，虽然那时他还很小，虽然“文化大革命”已经过去了几十年，但是他对于“文化大革命”的记忆依然清晰，感受依然深刻。在《会唱黄歌的大姐》中，他将这个时代描述为“缺乏胖子的时代”[①]“普遍穿绿和蓝的时代”和“‘满世界都在唱鼓舞斗志的革命歌曲，曲调不高昂，歌词没有热爱毛主席没有将革命进行到底的，通通被人们认定为不进步不革命的歌’的时代”。这些简单的话语切中时弊，指出了“文化大革命”时期经济凋敝、食物短缺以及个人崇拜和文化专制的特点，而个人崇拜与文化专制在人们的日常生活中则主要表现为娱乐形式的单一及娱乐内容的呆板与僵化。青年男女们的青春在这多方面的约束、规训下呈现出变异特点。本该是张扬个性、追求理想爱情的青春年纪，但父母双亡的崔英为了维持自身和四个花骨朵似的妹妹的基本需求却必须想方设法获得食物，为了食物而工作，而去唱在当时被认定为淫秽歌曲的“黄歌”，为了食物而违背当时的“道德礼法”，承受世人的轻蔑与指责。在她眼里，只要有一包猪肉就能使她感觉饱满而又神秘，这种感觉不仅为她所独有，那时的众多青年及其他年龄段的人同样也有。“吃饱穿暖就是硬道理”是她和妹妹们甚至那个时期大多数人所奉行的生活哲学。当食物成为一个时代群体性的主要行为出发点时，这个时代无疑是落后的、不堪的，在这种社会背景下成长的青春也就必然会因为缺乏足够物质条件的支持而走向“营养不良”。他们的青春大多在忙于生计中悄然而逝、瞬时而殒。青春本是丰富多样、多姿多彩的，但是“文化大革命”时期的青春却显得单调而暗淡。他们除了工作，就是学习毛主席语录、唱鼓舞斗志的革命歌曲或欣赏“八个样板戏”，一切娱乐、思想都被当时的高压政策框定在狭小而灰暗的匣子里，一旦在语

① 李铁：《会唱黄歌的大姐》，《花城》2013年第1期，第57—58页。该作品引文具体出处下文不再一一标示。

言上或行为上超出了所划定的界限，就要受到批评甚至遭遇死亡。

作品透过食物匮乏、娱乐单调所描绘出来的青春，显得如此逼仄与暗淡。

2.“文化大革命”时期的娱乐与当下的娱乐

娱乐既是人们放松心情、缓解疲劳、纾解内心苦闷的一种方式，又是人们获得精神享受、涵养精神的一种途径。它是人的基本需求，是人们生活中不可或缺的。而在“文化大革命”时期，娱乐形式单一，主要就是观看“八个样板戏”和唱革命歌曲，而且都是与宣传革命、赞美革命、赞美领袖有关的，戏中的革命者均是高大全、毫无瑕疵的形象，虚假空洞而又单一、僵化。在这个“吃的东西金贵，精神享受也同样金贵”的年代，即使是打架都成了绝对富有诱惑力的词，更何况是一个女孩子所唱的“黄歌”。从这些细节中，可见“文化大革命”时期的娱乐形式十分单调，内容、精神也僵硬贫乏。在这样的娱乐环境之下所孕育的青春，表现出了精神上的僵化和干瘪。安森林即是那个时代“正经青年”的代表，他遵规守纪、思想僵化、精神贫瘠，缺乏对时代的批判和质疑精神，即使本能地陶醉于“黄歌”的美妙中，但当理智回笼时他却仍毫不犹豫地指责崔英的“错误”。安森林在众人眼中是进步的、有觉悟的工人，而崔英与邢大奎及其他私下听“黄歌”的人是思想败坏、受资产阶级的东西所腐蚀的堕落分子，是那个时代的异类。以“黄歌”为代表的展现丰富性与愉悦性的娱乐，本是基本的人性需求，却被认定为腐蚀思想的事物，反映出的恰是那个时代的“扭曲”“荒诞”本质。从这样的土壤中生长出来的青春缺乏生机与生气，显得死气沉沉。

“当吃饭和娱乐都成为一件相当不容易的事情时，死亡便成为一件相当容易的事”①，这使得“文化大革命”时期的青春笼罩着死亡气息。当然，这里的死亡不仅仅限于肉身，更关乎精神向度单一而导致的贫瘠与衰败。就如臧克家所说，“有的人活着，他已经死了”②，精神上的贫瘠与衰败甚至麻木不仁，同样预示着一个“人”的死亡。而当这成为一个时代群体性的现象时，

① 李铁：《创作谈：诱惑与渴望》，《北京文学·中篇小说月报》2013 年第 3 期，第 24 页。

② 臧克家：《臧克家文集》第二卷，山东文艺出版社 1985 年版，第 285 页。

毋庸置疑是相当可怕的。

反观当下，由于社会环境的宽松与开放，由于经济的进步和科学技术的发展，娱乐项目各种各样，娱乐内容丰富多彩，令人眼花缭乱，人们可以自由选择自己喜爱的一种或多种娱乐方式，更有电视、网络等媒介的推波助澜，使得生活中的任何事物都可以娱乐化，以致达到了娱乐内容泛滥成灾的地步，当代人尤其是青年男女大多沉浸于娱乐的狂欢中不能自拔。这种表象的娱乐的繁荣昌盛与“文化大革命”时期形成了鲜明的对比。但是，透过现象看本质，我们可以看到这些狂欢中的青年男女在多元化、碎片化的视觉现象面前，是全身心地投入娱乐所带来的感官快乐中，而很少甚至从不去思考娱乐为何会给予人们快乐或觉察其中的缺陷。尼尔·波兹曼就曾说，公众沉醉于现代科技带来的种种娱乐消遣中，对于自相矛盾这种东西早已丧失了感知能力。①人们在娱乐面前没有质疑，没有批判，只有接受，呈现出无深度的思想特征，逐步走向“娱乐至死”的境地。这何尝不是与安森林相似的精神单一、精神衰败？这些现代青年又何尝不是马尔库塞所说的“单向度的人”？这就使得《会唱黄歌的大姐》对于“文化大革命”时期青春的描写十分具有意味，这不仅让我们认识到了那个时代的青春样貌，也让人们反思食物充足、娱乐过剩的当下青春。

二、青春的疼痛与成长

《会唱黄歌的大姐》所写的是“文化大革命”背景下大姐崔英的故事，大姐是青春的大姐，她的青春同样背负着缺少食物所带来的沉重，同样承受着被时代文化精神所套上的枷锁。但是，她的成长却是一个传奇，一个时代性的传奇，或者说，是特殊年代造就的传奇。

1. 大姐的青春与疼痛

在整个民族都被食物、娱乐与死亡这些问题所困扰的“文化大革命”时期，崔家的生活状况显得更为严峻。崔家家长崔大美人由于被人捉奸，在慌

---

① 参见［美］尼尔·波兹曼：《娱乐至死》，章艳译，广西师范大学出版社2004年版，第144页。

张无措中坠楼而亡，崔大麻子这位以治疗不孕不育症著称的医生却因被怀疑与老包妻子有染而被老包醉酒后锤死，以致崔家五个女儿成了无人抚养的孤儿。为了活着，她们首先要解决的就是姐妹五人的食物问题，而作为大姐的崔英则理所当然地担下了这不容推卸的责任。美国心理学家马斯洛将人的需求划分为五个层次，由低到高分别是生理需求、安全需求、归属与爱的需求、尊重需求和自我实现的需求。“假如一个人在生活中所有需要都没有得到满足，那么生理需要而不是其他需要最有可能成为他的行为动机。一个同时缺乏食物、安全、爱和尊重的人，对于食物的需要可能最为强烈。”①对于崔英来说，食物需要就是她现阶段最为强烈的行为动机。而仅仅依靠组织分配的制镜厂工作而得来的微薄工资，根本无法维持姐妹五人的正常生活，所以崔英不得不在业余时间绞尽脑汁谋生计。终于她另辟蹊径，发现了被正派人认为是淫秽歌曲的“黄歌”所具有的强大诱惑力，走上了“以歌易物”的谋生之道。对于食物的渴望使得大姐不顾当时的社会束缚、不顾妹妹们以及周围人的异样眼光，而毅然选择唱“黄歌”这一“当时的人们一面在鄙视，一面又在渴望”②的娱乐方式作为获取食物的重要途径，同时她也必须承受着巨大的压力去与那些渴望听“黄歌”的不良青年相处。她的这些所作所为均与当时社会的主流价值观念格格不入，二者之间存在着难以缓解的矛盾冲突。大姐作为一个青春成长期的姑娘，在强大的社会主流价值力量面前，她一人的力量显得脆弱不堪，二者的相撞无疑是以卵击石。为此，她既要承受妹妹崔岚的不理解甚至抗议、姨妈的指责，还要受到组织上的批评教育以及恋人安森林的指责，当然还有其他人的蔑视和指指点点，这些都在无形中增加了大姐的心理压力并给她造成了精神伤害。

她在情非得已之下所选择的“黄歌”，在如今人们的眼里不过是随处可听到的流行歌曲，而在“文化大革命”时期却被官方界定为黄色歌曲。正因此，“黄歌”在那个荒诞的年代里显得不同寻常，李铁同样认为“在那个时

---

① ［美］A. H. 马斯洛：《动机与人格》，许金声等译，华夏出版社 1987 年版，第 42 页。

② 李铁：《创作谈：诱惑与渴望》，《北京文学・中篇小说月报》2013 年第 3 期，第 24 页。

代，黄歌在暗地里形成了一种不亚于彩虹一样的景观”[①]，那是一种大美。因为它冲破了时代的坚冰，满足了人们对于美好的渴望，为单调而又暗淡的青春增添了一抹亮色，使人们无聊而又压抑的日常生活多了一丝活力。而唱“黄歌”的大姐虽被人们视为“时代的异端”，却又何尝不是那个荒诞社会中所剩不多的几个正常人之一？但是她的正常却与整个时代普遍性的扭曲与麻木形成了鲜明对比，以致大姐在成长的道路上经受着他人所无法体会到的疼痛。

在成长过程中，对大姐来说，最为重要的就是家庭。李铁在讲到他的另一部作品《冰雪荔枝》时曾说：为了维护自己赖以生存的家，这个女孩在这个冰天雪地的白色世界里开始了自己的人生之旅……“维护”这两个字就是她行动的主题，或者说是生命的旗帜。[②]保护家庭同样是大姐生命的旗帜，为了这面高高飘扬的旗帜，她不得不在这个布满荆棘的时代里毅然前行。而维护家庭不仅仅在于物质层面的衣食住行，更在于精神层面的知识、文化、价值、尊严等。在物质上，大姐为了家庭生计而唱“黄歌”，这在她单纯的心中并不觉得有何不妥的行为却使她遭到了人们的围攻，受到了精神上的伤害。在精神层面的保护上，大姐更是付出了惨痛的代价。每个人的心中都有不愿被人触碰的地方，那个柔软的不成形状的地带，为了抵抗侵入，有人也许会不自觉地付出超常的代价，那个地带叫自尊。[③]大姐心中不愿被人触碰的地带除了自尊之外还有家人的尊严，这不仅是作为物质穷困之人所仅剩的最宝贵的财富，还因为母亲生前在众人心中的形象不佳而使姐妹五人遭到他人的轻视，使得大姐将家人的尊严看得尤为重要。但现实是残酷的，那个地带不断地受到他人的侵犯，为了维护这个柔软的地带，大姐崔英挺身而出并为此遭受了肉体和精神的双重疼痛。

---

① 李铁：《创作谈：诱惑与渴望》，《北京文学·中篇小说月报》2013年第3期，第24页。

② 参见林喦、李铁：《小说是茶　品过后给人回味绵长的才是上品——与作家李铁的对话》，《渤海大学学报》（哲学社会科学版）2012年第1期，第19页。

③ 参见林喦、李铁：《小说是茶　品过后给人回味绵长的才是上品——与作家李铁的对话》，《渤海大学学报》（哲学社会科学版）2012年第1期，第21页。

“文化大革命”时期的青春不仅受到食物、娱乐等的诱惑，也不可避免地对异性有着好奇与渴望。而这份好奇与渴望在没有合理、有力的道德和法律制约时，众多的青年男女在暴力、在人性的沦落面前显得不堪一击，在维护尊严的道路上洒满了血泪。崔岚不幸地被金刚这样一个经常打架斗殴的无赖看中，无法拒绝又无人帮忙制止，于是她只能无奈而痛苦地承受着金刚的骚扰以及因此而来的轻视目光。大姐崔英为了保护妹妹而不得不去寻找一个比金刚更为强大的力量来压制他，这个强大的力量就是“神跤刘纪录”，但是刘纪录也不是什么正义之士，他提出需要大姐付出自己的身体才肯帮忙的条件。这使得大姐深陷在保护妹妹的贞洁还是保留自身贞洁的泥淖中，她内心在痛苦地挣扎，但最终大姐还是无悔地选择了维护妹妹的尊严，这是她内心对于妹妹的爱以及对于家庭的责任感所在。为此，她不仅牺牲了自己的身体，牺牲了自己的爱情，同时也牺牲了她所看重的自尊。而她的牺牲并没有得到外人和组织上的同情以及理解，反而是受到了无情的指责，并被开除。在这残酷的社会现实面前，大姐那原本单纯的内心透着无力，伤痕累累。

处于青春期的男女们从依赖走向独立，从狭小的家庭走向广阔的社会，他们眼中的世界在不断地延展，思想也在不断地走向成熟。在这个过程中，基于人性的各种需求，他们总是在渴望着美好，也在面临着各种诱惑。当这些渴望和诱惑与他人，与社会的道德、法制相冲突时，渺小的个体就需付出超常的代价。古人有言：吃一堑，长一智。这些超常的代价大概就是成长的代价吧。不管是对于食物的渴望还是保护家人尊严的愿望以及爱情的诱惑，大姐由于自身的渺小而无法与强大的金刚、强大的刘纪录以及强大的社会主流文化相抗衡，因此背负了沉重的代价，体会到了身心的疼痛。强大的社会现实在不断磨平她的棱角，使她单纯的心灵在摸爬滚打中、在披荆斩棘中逐渐成熟。她不仅认识到了这个时代残酷、强大的社会现实，同时也在逐渐调整自己的行为方式以灵活地融入这个不正常的时代。她在逐渐成长，但是成长的同时又有疼痛在诱惑和渴望中生成与弥漫。

2. 青春成长的时代性与当下时代的青春成长

大姐的青春是“文化大革命”时期的青春，其成长的疼痛与“文化大革命”时期的社会现实密切相关，这种青春成长的疼痛具有明显的时代性。在创作谈中，李铁说：“新一代人的成长，肩膀上依然还有血痕，只是血型不同罢了。”[①] 这说明每一个时代的青春成长，都不可避免地会经历疼痛，只不过因为不同时代下的社会、政治、经济、文化等状况存在差异，成长会经历不同的疼痛而已。在当下社会去回忆“文化大革命”的青春时，李铁总会自觉地去反思当下的青春，去想象当下那些“大姐”的成长是一种什么模样。这样，在字里行间也就自然表现出他以大姐成长的疼痛投射当下青春成长问题的期望，很显然，这是一个作家的可贵思考。同时他也期待，通过《会唱黄歌的大姐》这部小说，能够激发更多的读者积极关注和探索当下的青春成长问题。无疑，这是其深沉的社会责任感的基本体现。

在当今这个食物和娱乐都不再成为问题的消费时代，在这个电子产品迅速更新换代的科技时代，在这个思想解放的文明时代，青春不再纠结于吃饱穿暖这样的基本需求，也不会想唱一两首流行歌曲还要在暗地里进行，更不会因唱所谓的“黄歌”而与社会的主流价值观相违背，当下的青春显示出自由、纯真、浪漫、狂欢的特点。但是，当下的青春也在经受着成长的疼痛，这种成长的疼痛主要来源于以下几个方面：一是由于青春期美好爱情的破灭；二是由于理想目标缺失导致的怅惘；三是由于叛逆、追求个性而产生的无人理解的孤独感；四是由于亲情的疏离而引起的内心失落；五是消费社会中因功利主义、拜金主义价值观所产生的虚情假意；等等。这也是当下众多青春文学、青春电影所要表现的内容，如《梦里花落知多少》《三重门》《致我们终将逝去的青春》《小时代》等即是如此。除此之外，当下青春被包围在无数虚虚实实的信息、多元化的选择、碎片化的图像中，当下大众的人生观、价值观遭遇到了前所未有的冲击。青少年们面对多元混杂的世界图景，对于选择、对于判断产生了一定程度的恐惧感，甚至是不作思考地接受，无疑，这也对青春成长造成了巨大的危害。青春成长过程中所呈现出的这些负面问题都是需要人们予以正视和思考的，尤其是青春的精神向度或者说“精

① 李铁：《创作谈：诱惑与渴望》，《北京文学·中篇小说月报》2013 年第 3 期，第 24 页。

神成长”问题，更需要国家、社会的正确引导；与此同时，更具实质性要求的是，“青春”的个体理应甚至必须对自身的完整人格、独立选择进行不懈的追求，如是，青春就是可以想象的，也是在向着光生长的。

第四节 历史的伤害与现实社会中协和生活的构形

——论滕肖澜的中篇小说《去日留声》

滕肖澜的小说基本运用写实手法，如其所说的，“我希望走写实路线。力争用一个个细节撑起故事，刻画人物形象”①。她描写上海这个繁华大都市中普通百姓的平常生活，并且善于平视现实，以平常心和平等的视角去看待现实中的人和事。她的小说中，没有惊天动地的阴谋，也没有跌宕起伏的情节，更没有拯救苍生的侠肝义胆，多的是真正的普通上海人的故事，是柴米油盐中的温情，是邻里琐碎里的惬意。她写琐事，却不琐屑，写小市民，却毫无小市民气，常以细节取胜，从日常中寻找从容，从平凡中发现真诚，从人物的复杂关系中体察和参悟人性的幽暗与明媚，小说中自有超凡脱俗的情致。

对于写作，滕肖澜有自己的理解：“写作不仅是满足兴趣，也不仅是个人情感的表达，还承载着沉甸甸的责任。”②从一开始，她就有明确的目标，即写上海人过着的日子，并且把自己的写作风格概括为简洁而不简陋，希望关注广大老百姓，用最简洁的笔触勾勒出一个现实生活。

《去日留声》这部小说的内容依旧是滕肖澜擅长的家长里短。作者放眼于身为知青的父亲与子女间的微妙关系，通过对成长于不同的历史背景、不同的现实困境的两代人生活状态的描写，向读者述说自己对受到历史影响的当下生活的思虑。

---

① 滕肖澜：《十朵玫瑰》，上海文艺出版社 2006 年版，第 387 页。

② 徐璐明、滕肖澜：《就写“上海人过的日子”》，2011 年 2 月 13 日，见 http://news.sina.com.cn/o/2011-02-13/090321946382.shtml。

一、文学新领域：被历史伤害的知青及其后代

1. 当代中国文学进程中的知青文学

20世纪60年代，毛泽东主席下达了“知识青年到农村去，接受贫下中农的再教育，很有必要”的指示，于是千千万万的城镇青年自愿地或者被迫地奔赴农村。知识青年上山下乡运动，是当代中国社会历史上的一个重大事件，而对知青生活进行描写的文学被称为知青文学。知青文学是20世纪中国文学史中一种重要的文学现象，作家所面对所思考所描写的是鲜活的知青生活。它不仅是一代人命运的见证，是20世纪后半期中国的文化、思想和历史的见证，也是中华民族在成长过程中自我灵魂审视与反思的有力参照。

当代中国文学进程中的知青文学，是文学的新领域。随着时间的推移，作家们开始对知青运动进行反思，反思时期出现的知青文学作品不再局限于表现知识青年上山下乡的生活本身，而是转向当下更为广阔的社会人生画面，将知青的生活成长与社会历史的变迁纠结在一起，历史与当下交相呼应，根据生活经验与生命体验，对依然留存“知青后遗症”的回城知青们现在生活的叙述，写出了处于当下社会中的知青们所特有的生活困境，传递出了较为复杂的人生信息，描绘出了具有深层意味的生活态度。以这种新角度创作的知青文学具有浓厚的历史透视力量与精神提升力量，在真实描述现实生活的同时展现出了人性的美好与温情。

作者滕肖澜在新作品《去日留声》中所要描述的不是知识青年上山下乡运动本身，而是将视角延伸到受历史时代影响的知青们当下的生活状态，以贴近生活的写实笔触描写了文老师一家的欢喜悲忧，并以此为视点试图揭示出经过动荡年代伤害之后的知青们当下生活中复杂的心理图景。读者能从文字中感受到作者对这种历史伤痕的深深忧思。

2. 知青的被伤害

在当时的知识青年上山下乡运动中，多数青年无法忍受艰苦的条件，抑或怀有对家乡的深切思念，都期盼着能早日返回城市，返城成了他们最迫切的心愿。身处异乡的知青们为了能回到城市，付出了艰辛的努力，甚至不惜

付上一切代价。作品中的文老师便是当时一个下放到安徽的上海人，“回到上海”成了文老师甚至文老师一家人共同努力的目标。文老师的女儿文思清尽管成绩优异，但为了能尽早回到上海，放弃了再等三年考好大学的机会而报考了上海某中专学校，又因为学校政策的变化，她被文老师过继给了在上海却没有子嗣的二舅，所有一切都是为了能顺理成章地将女儿留在上海。从此，“过继”成了文老师隐隐作痛的心病，也成了女儿文思清挥之不去的心理阴影。

由于长达十几年甚至是几十年的底层生活，知青身上早已打上了不可磨灭的历史烙印，它不仅在顷刻间改变了一代人的历史和命运，而且在其后的岁月中，仍然长时期地严重制约着那一代人的思想、精神、行为，乃至由此而形成的世界观、价值观、人生观，并对当代社会生活产生了深远的影响。正如歌德所说的，时代给予的影响是非常大的。一个人只要早生十年或迟生十年，从他们自己的教养和外在的行动看来，便很可能成为全然的另一个人了。历史改变了生活走向，文老师因为知青运动而几乎终生都在为“全家回到上海”奔波，并且因为动荡的生活使自己成为一个充满精神矛盾和极度敏感不安的个体，这种精神状态一直持续蔓延在文家的日常生活中。

文老师有着上海男人的斯文聪明与踏实稳重，对工作对家庭都有着很强的责任感，也有着说话曲里拐弯的别扭性格，许多话不说出来，“不直接与人发生口角，而是把自己的坏情绪打成无数细小的分子，散落在家里的各个角落，还有家人的身上，让人无可避免地受到感染”①。特殊年代里人的命运是未知的，文老师在这个年代的熏染下变得极度缺乏安全感并且过分自尊，他在子女对他的称谓上绝不含糊，必须喊他“爸爸”，因为女婿老祝对他和二舅同等对待而始终阴沉着脸；对妻子的初恋情人“卯金刀”暗暗吃了三十多年的醋，为了显示自己的大度仗义帮助困苦中的“卯金刀”，并因此而得到某种令自己欣慰的优越感。文老师又是位敏感的胡思乱想者，有种轻度虐

① 滕肖澜：《去日留声》，《北京文学·中篇小说月报》2013年第8期，第6页。该作品引文具体出处下文不再一一标示。

人和自虐的倾向，以自虐的方式考虑事情的发展走向，“能让痛快的话题不知不觉走向不痛快”，并且“把人放在一个随时随地能让他奚落的位置，好像他的存在就是为了证明别人的不是”，以此获得某种虐人后的精神胜利快感。

3. 被历史伤害的现实回响

作者滕肖澜正是知青子女，她在《去日留声》的创作谈中说道：“父母双方或是一方是知青，个中苦楚，自不消多说……不能否认的是，那段经历，终生影响着他们的心态、价值观、处世态度。过分自尊或是自卑，敏感、多疑，缺少安全感。这是相当要命的。”[①] 如今大部分知青已经面临人生谢幕的时刻，而知青生活潜移默化地影响着他们毕生的心态、价值观、处世态度。动荡茫然的年代带给了他们或多或少的自尊自卑、敏感多疑、缺少安全感、孤独感、茫然感、被抛弃感……并且他们与社会生活、与儿女因代际鸿沟所产生的各层面的冲突难以避免。

由于历史原因，女儿文思清不得不过继给亲戚，这个“心结”使得文家总处在微妙的隔阂中。看似处理突发情况得心应手的女儿，实则战战兢兢、小心翼翼地经营着与父亲的关系。她在父亲面前从不刻意提及过继之事，避开父亲敏感的雷区，时刻顺意着父亲的心情，常用巧妙的手段化解家庭矛盾于无形，以维持家庭生活表面的平静与和谐。

然而两代人各有各的历史背景，各有各的现实困境，他们明知对方的痛苦，却又无法突破心灵的屏障，他们在不尽如人意的环境中生活，遭遇到种种情感波折与不幸。父女或明或暗地处于冲突的对立面，二人既相亲又互伤。文思清小时候被送到上海外婆家寄养，“我只记得每次他们来上海看我，临别时我都会哭得稀里哗啦。那种伤心是我这辈子都不会忘的。仿佛什么东西硬生生从身体剥离，伤心，还有恐惧、绝望”。并且她压抑着父亲重男轻女、爱自己不如弟弟多的内心想法，扮演着通情达理、孝顺父亲的好女儿角色。关于她与老祝的婚姻，文思清与文老师有过几次争吵，这或许可以看作文思清反叛执拗性格的小爆发，争吵内容招招刺中文老师的要害。最后文思

---

① 滕肖澜：《创作谈》，《北京文学·中篇小说月报》2013 年第 8 期，第 27 页。

清与老祝离婚了，尽管内心疼痛万分，但表面上她仍维持着冷静理性的形象。她在看似平静却多变无原则的生活中变得和父亲同样的容易受伤、敏感多疑、执拗和自尊要强。

4. 文学与生活

文学与生活的关系是一个持续性的文学命题，同时，它也是时谈时新的。生活永远是文学最根本的来源，而生活总是在变化，多变的生活为文学创作提供了多样的书写领域和无限的创作题材。文学是社会生活的反映，是作家的心灵创造，文学为我们提供了关于生活、人生和情感变化的丰富记录。滕肖澜在她的第一部作品集《十朵玫瑰》的后记中写道："小说应该是悲天悯人的。当然，作者本身并没有能力改变什么，但至少，应该有一点责任感，把目光放远放宽，关注弱势群体，关注广大老百姓，用笔勾勒出一个现实生活。"① 文学只有贴近生活，随生活而动，带着责任感，以真实有力的笔触叙写生活中有价值的人和事，揭开隐藏在日常生活之下的耐人寻思的人生意味，才会有活力、有生机，才能反映生活，才能深入人心。

小说《去日留声》是作者着眼于文学作品较少反映的一个领域——曾受历史伤害的知青的当下生活状态——而进行的文学创作。滕肖澜善于审视周遭生活，从中捕捉人生百态。这次她从新的生活视角落笔，关注当下平凡琐碎的知青生活，并从中发现了不平凡的深意。用文学独特的新视角，通过对各种生活情节和人物间情感纠葛的细腻描写，将受到上山下乡运动影响的知青现在的生命情状与精神图景娓娓道来，开阔了文学作品的书写领域，使作品具有更为厚重的生活容量。

这部小说的书写更是文学与生活的关系的别样印证。滕肖澜本着文学关注反映生活的原则，将艺术触角伸向当下知青生活的本质深处，在日常生活中发现问题与矛盾，按照日常生活逻辑展现各种琐碎的日常事件，记录被历史伤害过的知青生活的喜怒哀乐，以匠心独运的艺术技巧再现知青们现在的生活情景，捕捉和发掘各种复杂的人性特质，细致探析人情中的冷酷与温

① 滕肖澜：《十朵玫瑰》，上海文艺出版社 2006 年版，第 387 页。

暖。作品蕴含了作者对知青生活世界与精神世界的深切关注与牵挂思虑，表现出了一名文学工作者对普通大众的人文关怀。这能让读者感悟生活蕴意，看到厚重的波折苦难背后始终葆有的和煦温情。

二、生活与岁月洗练下协和状态的构形

1. 生活的哲学：受历史伤害之后的生活该如何继续

我们该如何生活？怎样的生活才具有价值？这是人生的根本性问题。生活该如何继续，尤其是当生活中存在一种历史伤害之后？是永远停留在历史的伤痕中焦灼不定，还是容忍历史的不完美而坦然面对历史的伤害？

作为一部反映当代知青现实生活的文学作品，《去日留声》把着眼点放在了一个知青家庭的生活上，以知青的女儿文思清为叙事主人公，对上海知青文老师一家在生活、工作及情感中遭遇的坎坷、冲突、失落、无奈和温情等进行了细致刻画，引发读者对受到过历史伤害的知青该如何面对生活的问题的思索与探讨。

生活是张纠结不清的网，对于参差复杂的生活世事不必去深究其中的动因，“生活往往是没有理由的，你越是深究，便越是难受。它欠了我们的，未必都能还清”。散落在历史时空中的新与旧、愿望与现实、理解与隔膜，总是在错位中，构成一种生活艺术的内在张力之美。“这就是生活，生活只有艺术，没有原则。”当初的苦难潜移默化地转化为一种精神羁绊，侵入文老师、文思清他们漫长的人生之中，让他们变得敏感、害怕失去、相互冲突伤害。但，人与人的情感、共同营造的当下生活是永远比历史羁绊更有温度的存在，所以他们又从内心深处珍惜牵挂着对方，不约而同地以某种退让的方式来迁就彼此，维护着当下来之不易的生活。这部小说体味着人生的五味杂陈，并从中提炼生活的艺术，弥漫着一种由生活真切的质地所带来的暖意。当走过那样沉重的历史来路，其中的丝缕纠缠，孰对孰错，如何说得清道得明？虽然伤痕仍在，且时不时地牵扯疼痛，但在伤痛过后，人们却更分外明确人生路，更珍惜眼下来之不易的安定与幸福。面对人生困苦，唯有豁达与包容才能使生活安定而温暖。

2. 在生活与岁月洗练下构造的协和状态

小说所蕴藉和表达的情感往往复杂，而小说从生活中来，生活中所蕴含的东西却更加深刻，或沉郁、沧桑，或悲壮、静默的岁月给人们提供了精神追问的时间条件；或复杂、多变，或无常、纠结的生活为人们带来了反思探索的空间线索。如何不被困顿的世俗所牵绊，在生活和岁月的洗练下构造出一种协和状态，是对逝去的时光、珍贵的生命历程的重要交代，也是升华情感体验、构建生活美学的理想与使命。

在小说中，文思清有两个父亲，一个是亲生父亲，一个是继父，她小心翼翼地处理着与两个父亲的关系。作品又不露声色、不着痕迹地写了一场婚姻危机，表面上波澜不惊，实际上疼痛入里，但生活仍在继续。作家设置了两个主冲突：一个是文老师与女儿文思清的亲情冲突；另一个是文思清与丈夫老祝的爱情冲突。涉及了两种主要情感态度：一种是文老师想亲近却又不自信，为了自我保护而对他人进行否定的情感态度；另一种是女儿文思清过分自尊理性，从而极力抚平内心的躁动来维护表面的风平浪静的情感态度。文思清与老祝情感冲突的加剧是文思清与父亲文老师关系走向明晰化的关键。

文老师为了不让离婚后的女儿消沉而主动提出全家出游的建议，不顾形象地到田地里笨拙地抓田鸡以逗女儿开心，夜谈时又以自嘲的方式安慰女儿。自始至终亲情都在，只是时时被执拗冲突所掩盖。父女俩都不愿表达内心真实的情感，以至于两人的关系在一次次的误会中变得微妙复杂而难以诉说。这次的出游，文老师放下“高傲俯视”的身段，成了一个憨厚的真切关心女儿的好父亲，这着实让文思清心里有什么东西触动了一下，父女关系因此变得和睦且融洽。过去生活岁月的种种波折、误解和纠葛，都在此时发生了某种质的变化，父女心上的层层坚硬外壳被剥离，剩下的只有真挚的亲情。父女对生活的内质思考，对爱的理解、包容与感动，使得情感产生了超然的升华，形成了某种协和的生活状态。作家正是通过对知青和知青子女个体心灵感受和生命体验的书写，展现给我们一种生活中淳朴温馨的协和之境。

3. 文学的理想：构造协和

滕肖澜善于发现现实生活中的问题与矛盾，对生活进行深刻的思考和揭示。她以行云流水般贴近生活的写实笔法讲述故事，精心叙写人物的复杂情感纠葛和心理心态，使其作品从内而外透着生活的诗意，深深启迪读者的精神世界。

所有的文学都要感染人、感动人、感召人和鼓舞人，因为文学是人的文学。钱谷融先生说，在文学领域，“一切都是为了人，一切都是从人出发的”①。文学写作是作家对普遍存在的社会现象中值得审视的问题的关注和探索。作家们试图审视人性，从大众生命深处找到最真实自然的生命状态，他们希望找到一条路径，用文字进行加工表达，揭示生命存在的深层意义，营造出一种协和的理想形态，从心灵深处驱动人，丰富人们的生活世界和精神世界。

“文学能作用于人的心灵，使情绪、情感得到调节，让欣赏者心荡神摇地陶醉其中，而且还能改变人的处世态度、生活道路，激励进取的信心，增强人应变环境的能力，陶冶人的情志，促进人身心健康。”②理想的文学应该关注社会，表达人们的普遍梦想，为人们在无助困顿的生活中找到出路，探寻困境中的生存智慧；诗意地表达生活，给现实生活以力量，从而帮助人抚摸生命的律动和咏叹，呵护心灵的感动与发现，倾听灵魂的呼唤和叹息，将平和之光照进现实。

小说《去日留声》是对现实反思批判的优秀作品，内含着作者高度的社会责任感与使命感。当下现实主义文学创作关注普通大众的生活命运，敢于正视现实生活中的矛盾，以批判现实主义的笔法书写现实，对生活进行深刻的思考与批判。生活是艰辛的，充满了苦难，作家以悲悯的情怀批判社会历史对人性的桎梏与扭曲，探寻生活本相，把普通人普通生活里有价值、有意义的东西提炼出来，那就是人性本真的善良和温情，并且加以彰显，唤醒大众蒙昧、困顿的意识，引发其对人生、对人性的思考，从而真正学会了解自身所处的时代环境，并开始为创造更协和美好的生活而努力。

---

① 钱谷融：《〈论“文学是人学”〉一文的自我批判提纲》，《文艺研究》1980年第3期，第9页。

② 何国瑞主编：《艺术生产原理》，人民文学出版社1989年版，第53页。

第三章
人性问题的深度探讨

人性是灿烂之花，也是文学表达的母题。人性是复杂的，但往往正是因为其多样性、开放性、敞亮性，经过持续的努力，人又是可以达成其极致状态的。毋庸置疑，此时，我们感受到的是人性的美丽。美丽人性，可以温暖生命。在温暖中，人性中的“隐疾”和“阴晦”或许也可以消失殆尽，世界因此而更显光明。以此而言，对人性问题进行深度探讨，既是小说家矢志不渝的追求，也是小说家因为受到感召而必然去履行的光荣使命。

第一节　繁复、坚执与温暖
——论嘉男的中篇小说《鲜花次第开》

作家嘉男的中篇小说《鲜花次第开》原刊于2012年第1期的《当代》杂志，随即被2012年第2期的《北京文学·中篇小说月报》、2012年第3期的《小说月报》和《作品与争鸣》转载，且同年3月份在《盐城晚报》连载。一部作品在短时间内受到如此关注，自然因其有卓然之处，在我们看来，最为根本的还是在于《鲜花次第开》书写和评价了一个当代社会语境下也就是我们“身边的现实”中的成熟的生命、一个成熟女性的“心理活动和精神质地”以及在此基础之上的精神探求，而这也被嘉男称为小说的魅力之所在。[①]

“嘉男最为关注的是女性问题：揭示女性生存和生活的各种困境，探究女性的社会地位与精神出路，在她，是一种使命，更是一种自觉”[②]；其叙述的主导方式是内倾的。《鲜花次第开》是嘉男这一创作意向与创作方式进一步绽放的产物，周素是其笔下一个如花的女人，她一直喜欢梅艳芳的歌《女人花》。“女人如花，第一个把女人比作鲜花的人，的确是了不起的天才”[③]；然而，女人如花般娇艳，女人也同样如花般脆弱，在五彩缤纷的花语中，属于女人的，必将会有充满着悲情氛围的一个篇章。周素同样如此。只不过，她更像是一朵洁白欲滴、高雅芳香的白玉兰。“与同龄人相比，它依然修长的身材，配上白净的脸和优雅的气质，也就是一株移动的玉兰花。”这种花多长在高高的树上，一般还没有长出绿叶就怒放，花瓣很大，除靠近花蕊处有红色斑点外，其余都是洁白的。周素很喜欢这种花，因为它代表了一种清雅的品性，“高洁玉立”“幽而芬芳”。白玉兰的花语，更多的是一个中年女人的象征，弥漫着一种殷足的“中年气象”。中年的周素很懂得如何在繁复的生活世界中、在繁复的人生滋味的体验中坚执地进行精神自救，如是，温暖而有韵致的人性也就淋漓尽致地呈现开来。

一、“繁复一段滋味”

“繁复一段滋味”是嘉男《鲜花次第开》“创作谈”的文题。人们的生活世界是繁复的，整个小说文本内锲的一种基调也就是向读者展示生活世界的繁复，包括人性的复杂，而这更集中于体验中的人的生活的繁复滋味。嘉男在“创作谈”中提到，“年龄在增长，社会在日益复杂化，我们都在经受着什么”；也就是说，“繁复”至少一方面源于我们自身年岁的激增、履历的丰盈以及由此衍生的打量世界“眼光”的转换，这其中免不了需要经历自我精

① 参见嘉男：《身边的现实》，《作家在线・新锐作家》2012 年 7 月 18 日。

② 张洪浩：《围城内外的苍凉与悲悯》，《作家在线・新锐作家》2012 年 7 月 18 日。

③ 嘉男：《鲜花次第开》，《当代》2012 年第 1 期，第 154 页。该作品引文具体出处下文不再一一标示。

神的挣扎，另一方面也决定于社会环境的剧烈变迁。小说中的“我们”是以周素为代表的当下的我们这个时代的中年人。

社会环境的剧烈变迁，让我们无可选择地置身于一个新的时代。“这是一个短时代，短衣短裤短裙，短信短小说短文章，特别是短恋短婚，短到闪的地步。”在周素的眼中，这个时代的青年人，“没个长性”，年轻女孩的脸“光洁”却很“浮浅”。时代在规训着每个社会个体，而他们也毫无疑义地处于被裹挟、被逼迫之中。周素自然也不例外。世界的繁复让她充分地意识到在强大的社会与时代力量面前，个人生活存在一种繁复的无可选择性。

周素是一个中学语文教师，她的丈夫林默生在机关工作，副处级干部，儿子在外地上大学。嘉男说：“无论命运怎样，中年注定是一个困境重重的人生阶段，而女性尤其如此。中年男女本身就是一对矛盾，中年男人容易惹事，中年女人却是固守求稳，这使女性们必然陷入痛苦中，而随着更年期的来临，翠减红衰的愁闷更让女性经受着双重的折磨。”①《鲜花次第开》承载着作家如是的认识与思索，而周素正是一个在现实生活中经受着双重折磨的中年女人。

更年期，是每个女人都会面临的棘手问题。它意味着一个女人要从如花似玉的青春岁月，步入日渐老去的中年。很多女人都会觉得无法面对这样一个阶段，因而若是没有从内心真正接受这一事实的话，外在表现便是失眠、心烦、易出汗、怕冷等，这些表现综合起来便会造成女性身体机能的下降，其结果就是月经紊乱。对于女人来说，月经初潮是人生的一个重要转折点，标志着她从一个无忧无虑的女孩变成了一个忧郁的女人，这是身体与心智的共同转变。如果没有顺利实现自我接纳，便会开始讨厌由月事带来的麻烦，时常生发出身为女人的抱怨，而要让这样的现象消失，是需要丰富的人生阅历作为基础的。周素就是一个步入“更年期”的女人，在经历了两个多月都没来月事的痛苦煎熬后，她决心向一名老中医求取良方。一般人求医问药，都是为了减轻进而治愈身体的痛苦，而对于周素来说，从老中医那里取回的一袋袋中药，包含着信任和希望，她要从药袋子里找回失去的青春。虽

---

① 嘉男：《创作谈：繁复一段滋味》，《北京文学·中篇小说月报》2012年第2期，第121页。

说月事很麻烦很讨厌，却也十分重要，没有了这个麻烦事，也就意味着女人老了，而对于女人来说，如果年华如梦一样消失了，生命和日子也就变得毫无乐趣可言。

如果仅仅是让一个女人承受这些的话，还不至于太痛苦。紧要的是，处于更年期的女人，感情生活容易出现问题，虽然很多时候这些问题都不是致命的，可往往不痛不痒的日子，才会让生活变得更加繁复。周素“和林默生的婚姻大体还算平静，已经二十年了……再过五年就是银婚，如果不出意外，再熬上一个二十五年，就是金婚了”。她觉得林默生“应该算个好人”。她从来不会去过问丈夫在外面的交际，与其说这是对丈夫的一种信任，还不如说这是对自己的一种信任。当然，这也是生活与时间赋予她的：“以前，她经常恍惚地想，世上那么多的男人，她为什么是跟这一个男人在一起呢？不知什么时候，没这个想法了，他平淡地存在，成为熟视无睹的物件，出去就出去，回来就回来，她耳朵听着就是了。”正因为生活已然进入这种状态，在无意中知道丈夫在男性医院看病这一“秘密”之前，周素是准备“熬”生活、“熬”日子的，这和大多数中年女人相比，并无二致。这种平静却也同时存有一份滞重的生活状态，让周素有一种生活的充实之感，她满足于现状，尽管她也很明了生活世界的繁复以及这繁复之中包裹着太多的生活变数。然而，林默生在出差时陪领导“去玩了一次”，由此，他得了性病，而且，林默生还把性病传染给了她。周素愤怒了、咆哮了，她要发泄，她要和丈夫离婚。对周素来说，不离婚，她就迈不过心里那道高高的坎，与丈夫同居而睡都让她觉得恶心。然而，真的能离吗？一个在她生活中朝夕出现也能给她带来暖意的男人突然间消失了，她能习惯吗？她能接受这样的生活吗？月事紊乱，让周素陷入“更年期”的旋涡中久久不能自拔，丈夫此时的错误让她更加迷乱。

春天来得艰难，生活出了天大的麻烦。在双重折磨中，周素艰涩地体验着繁复的中年滋味。“人到中年，嘴上不再说梦话，心却没有死透，还做着花一般的瞻望，还幻想着好花好天呢。”[1]这是中年人，尤其是周素，在面对

① 嘉男：《创作谈：繁复一段滋味》，《北京文学·中篇小说月报》2012 年第 2 期，第 121 页。

繁复的现实生活“滋味”时，一种自觉的态度选择。周素是一个成熟的女人，而且，这成熟是一种由内而外散发出来的心智和情感的丰厚与充盈，它让周素在面对生活中的危机时冷静下来，以“心”的“花一般的瞻望”思虑着摆脱危机和走出困境的途径与方式。

二、坚执的精神自救

周素认识到：“这世上什么都做得了假，只人的精神做不得。”精神需要真实，精神必须真实，如是，生活也才可能轻松与顺畅，也才可能充满力量。对于人而言，精神是不能虚假的、沉沦的。繁复的生活世界出现了问题，个人必须进行精神自救，以获得超越人生困境的力量，追求与体认精神自由和真实。[①] 这也正是周素所寻找出的摆脱危机和走出困境的基本途径与方式，她期望从精神上拯救自己。说到底，人还是要自救，必须要自救，而且，要进行坚执的精神自救。

坚执一词既有坚持、坚韧的意味，又富执着、执念的含义，这种绵长且坚定的精神气质在嘉男几年前创作的两篇小说中已初见端倪。2007 年发表于《鸭绿江》杂志的短篇小说《凤蝶》，致力于具体社会问题的探讨，作品中的女主人公敏子在一定程度上表现出某种坚执求解的倾向，尽管这种“坚执”还不尽纯熟，更多地体现为一种盲目的执拗，女主人公有限的诘思也主要依靠对照人物言语、行动的“启蒙”来渐次展开，其受动性不言而喻，事理的表述、情节的流转也略显生硬。《窗下栀子花》发表于 2008 年第 4 期的《厦门文学》，叙述的是“由五头猪引起的两宗一波三折的杀人命案”，小说的女主人公水芹“向往栀子花般安稳、恬静的生活”，具有相对独立的反抗意识，对注定无望的爱情有着近乎偏执的追求，可她过于极端的抗争方式——杀夫——究竟不是挣逃“罗网”的合法合理途径，只会将其原本不幸的命运推临绝境。无论是敏子还是水芹，她们虽已初具女性主义者所提倡的某种坚执

---

① 参见刘松来、张松：《追求精神自由的心灵轨迹——论陶渊明诗文意象的象征意蕴》，《江西师范大学学报》（哲学社会科学版）2010 年第 3 期，第 53 页。

反抗的意识，但这种“坚执”显然还没有明确表现出精神自救的有效维度或者可以说还没有达到精神自救的高度，无法使她们原有的生存状态、精神思虑及其厚度得到根本性的转变。

与上述两篇小说相较而言，《鲜花次第开》在着力表现面对和体味繁复的生活滋味时女性坚执的精神自救方面作出了新的努力。这根本表现在周素这位中年成熟女性“自省”意识的确立与践行上。“周素有自省意识，她通过各种文雅理智的途径让自己走出困境，那过程是缓慢的，却是有希望的。”①

确如很多心理学家所说的那样，人最健康的心理状态不是快乐、开朗、幸福等，而是平静，“唯有平静的心，才有理智和思考能力，才能圆满解决问题”。在平静中，人的求索自然也就能够糅入理性的光晕，由此进行自觉的省思。周素在自省中明白，她需要平静，而且，她做到了，尽管她还是一个处于“更年期”的女性。心境的平静，能让人摆脱很多恼人的浮躁，适当地保持缄默，正是生活平静的保障。现实生活中有很多闹离婚的中年夫妻，如果细想一下就会发现，大部分都是因为他们失去了中年人应有的那份沉稳和淡定。中年时期的夫妻生活，应该显得更加丰润才对，这一年龄段的夫妻双方，业已经历了十几二十几年婚姻生活的历练，已经褪去了年轻时的青涩和懵懂，而且尚未步入老年期婚姻的单调，此时的婚姻生活，远没有到生命的晚景那个地步，是不应该让人感觉悲凉的。人还是要靠自己解决问题，不能活在一种依靠别人的无力状态中。这是周素在观看了一档电视访谈类节目之后的感触与认识。平静下来，好好思考，进行坚执的精神自救。对于周素来说，这是一次不亚于月经初潮的质变。林默生为什么会做这样一件不着调的事情呢？如果没有周素当年的鼓励，他很可能不会那么拼命地在官场中极力往上爬，他也就没有多大的可能会陪上司一起作出让妻子不耻的事情。女人的野心是不容小觑的，她们往往通过征服男人来征服整个世界，周素的观点与之类似，她觉得男人生来就是干大事的，应该在外面闯出一片天地来。

① 嘉男：《创作谈：繁复一段滋味》，《北京文学·中篇小说月报》2012年第2期，第121页。

在那段冷静思考的时间里，她意识到了自己这种强加于丈夫林默生身上的意志，丈夫的出轨行为，从源头上来说，自己是脱不了干系的。所以，从这个角度来说，她本人是没有资格提出离婚的。

更为重要的是，平静的思考让她真正看到了夫妻双方爱情的真谛，没有比爱情更短暂的东西了，无论是温情脉脉的，还是激情四射的，能固守不变的感情只有亲情，所以夫妻更应该讲究亲情，而不是爱情。这种认识对处于感情困境中的周素来说，是相当不简单的，完全可以说是一次彻底的灵魂拷问。现实生活给周素提供了正反两个方面的实例，她应该朝着林默生的恩师钟教授夫妇的和谐淡定状态积极靠拢——“她其实非常喜欢看见他们那和谐淡定的样子”，而不应该向着学校同事罗老师那样只把丈夫的存在当成生活的惯性去靠拢，如果真是那样，感情死了，人活着也就没多大意思了，因为，精神世界是一片虚空。在平静的思索与自我拯救中，周素终于寻找到并确认了生活的应有色调。这样，“心里一直坚硬的东西，开始变软了”。

纵观周素整个精神自救的历程，存在一个较为突出的特点：她在对内审思的同时，从来没有放弃过对外在世界的观摩与求索。从同事老陆善意的谎言里，周素感受到了中年人别样的温情；从父亲的生活琐屑中，她又体味出生命晚景的孤旷；她以罗双红为“镜”，鉴照自身的疏察与缺漏；她对小尚老师的循循劝导，某种程度上正是对自己声情并茂的劝教；她与学校心理医生关于“更年期”话题的探讨，其实相当于她对自己当前身心状态的剖析；她能从钟教授夫妇的人生“文本”里“读”出模范夫妻相濡以沫、互亲互敬的真谛，也能从自然花事的荣萎交替中悟得人事更迭的“节律”。人的精神自救显然不局限于一己的内在努力，外在有效力量的推动能让自救更为稳实而坚执。

此外，如小说的文题“鲜花次第开”，这种坚执求解、精神自救的历程也是次第展开、从容不迫的，充盈着某种柔美的韵致。坚执不等于顽固，无曲折、无张力，“从一而终”“一蹴而就”，相反，它有起伏、有弹性、生发有致、井然不紊：让恰适的“花”以恰适的节律开在恰适的“季候”，并且开出它的“应然之态”。如此，不懈的坚执才有意义，精神涅槃、生活力量的确立方有傲然成真的希望。

三、结语：温暖而有韵致的人性

周素具有坚执求解的精神，在这一过程中，人性的“花开”势必沉着有力、流衍不息。经过一段时间的艰难思索之后，她开始像植物一样，积累“能量”触摸和感知春天的到来，心灵归于宁静，表情终显安详。这样，潜藏于世俗生活中的人性，也就散发出了温暖的芳香，就像那高枝上盛开的白玉兰一样。而且，它还是有韵致的。它充满着张力，而又处于谐和之中。

周素在繁复的生活滋味体验中进行坚执的精神自救，并体味到了生命的力量。这是一种温暖而有韵致的人性书写。鲜花次第开，盛开在质感而温暖的人性深处，洋溢着生命的力量。如白玉兰一般的周素在婚姻困境中的自省和自救，无异于一曲生命的赞歌和人性的赞歌。“如此繁复的世界，该发生什么仍旧要发生，却是花开不败。”在此，我们可以分明地感受到作家嘉男在“短时代”语境中的一种鲜明的文学书写的“长诉求”倾向与情感态度。“长”是一种延续，但它不仅是繁复的日常生活的维持与复沓，更是生命质感、生命韵致和温暖人性的持续与延展。“因为时代的缘故，这世上少了传奇与神话。大约人的悲喜，也不会有大开大阖的面目。生命的强大与薄弱处，皆有了人之常情作底，人于是学会不奢望，只保留了本能的执着。”[①] 在繁复的生活世界里，唯有“执着”地抓住人世间的温暖、“坚执”地稳住人性当中常情的亮色，个体生命之帷幕、社会之幅卷才能清明洁朗、次第花开。

文学，是一种对人的生命进行书写与评价的形式。《鲜花次第开》书写和评价的是成熟的生命、成熟的人、成熟的人性。它是一种成熟的文学、平和的文学，而且，也让文学本身充满韵致。

---

① 葛亮：《他们的声音》，载《七声》，作家出版社 2011 年版，第 4 页。

第二节　冲突书写与“不归之路”
——论刘庆邦的中篇小说《东风嫁》

近些年来，随着中国社会结构的进一步变动，“底层”作为一个社会群体越来越受到人们的关注，“底层写作”也逐渐成为一种重要的文学现象，并在21世纪的文坛上开始占据举足轻重的地位。“底层写作”，书写底层民众的生活尤其是生活中的苦难，描述和揭示他们面对生活现实而激发的抗争努力及由此呈现出的精神面貌，从而建构起一种具有鲜明特质的“底层话语”，这也成为许多具有现实主义情怀的作家深刻介入民间、表现悲剧情怀的基本方式。刘庆邦正是这样一位作家，他在2012年发表于《十月》杂志上的中篇小说《东风嫁》，正是在这样的文学理念之下创作出来的一部优秀作品。

一、底层个体被裹挟、被强迫与选择自由的紧张

在《东风嫁》中，刘庆邦以当下中国社会大量农民工涌入城市的现实状况为背景，塑造了米东风这类“进城务工”者的角色。米东风作为性工作者的职业是特殊的，但是这样的一个职业群体又是真实而广泛存在着的。“由于性消费的强力推动，她们已经形成了一个不小的生态群体。”① 她们像一般的打工者那样可以在城里赚钱，但也不得不承受职业带给她们的身份上的尴尬，于是就有了“回来了之后怎么办”的命题，这个命题暗含着她们回乡之路的艰辛。因为，无论是在农村或是城市，社会现实的日常、庸常之流都是一股潜在的巨大力量，在这种力量的作用下，作为社会个体被裹挟、被强迫是显在的社会事实，而这种事实对于底层的个体而言就更是如此。米东风恰恰就是这样的一个底层者，又是一个身份特殊的底层女性，被裹挟、被逼迫

① 刘庆邦：《创作谈：不归之路》，《北京文学·中篇小说月报》2012年第8期，第36页。

和主体自由选择之间的紧张就成为一种必然。

米东风对自己的职业有着较为清醒的认识，在出嫁当天给自己预演红盖头的“恍惚”中，她意识到，数年前的外出打工是一场赌博，“那场赌博，在当时很难说是输是赢，回头总的来看，是输，彻底的输”[①]。这是米东风对自己一个阶段生活的总结，也是对其日后个人命运走向的一个预示。当她正式面对回乡后的生活时，源于自我的选择自由与被压迫裹挟之间的紧张剧烈地展现出来。

紧张之一，作为群体的处于农村公共空间[②]的底层民众，他们包裹着米东风传统的农村生活，他们的思想也作为一种集体无意识渗透到米东风的生命个体之中，在相当大的程度上，他们掌控了米东风对自身的评价，使后者几乎丧失了自由选择的空间。他们既是冲突的旁观者，又是参与者。米廷海为女儿的婚事大费周章，甚至屡遭羞辱。李小伙说：“我要是在城里碰见米东风，老乡见老乡，玩一把还可以，想给我当老婆，滚她的十万八千里去吧。”老侯为了阻止儿子王新开与米东风的婚事，编排出很多恶心的话。婚后的王新开也成了大家取笑的对象，把米东风的陪嫁三轮车称为“东风牌”，并问王新开“那辆东风牌的三轮车到底有多少人开过”。所有这些足以使米东风被彻底裹挟在日常这股强大的力量之中，它们不仅使米东风只能被安排、被强迫生存在无情无爱又充满流言蜚语的婚姻中，而且不断诱发和加速王新开对米东风的侵害。

紧张之二，婚后，与米东风关系最密切的是王新开与老侯，他们是米东风主体意识的直接冲撞者，同时也是激发米东风主体意识爆发的根本性推动力量。在小说中，王新开和米东风的冲突是由浅及深地展现出来的。初次见面，王新开抱着好奇的心态想知道城里的性工作者是什么样子，他有意试探性地询问米东风在城里的工作，在这个早已经被传得沸沸扬扬的话题中，王

---

① 刘庆邦：《东风嫁》，《十月》2012 年第 4 期，第 17 页。该作品引文具体出处下文不再一一标示。

② 参见何兰萍：《公共文化生活空间与农村文化建设》，《江西师范大学学报》（哲学社会科学版）2011 年第 2 期，第 8 页。

新开的试探就多少包含了有意而为的嘲笑与讽刺，而米东风也只能本能地掩饰。王新开有意拖延结婚，从领结婚证到婚礼的准备、嫁妆的添置再到婚礼的安排，米东风家再三地妥协，因为米廷海坚信，只有让米东风结婚“才是唯一的正确选择”。如果说此时此刻的米东风有心甘情愿的成分，那么到婚后在老侯的毒言恶语下被殴打、被限制基本的人身自由、被逼问从事性工作的事实，甚至要被强迫去做这件事，她就由最初的隐忍逐渐发展到强烈的对抗，在这样的过程中，米东风和王新开母子之间的紧张与冲突日益加剧。

生，不能摆脱人格的屈辱；死，也不能顺其心愿。当米东风与周遭的社会群体无法融合甚至剑拔弩张的时候，他们之间的紧张与冲突就迫使米东风选择了出逃，也选择了一条不归之路。

社会个体被裹挟、被逼迫是其主体性的被抑制。在社会实践活动中，人可以实现其主体意识和主体性；而主体性不仅代表个体有自我选择的自主性和能动性，还“意味着对个人人格的尊重”“意味着人的尊严和人格平等”。[①] 人的主体性是人的需要，而且是最能体现人的本性的需要。[②] 米东风作为一个被裹挟的底层女性，她首先是一个命运的顺从者，她早就知道“不管风筝飞得再远，放得再高，迟早是要落在地上的”，而当初外出，也无外乎是“爹当年把她放了出去”，到了“爹说一声收，就把风筝收了回来”。但是，从她在城里做性工作者的第一步开始，她就已经走上了一条“不归之路”。她有过不做的念头，然而，“仿佛有一种强大的力量推动着。做，由不得她；休，也由不得她”。回乡之后，她试图回归到普通人的生活轨道上去，想到了重新做人这个词语，想嫁到王家后，“把自己好好放在人的位置上，死心塌地地给人家做妻子，孝孝敬敬地给人家做儿媳，贤贤良良地给人家当嫂子”。但事实却不能让她如愿以偿，来自乡间喑哑而巨大的庸常的力量吞噬了她的愿望，使她不断被抛入对抗的紧张与冲突中，甚至直接面对了生与

---

① 刘再复、林岗：《论中国文化对人的设计》，湖南人民出版社 1988 年版，第 97—98 页。

② 参见詹艾斌：《论人的主体性——一种马克思哲学视点的考察》，《社会科学研究》2007 年第 2 期，第 117 页。

死的选择。在很大程度上，米东风已经丧失了自我选择的权利，其人格尊严也无从谈起。虽然她最终只能逃离，但事实上从她进入性工作者这个群体之后，她就没有了回头路可走。她选择逃离王新开的家庭，企图摆脱对自己卑微身份的认同的愿望也瞬间退却到遥远的云端。个人的救赎无法实现，或许她只能被允许不停歇地徘徊于社会机制所规训的旧有的路途上，尤其是她仍处在这一前提下的残酷的精神桎梏之中。

米东风的经历与遭遇对她自身而言，是一条不归之路，是一条社会裹挟下的没有回头的路；但正如作家所谈及的，延伸开来，对于全人类来说又何尝不是如此呢？这也就是说，“不归之路”具有普遍性。全球化和现代化使人顺从、屈从于当下的文明，谁也没有后退的路。“一方面，人创造了自己的历史，另一方面，他又为自己的历史所创造；他既是构成社会的现实，又为社会现实所构成。”①人，是处于社会关系之中的，其主体性的实现必然受到社会历史等多种因素的局限。在马克思的主体性学说中，尤为强调实践性与历史性的统一。在特定的社会历史时期，人的主体性得以实现的现实状况与程度受到人的生产能力和相应的社会关系状况的制约，体制之下的社会个体的实践与自我选择必然性地受到社会综合力量的推动与限制，在这个意义上，我们每个人都别无选择地行进在一条“不归之路”上。刘庆邦敏锐而深邃地认识到：在当下，“我们每个人都被推动，被裹挟，甚至被强迫，谁个有选择后退的自由呢！往深里想想，这事真值得痛哭”②。

二、小说文本的虚构与人性的善恶冲撞

刘庆邦小说《东风嫁》的创作来源于小说背后的一个真实事件：一个毒丈夫、一个恶婆婆，残暴地夺取了一个曾经是性工作者的女孩的生命，逝者的父亲尽管怀疑过女儿的死因，但他并没有过多干预，只是提出让男方给女儿买一口柏木棺材加以厚葬了事。生命遭遇了暴力剥夺，居然可以悄无声

① 周书俊：《主体性原则的解构》，《东岳论丛》2002年第6期，第78页。

② 刘庆邦：《创作谈：不归之路》，《北京文学·中篇小说月报》2012年第8期，第36页。

息，这激发了作家对社会个体生存权利的思考。如果小说仅仅突出一个性工作者如何被家庭虐待致死，那问题还只是停留在社会层面。卡西尔认为，艺术家必须“感受到事物的‘内在意义’和它们的道德生命，他还必须使自己的感情外在化”[①]。所谓的“内在意义”在小说中的体现是作家透过表层的社会问题进一步探究到人性的层面，以对人性进行观照的方式，一方面融入作家自我的人生体认，另一方面深入地探究人性这个更为深广与复杂的命题。因此，刘庆邦没有把原型的死亡设置在米东风身上，而是塑造了一个极善的典型，即王新开的弟弟王新会——他是一个类似于《巴黎圣母院》中卡西莫多的形象，一个残疾、看起来柔弱的人物，却执着地成了对抗中的一方——以替嫂赴死的壮举深刻地拷问着人的良知与道德状况，这种揭示显然也表现为作家自身情感的外化。虚构是作家将社会现实状况文学性描述的延展方式，也是文本意义得以体现的创作需求。虚构的王新会形象，使得小说文本中善恶的对比更为突出，冲撞也愈加猛烈，其所呈现的艺术力量足以震撼人心。

小说中对立的双方分别是老侯与王新开、王新会与米东风。对于米东风来说，老侯和王新开总是同时“在场”的，至少在精神上的冲撞感是这样的。老侯对米东风有着一种自始至终的痛恨，王新开却没有这种原初就显而易见的仇视；相反，他背着老侯去和米东风见面并且不顾老侯的反对娶了米东风。然而，这完全只是王新开作为一个男人对于女性的本能的需求，婚前婚后根本没有两情相悦，甚至连一点点感情也谈不上。他一直都没能娶上媳妇，他明白，如果再不抓住米东风这个机会，恐怕一辈子都不能结婚了。正因为与米东风的婚姻仅仅是依靠着对性的要求，所以当别人以米东风曾是性工作者的事实取笑王新开的时候，他的单纯的性的欲望就不足以对抗失去“面子”的严重性。他讽刺、嘲弄、恐吓米东风。在他面前，米东风完全丧失了人的尊严，她被多次实施暴力，甚至险些被杀死。

作为人性冲撞的另一方，米东风和王新会，一个是受到万人唾骂、不干

---

① ［德］恩斯特·卡西尔：《人论》，李琛译，光明日报出版社 2009 年版，第 145 页。

不净、有损家世清白的性工作者；一个是自幼残疾，无论在家还是在外都得不到温暖与尊重的人，他们属于“正常”社会下的“非正常”人。然而，米东风又是一个可以忍受歧视甚至逆来顺受的人，也是一个对未来生活有所渴望的人，对从来得不到温暖和尊重的王新会表现出格外的疼爱，并且对王新会保证“我有吃的，就不会饿着你；我有穿的，就不会冻着你，我一辈子都不会嫌弃你”。王新会也从不觉得米东风有哪里不好。作者用在王新会身上的笔调是温和的、柔软的，他满足于天天放羊，他害羞，他反感哥哥和母亲对嫂子的责骂。他疼爱并保护自己的羊，百般哀求嗜赌的哥哥不要把羊卖掉。但正是这样一个处处隐忍的人，却作出了一个惊人的举动，他偷偷放了嫂子，把卖废品攒下的钱全给了米东风，并最终悬梁自尽以显示卑微生命的高贵与尊严。

米东风的被裹挟、被强迫与其作为一个社会个体的选择自由之间构成一种紧张，通过刘庆邦的文本虚构，人性的善恶也处于剧烈的冲撞状态之中；冲突，成了《东风嫁》文本叙事的最为显豁的审美特质，它贯穿于整个作品之中，而且，也正是冲突推动着整个事件的发生与发展。冲突，是戏剧艺术的本质特征，是戏剧主题和情节发展的动力，也是社会生活矛盾的艺术化体现。由此，我们可以充分地认识到，小说《东风嫁》显现出了一种明确的戏剧化的张力。顾仲彝认为：“人与人之间的意志冲突是戏剧冲突的主要内容。”① 意志可以指导人的行动，而产生什么样的意志又根源于人性。当人性发生冲突的时候，所产生的意志之间，以及由意志而直接指导的行为之间也处于冲突的状态。这样，我们也就看到，小说中人性自私、猥琐、冷酷的“恶”的力量与感恩、宽和、仁厚、自我牺牲的“善”的力量发生着激烈的较量，由此导致意志之间、行为之间的冲突，并一步一步紧推故事情节的发展。这种冲突意在唤醒人性的向善维度，强调道德的批判与感动的力量。当作家“致力于人生中道德情感的开掘”时，就能够“用文学的笔法营造巨大的道德冲击力以打动读者，使读者内心中掀起强烈的情感回应，从而产生久

① 顾仲彝：《编剧理论与技巧》，中国戏剧出版社 1981 年版，第 120 页。

远的文学感动力”①。当这种文学的力量生发出来时，作家所采用的戏剧化构成文本的方式便取得了预想之中的审美效果。

在悲剧作品中，善与恶的两极通常是冲突的来源，《东风嫁》中“正常”与“非正常”两派人物的善恶对立，在很大程度上也体现出悲剧的意味。王新开和老侯对米东风偏见的极端化表现，王新会内心的无比纯净与善良，米东风婚后所具备的良家妇女应有的品格与美德，让善与恶交织在一起。文本中的几次交锋，不仅推动故事走向高潮，而且形成了人性善恶的巨大反差，同时使读者生发出对悲剧发生的必然性的道德同情。黑格尔曾经持论：“人格的伟大和刚强只有借矛盾对立的伟大和刚强才能衡量出。”②小说的最后叙述到王新会的死：“王新会的双腿和双臂垂得直直的，似乎连以往有些佝偻的腰也垂直了，看上去比以前高不少。”在此，善恶的反差与绝对的不可调和性达到了顶峰。在矛盾对立中，王新会人格的伟大与刚强凸显了出来，其卑微的生命显示出来的却分明是一种高贵与尊严。然而，作家冷静而且近乎残酷的叙写笔调似乎又多了一些象征性的含义，人性的善与美被无情地摧毁了，它剧烈地冲撞着读者的心灵。我们相信，在巨大的冲击中，读者所获取的是一种弥散开来而又澎湃着的艺术震撼力量。

三、结语：文学作为生命评价的形式

河南作家邵丽在她的中篇小说《刘万福案件》中对什么是“真正的小说”进行了探讨，她借作品中的“我”认为，创作者必须“看清楚它的人物，琢磨透它的细节，从而对他们的生命进行评价”③。如果在更为宽广的人学意义上理解文学的本质，文学就是一种对生命评价的形式。

文学是人学，是社会现实中从事实际生活的人的“精神分析”学，是唯物史观视野下由人参与其中并构筑而成的流动着的社会存在的基本反映和体现，是人实现其自由自觉特性和确证其本质力量的基本方式，也是人

---

① 朱寿桐：《文学与人生十五讲》，北京大学出版社 2009 年版，第 233 页。

② ［德］黑格尔：《美学》第一卷，朱光潜译，商务印书馆 1979 年版，第 222 页。

③ 邵丽：《刘万福案件》，《人民文学》2011 年第 12 期，第 23 页。

的生命质地得以展开的基本体现；依凭它，人类可以艺术地掌握世界，而它也实践和呈现着人性的多样性和丰富性的展开。评价生命成了文学的内在需要。

文学对生命的评价包含文学对生命的体验，对生命本身的同情，以及认识生命的本质、理解生命的意义、创造生命的价值。刘庆邦是一个生活经历丰富的人，自小丧父、农村生活、矿工经历、记者生涯，这些都构成了他创作的生活来源，形成了他独特的创作视角与创作方法。人性是他创作中的焦点，并以此展开个人对生命的思考。他认为，人性“对立的二元就够了，这二元一个是善，一个是恶。这是人性的两个基本元素，所谓人性的复杂和丰富，都是从这两种元素中派生出来的。对人生的判断也是如此”①。由是，在《东风嫁》中，书写善恶的冲突与冲撞自然也就体现出了作家对于善恶两端的人的生命的评价。他的笔调是冷静的，内在的情感却是温热的，冷与热的对抗成为其文学叙事的基本方式。这在很大程度上源于刘庆邦受到鲁迅小说的理性冷静与沈从文作品的温和柔软的双重影响。他的小说即使是在面对煤矿苦难的时候，除了写到苦难之外，还会写不少在煤矿里的美好和温暖的东西。“苦难，是一种社会学的判断，是一种生存判断。我更愿意从存在的角度和文学的角度看取煤矿生活。”②以文学性视野关注存在，关注生命个体的存在，甚至是以一种对抗性方式关注苦难生命个体的存在，由是作家才能够对社会个体的生命进行深刻而全面的评价，包括道德的评价。在《东风嫁》这部小说中，这一点在米东风的身上体现得尤为突出。刘庆邦以自己的道德观和善恶观观照米东风充满矛盾与紧张的生命，将人性评价与道德评价作为对生命进行评价的基本方式，在米东风的生命里穿越，浓情关注米东风的“不归之路”。显然，刘庆邦对米东风生命的评价已然深深地融入了自我生命的体验里。

---

① 刘庆邦：《凭良心》，《时代文学》2002 年第 3 期，第 47 页。

② 杨建兵、刘庆邦：《“我的创作是诚实的风格”——刘庆邦访谈录》，《小说评论》2009 年第 3 期，第 29 页。

第三节　人的多维性存在及其极致状态

——论迟子建的中篇小说《晚安玫瑰》

文学是人学。文学是对人的生命体验最细致鲜活的见证，是对生命的评价方式。而人性的体验恰恰衡量着一个作家通过文学这种方式对人的认知的深度与广度。不同时代、不同作家都在以不同的方式加深对人的多维性认识。无疑，迟子建，作为当代唯一一位三次获得鲁迅文学奖的作家，“忧伤而不绝望的写作”对她而言正是书写丰富人性最有力的方式与途径。《晚安玫瑰》灵动地呈现着人性中的丰富与复杂、伤痛与优美。

一、人的多维性存在

人是一种多维性的存在。马克思认为：“人直接地是自然存在物……而且作为有生命的自然存在物……是能动的自然存在物。”① 人存在于这些多维之间相互作用的综合建构之中。也就是说，人在多维因素的综合中生成、建构和创造着自身的存在。

在迟子建的力作《晚安玫瑰》中，不同的人有其自身存在于世的独特书写。这部小说写的是流亡到哈尔滨的犹太后裔吉莲娜的故事，同样流浪的还有一位克山女孩赵小娥。她们二者虽同为“流浪者”，却处于截然不同的存在状态中。吉莲娜，虔诚的犹太教徒，终身未婚。当赵小娥第一次见到吉莲娜时，就明显地发现“她装束优雅，而我衣着粗俗”②。独居的吉莲娜的生活十分精致。她悉心培养那些观赏与实用完美结合的花草，每天早中晚祷告三次，向晚时分，还会在客厅的钢琴旁弹奏几首乐章。而赵小娥，却是完全相反的生活状态。来自克山这样一个边远农村的她，在哈尔滨，始终是个流浪

① 《马克思恩格斯全集》第四十二卷，人民出版社1979年版，第167页。

② 迟子建：《晚安玫瑰》，《人民文学》2013年第3期，第25页，该作品引文具体出处下文不再一一标示。

者。她长相平平，生活粗糙，不懂得穿衣打扮。在两次失去住所，两次失去爱情之后，她终于遇到了吉莲娜，她的衣着开始有了些巧妙的装饰，生活也渐渐有了起色。

生活本可以这样平静地继续下去，可悲的是赵小娥却有一段不同寻常的身世。强奸犯女儿的身份使她的童年生活从天堂一下子掉进了地狱，也彻底改变了她的一生。她的成长伴随着父亲、继母和村里人的唾弃与侮辱。在残酷的生活面前，她早早就明白是生父把她和母亲的生活推向了深渊，她要报仇。然而老天似乎跟她开了一个巨大的玩笑，当她和男友齐德胜去见男方父亲时，却意外地碰见了自己的生父穆师傅。经过 DNA 测验确定之后，一场在她内心盘算了许久的复仇计划终于要付诸实施了。而当她报完仇之后，收获的却不是释放的快感，而是一场一场的噩梦。终于，吉莲娜看出了她的失常，明白其中原委后，也说出了自己埋藏多年的秘密。在吉莲娜六个月大时，俄国局势混乱，她的母亲和外祖父逃到了哈尔滨，而她的生父却永远地离开了。她的母亲与同是犹太人的继父结婚了，而她却成了“河豚鱼计划”①的牺牲品，她的继父用迷药把她献给了一个日本军人，一个少女的青春和幻想就此葬送。于是她开始了复仇计划。“她买了砒霜，每隔一周，悄悄用牙签将它们从烟嘴和烟葫芦拨拉进烟身，为他设置了一条死亡通道。”报仇之后的她迎来了爱情的曙光。虽然吉莲娜的爱情如昙花一现，却照亮了她的整个人生。正如她自己所说，“有爱的地方，就是故乡；而有恨的地方，就是神赐予你的洗礼场。一个人只有消除了恨，才能触摸到天使的翅膀，才能得到神的眷顾。半个世纪下来，她的爱没变，但她对继父的恨，逐日消泯”。然而，当她们分享了秘密之后，赵小娥获得了难得的轻松，而吉莲娜却更加阴郁了。她忧戚赵小娥，因为她从赵小娥的眼神中看不到忏悔。“一个人不懂得忏悔，就看不到另外一个世界的曙光。”赵小娥没有办法完全忘却心中

---

① 河豚鱼计划：19 世纪末，俄国大批受迫害的犹太人迁至哈尔滨。20 世纪 30 年代，犹太复国主义者和日本军国主义者计划在中国东北建立犹太人国家。计划被命名为“河豚鱼”的原因，就是其“美味而危险”。最终因美国干预与中国人不断抗争而宣告失败，参见 http://book.sina.com.cn/z/wananmeigui/。

的仇恨与怨念，她甚至不屑“另一个世界的曙光”。所以，当她得知齐德胜出事之后，以前的爱与恨、善良与邪恶、复仇与赎罪等种种复杂的情绪交织，最终把她推向崩溃的边缘。

关于《晚安玫瑰》，迟子建说：“我对它最满意的地方，就是对这两个女人的塑造。她们的精神世界和情感世界是复杂的。”[①] 两朵“弑父”的玫瑰，最终却有着不同的结局。吉莲娜的一生，虽饱经风霜，但她始终被宗教、被爱情的光环笼罩着，她知道怎样从人性的泥淖中跋涉出来，浑身散发着高贵的气息；赵小娥则不一样，她身世屈辱，走向社会后，她是那么平淡无奇，如一粒微尘。在整个世界面前，她充满着无力感。迟子建以其锋利的笔触书写着城市人们的喜怒哀乐，展现了人性的真善美，同时也揭示出那些人性背后的丑态。人性丰富而复杂，丰满地展现了人的多维性存在。

生活的推动与塑造也是人多维性存在的重要支撑力量之一。人总是在一定的自然条件和社会条件中生存，错综复杂的生活本身、相互勾连的社会场景不断地丰富和发展着人的多维性存在。吉莲娜与赵小娥两种截然不同的人生状态与她们自身所处的社会生活环境和文化背景之间有着千丝万缕的联系。作为一个出身寒微的大学毕业生，赵小娥终日为生计奔波，工作的收入仅仅够维持基本的生活。因物质基础缺乏、自身条件有限，再加上曾经屈辱的身世，她始终处于一种不安与挣扎的状态之中。就连迟子建也不得不感叹：“现在这个社会太现实了，一切都讲求物质，无论是爱情还是婚姻，都变得特别世俗化。年轻人不知不觉间成了房奴车奴，沦为物质的奴隶。”[②] 而吉莲娜从小就有良好的教养，在哈尔滨也有一幢精致的小洋房。她的生活有很高的品位和要求，处处体现着高贵与优雅。除此之外，更应引起我们重视的是，吉莲娜作为一个犹太后裔，她保持着自身的文化传统——崇尚宗教信仰；而赵小娥却生活在无信仰的文化场景之中。我们可以看到，当下人们的生活正在被物质主导，在这个高效率、快节奏的时代，人们疲于奔命，而很

① 舒晋瑜：《迟子建：情怀才是一个人的本真》，《中华读书报》2013 年 5 月 15 日。

② 石剑锋：《这部小说也是“一个精神失常者的回忆”》，《东方早报》2013 年 6 月 4 日。

少去看守自己的精神家园，信仰缺失已经成为现代人的一种常态。所以，当物质的因素被从现代人的生活中抽离出来之后，人们发现自己竟无处可去。赵小娥就是沦物欲而缺信仰的现代人的缩影。而作为犹太教徒的吉莲娜，她与神为伍，以信仰为伴。故而，当她陷入人性的旋涡之中时，她找到了精神上的支柱，并用其撑起了她整个生命。

二、吉莲娜：人的存在的极致状态

玫瑰，带刺，却柔软芬芳，恰如吉莲娜。

吉莲娜的一生历经磨难，她虽“弑父”，但她的“赎罪”、她的爱情以及她的信仰却建构了她内心世界最强大的力量。她的生命有了坚实的质地，散发着如玫瑰一般高贵的气息。“那些经历沧桑的女人，当她出现在舞台上时，她会放下镣铐，回归自然，把最天籁的舞蹈呈现给你。”① 吉莲娜正是这样一个奇女子，蹉跎的岁月填充了她内心的沟壑，她用爱化解了恨，用曙光驱散了心中的阴霾。她活得精致，呈现出一种人的存在的极致状态。当处于极致状态的她散发出最天籁的生命舞蹈气息，呈现出坚韧而有质地的人性时，她的眼睛里充满着对于这个世界的理解与温情。所以，当她和赵小娥第二次吵架之后，她留下的一张“早点回家”的便条，让身在异乡、自幼缺乏家庭关心的赵小娥开始体会到“家”的温暖。当赵小娥的精神处于危崖状态时，她及时发现并拯救了越小娥。当她听到了赵小娥与她相似的遭遇时，她希望用自己的力量将赵小娥从人性的深渊中解救出来。正如作者所说：“我让吉莲娜和赵小娥住在一起，其实就是想给赵小娥找一个精神上的‘教母’，因为赵小娥做不到自我救赎。”②

“这个世界神灵与鬼魅共存，一个富有宗教情怀的人，会把‘根’扎得很深，不会被鬼魅劫走。”③ 吉莲娜的身上存在着这样一种柔性的力量，她知道怎样从人性的泥淖中跋涉出来。这种力量，除了源自她的沧桑经历，还源

① 迟子建：《创作谈：穹顶上的泪滴》，《北京文学·中篇小说月报》2013 年第 4 期，第 47 页。

② 刘秋韵：《精神故园的拷问与探寻——评〈晚安玫瑰〉》，《光明日报》2013 年 8 月 6 日。

③ 舒晋瑜：《迟子建：情怀才是一个人的本真》，《中华读书报》2013 年 5 月 15 日。

自她闪电般的爱情，更源自她的宗教信仰。她日日祷告，借神灵洗清身上的罪，在她去世之前，她见到了她所信仰的“摩西”，最终见到了另一个世界的曙光。信仰的力量驱使吉莲娜在严酷的环境中得以生存，不致崩塌。迟子建认为宗教在她小说中的地位是一道光。上帝说，要有光。对于教徒而言，宗教信仰是架构他们精神世界的桥梁，是撑起整个生命的支柱，是照亮他们生命的一道光芒。人性总有其最为脆弱的一面，在某些时候，就算是再坚强的人，在遇到挫折或心灵受到创伤时，也会像孩子一样，渴望一个依靠、一个慰藉。而“没有信仰的人，也就没有真正意义上的希望、信念和目标，没有意志和创造力，生命对他们来说只是时间的流逝和谋求欲望需要的满足，是没有价值的”①。所以尽管赵小娥治愈后出了院，但时间对她已经是干枯的河流，没有任何意义了。而作为虔诚的犹太教教徒，吉莲娜通过宗教信仰所寻求的精神归属让她的生命和精神有了根本性的皈依。因为宗教信仰，吉莲娜便有了强烈的精神追求，并在追求中获得宽慰感和宁静感，从心灵上得到安慰，从而变得从容而平静。在这里，宗教信仰并不简单地指人所崇尚的一种所谓“上帝”或者“神灵”，而应该是指由宗教信仰所带来的人的精神性归属，我们把它称为人的精神之“根”。人们只有寻到了自己的精神之“根”，才能在迷茫与失落中回归自己的精神家园。人都是物质生活与精神生活统一的生命体，人活着并不只是为了当下自己的生命存在，更重要的是追求自己的精神价值。如果说赵小娥是被琐碎生活填充而信仰缺失的现代人的缩影，那么吉莲娜则是精神家园的标杆。“她活在自己的精神世界中，不管生活多么孤独，但心底是有泉水涌动的。”②当吉莲娜以 70 多岁的高龄散发着人性的最极致的魅力时，我们有理由相信人存在的根本性诉求方向在于寻找自己的精神归属，建构自己的精神家园。

马克思认为：“人双重存在着，主观上作为他自身而存在着，客观上又

① 徐瑾：《论信仰》，《儒家基督徒论坛》（学术版），参见 http://rjjdt.blog.163.com/blog/static/17907558520070111115092５/。

② 舒晋瑜：《迟子建：情怀才是一个人的本真》，《中华读书报》2013 年 5 月 15 日。

存在于自己生存的这些自然无机条件中。”[①] 人有其自然性的一面以维持人基本的生活需要，但人因有精神活动而成为这个世界独特的存在。人的精神家园是个人安身立命的精神归属。失落了精神家园，人漂泊的心灵就会因为无所寄托而陷入一种无根的状态中。而信仰则是精神家园的支撑性力量。“我是这么理解信仰的：当信仰能给黑暗中的生命带来阳光，给内心带来安宁，那么你哪怕信奉的是一棵树，也是美好的；可是如果信仰变成了仅仅是对经义的枯燥诵读，而没有与人的灵魂产生共鸣，这样的信仰就值得怀疑。”[②] 面对物质至上的现实世界，市场经济、市场竞争给每个人带来生存生机的同时也带来了潜在的威胁。在这种价值取向中，人生的全部意义被淹没在对物欲的追求之中，人性的丰富内容被消融，人对自我的认识和关怀服从于逐物的需要中，人自身的完整性被破坏殆尽。精神危机、信仰危机越来越成为普遍性的问题。它们给人们带来了精神的痛苦、意义的失落和灵魂的虚无。而当人们找寻到自己的精神归属，建立起一个强大而丰富的内心世界时，不管生活是如何的波澜不惊，他们总能循序渐进地走下去，在跌宕起伏的人生中，以一种“惯看秋月春风”的态度，宁静而深刻地品味生命。

人的一生，总会有不同的演绎。每个人的人生在出生时就好像一张白纸，经过岁月的蹉跎，那张白纸终究会被涂上各种各样的色彩。当生命拥有了足够的厚度，人生拥有了丰富的阅历，人们对于生命的理解就会变得更加独到而有深度。恰如《额尔古纳河右岸》的叙述者就是个年事已高的酋长的女人，《黄鸡白酒》里的春婆婆活过90岁依然在冰雪中行走自如。她们都是历经沧桑的老者，与此同时，她们也是有丰富精神生活的人。哪怕双足深陷泥泞之中，前方是无边的荆棘，后面是危崖，她们也会镇定自若，感受到来自天庭的阳光。“晚安玫瑰”中的“晚安”，除了是迟子建对人性的一种宽慰之外，或许更可以理解为人只有经得起时间长河的冲刷，才能深度理解生命的精致。无疑，对于人类而言，这具有一种普遍性意义。

① 《马克思恩格斯全集》第四十六卷，人民出版社2004年版，第491页。

② 《专访迟子建》，参见 http://book.sina.com.cn/z/wananmeigui/。

三、圆形人物及其审美价值

“圆形人物”这一概念是英国评论家福斯特在《小说面面观》中提出来的。在介绍圆形人物之前，我们有必要了解一下与之相对的扁平人物。福斯特认为：“扁平人物也就是17世纪所谓的‘气质类型’，有时也称为类型人物，有时也叫漫画人物。其最纯粹的形式是基于某种单一的观念或品质塑造而成的；当其中包括的要素超过一种时，我们得到的就是一条趋向圆形的弧线了。”①虽然在书中福斯特并没有用明确的概念给“圆形人物”下定义，但我们可以从相关论述中推导出其应该具有的审美特质：其一，性格应该是丰富而复杂的，并不是单一或是一目了然的；其二，圆形人物性格的形成，离不开人物自身的质的要求，也离不开人物与社会历史碰撞所生发出来的行动、思想、心理的变化。由此，我们说，圆形人物的性格是不断变化发展的，而并非一成不变的。

恰如福斯特在其著作中所提到的那样：“检验一个人物是否圆形的标准，是看它能否以令人信服的方式让我们感到意外。如果它从不让我们感到意外，它就是扁的。假使它让我们感到了意外却并不令人信服，它就是扁的想冒充圆的。圆形人物的生活宽广无限，变化多端。”②圆形人物具有丰富复杂的性格特质，每一次性格的展现都给人一种审美新鲜感，呈现出形象的立体感，它就像是一个水晶球，在阳光的照耀下呈现出五光十色、绚丽多彩的光谱。

以吉莲娜为例。吉莲娜一出场，就带着一种高贵精致的气质，她就像是“活在童话世界中”。然而，当我们还在感伤赵小娥悲惨的身世之时，作者却隐隐地给我们留下了一个惊天的秘密——原来吉莲娜也曾“弑父”。当虔诚的犹太教徒与“弑父”的罪人这两种身份同时存在于吉莲娜身上时，这种矛盾与冲突凸显了吉莲娜这个人物的美学张力。经过艺术家精心雕琢的圆形人物总是能够更加深刻地揭示作为“社会关系总和”的人的本质上的复杂与

① ［英］E. M. 福斯特：《小说面面观》，冯涛译，上海译文出版社2016年版，第61页。

② ［英］E. M. 福斯特：《小说面面观》，冯涛译，上海译文出版社2016年版，第72页。

深邃。而这种丰富与复杂，恰恰是生活中的人所具备的已然状态。小说是表现人生的艺术，人物塑造必须接近生活中的真人、常人。正如契诃夫所认为的，在小说写作过程中，作家所遵循的原则是："必须把生活写得跟原来面目一样，把人写得跟原来面目一样。"① 圆形人物就是这样一种形象塑造，当读者看见他时，不会有虚幻感，而是与之共同呼吸，共同体验生命。与此同时，对圆形人物的描绘并不会像描写扁平人物时采用荒诞或是夸张的表现手法，而是强调平实的描述。这种"平实"将吉莲娜从"童话世界"拉回到现实生活中，并由此产生特有的亲切感、真实感和艺术美感。而这，也正是圆形人物独到而普遍的审美价值。

更为重要的是，在这种普遍性的审美价值中，圆形人物实现了人对自身的"完满性"追求。所谓的完满性，是指我们在对世界的体验中，对自身存在的认识与理解有着永远可望而不可即的丰富、深邃和无穷。圆形人物的性格发展是动态的，它总是在人与社会环境的冲突中一次次达到质的规定性要求，并且这种过程是循环往复、永不停止的。作为《晚安玫瑰》的主要人物，吉莲娜在经历"弑父"之后，她以日夜的祷告来洗清自己身上的罪，用光明去洗清身上的黑暗。如果说赵小娥是"一半光明一半黑暗"，那年轻时期的吉莲娜也是如此。两者不同的是，吉莲娜懂得忏悔，作为犹太教徒，她用宗教拯救了她即将暗淡的人性，实现了对自身的救赎。而人对"完满"的向往并不止于此。面对赵小娥的精神失常，吉莲娜以精神"教母"的身份重新出现在了她的面前。她说："人世的黑暗和光明，是一半对一半的。正因为如此，神给在黑暗和光明中跋涉的人类，指明了两条路，一条是永远的光明，一条是永远的黑暗。"不管赵小娥是否真的能够得到救赎，她的使命已经完成，可以走向她所期待的来世了。吉莲娜的内化在不断地积淀与逐渐深化当中，这既是人生的一种状态，又指向人的无限性与可能性。

总之，圆形人物不是循着一个单纯的特质或理念创造出来的，它不能用一个简单的句子描述殆尽。它的形态是不断变化的，性格是不断发展的，在

① ［俄］契诃夫：《契科夫论文学》，汝龙译，安徽文艺出版社 1997 年版，第 395 页。

发展之中包含着丰富的复杂性与深邃性。艺术家通过创作圆形人物来真实地再现人的普遍性生存状态，揭露人性本真。因此，带有独特艺术审美价值的圆形人物就有了它存在的依据和必要，并能够经得起时间的检验。不能不说，迟子建笔下的吉莲娜就是这样一个人物形象。

第四节 边界模糊：人性的深度探测

——论须一瓜的中篇小说《智齿阻生》

多年来，探索人性，始终是须一瓜文学创作的核心。须一瓜小说一个较有价值的方面，正在于她对反常社会现象背后人性内涵的深入挖掘，体现出她对人性的深刻理解。她是2003年度华语传媒奖“年度最具潜力新人奖”得主，其作品也在批评界被多次谈论，无疑，她是近年来文坛上比较活跃的女作家之一。须一瓜的创作大多集中在中短篇小说，著有小说集《淡绿色的月亮》《蛇宫》《你是我公元前的熟人》《提拉米苏》，长篇小说《太阳黑子》《保姆大人》以及《智齿阻生》等。须一瓜小说的情节契机常来自法制类型的故事，这与她曾做过政法领域的记者有关，她对于这一类的事件与人物有着自己独特的理解。小说总以一个核心事件为主要线索展开，但她并没有沉溺在这种情节建构的框架之中，而是穿越这种喧嚣热闹，直接走进人性的深层世界。因而，她的每部作品都会带给文坛别样的感动。

《智齿阻生》是一部对人性边界模糊的精神现象执着追问的小说。作品以一个被称为“老大”的检察官为主人公，在面对生命中的诸多诱惑时，他开始游走在善恶的边缘，徘徊于道德的边界，由此，“我们看到人心的挣扎就格外耀眼刺目，格外嘈杂、精微、斑驳”①。须一瓜用冷峻的笔调，逐层剥开我们的灵魂，审视人性的复杂与脆弱，追问精神的困境与突围，以此表达

① 须一瓜：《〈智齿阻生〉创作谈：失去边界的时刻》，《中篇小说选刊》2013年第6期，第61页。

她对与人性有关的常识和终极问题的关怀。在小说整个事件的背后，作者要叩问读者的是：当外界偶然或自然地开启一道幽暗之门，人性中的善恶是否会同时存在？当一个人深陷诱惑之中，处在失去边界的时刻，面对道德与权力的制约，又该如何作出正确的人生选择？游走在人性善恶两端的我们，可以度过这个边界模糊的时刻吗？这些问题值得我们追问与深思。

一、“智齿”现象的象征与隐喻

须一瓜很注重写人，精于塑造人物的性格。她笔下的人物很多都是生活中的失败者，他们时常身陷生存困境之中，总以坚强光彩的外表在生活的轨迹上麻木滑行。而实际上，他们只是一个对自己的命运无法把握，对存在的困惑也无力追问的弱者。这些人物多少都有那么点“病”，看似正常，内心却很不正常，但归根结底倒又是一个健全的人。《智齿阻生》中的检察官也是这样一个存在“隐疾”的人，他的病癖不仅来自肉体，更来自精神。然而，这不是他一个人的病症，而是整个社会的隐疾。

“智齿”现象首先表现为社会个体的肉身疾患。在小说中，智齿的疼痛，多年来一直折磨着主人公，即上文提及的被称为“老大”的检察官。他第一次找戚医生拔牙是第一颗智齿作乱的时候，医生说是阻生智齿，一定得拔，原因正如她向检察官所说的一样：“它横着长，顶到了它前面的邻牙。它在你颌骨内，是歪的，永远不能萌出到正常的咬合位置，这种牙的牙龈常常会发炎，疼痛，甚至全身发烧，颌下淋巴肿大。还会引起邻牙龋坏，松动，牙槽骨吸收等症状。”[①] 十年之后，他的另一边智齿彻底发作了，“牙疼的确使人癫狂”，他吃不了任何东西，也没有力气开口说话，病痛令他饱受折磨。肉身的疾患通过医疗的手段，是可以缓解甚至完全治愈的，但精神上的病症却难以彻底消除。

小说中的“智齿”现象更具有一种普遍性的精神向度的指向性，它还象

① 须一瓜：《智齿阻生》，《时代文学》2013年第9期，第49页。该作品引文具体出处下文不再一一标示。

征着当一个社会个体身陷诱惑时，由于人性的复杂与脆弱，灵魂处在边界模糊的一种内心充斥着疼痛感的精神现象。“老大”面临着生活中的双重诱惑。在物质上，一个他曾经救过的被称为“四哥”的人，在去阿勒泰之前，对他展开了金钱诱惑，先是想将一辆钥匙上有四个环的车赠予他，但是“老大”的态度十分坚决，多次回绝了，四哥发现这种方法显然行不通。随后，四哥变换了方式，借着帮恩人洗车的机会，把一盒装有40万元现金的矿泉水箱子悄悄地放在了“老大”的车上，然后便离开了这个城市。在肉体上，江董的小女儿以为依靠自身的力量，就能够掌握父亲的命运，她想到通过身体来诱惑这位检察官。她沙哑的嗓音，令他着迷，“他一直就很清楚，从第一眼他就很清楚，这个女人，对他是有吸引力的”。当这样一个女人赤裸地站在他的面前时，他虽然选择了转身离去，但她撩人的嗓音却令他难以忘怀。在这诱惑的旋涡里，人性的挣扎表现得格外真实，善与恶的交战，道德与权力的冲突，都在一步步逼近我们模糊的精神边界，刺痛着我们不堪一击的灵魂深处。这种如“阻生智齿”般疼痛的精神隐疾也在人的心底一点一点地隐隐作痛，直到痛得癫狂。

在现代社会中，“智齿”现象已然是一种普遍存在的社会与时代的病症。“因为每一天，所有事物都有失去边界的时刻；每一个人，一生都有边界模糊的瞬间，甚至更长远的、反复不已的挣扎与混乱”①，因此，“小说中，‘老大’面临的‘边界模糊’，也是每颗人心面临的问题”。须一瓜将掩藏在日常生活中普通人的人性的复杂真实，以及个体道德的面貌都赤裸地呈现在我们面前，他们在困境中无处躲藏，无路可退。“智齿”现象的存在确实是一种“隐疾”，它只会阻碍社会个体及整体社会的生长与发展，“是个大隐患”，必须得拔。然而，只有个体与社会的良性生长与发展才真正有利于智齿问题的祛除与解决。

文学是人学。须一瓜以文学的方式探索社会与人性的复杂问题，体现出了一名当代女性作家可贵的直面社会现实的勇气和力量，以及她最真挚的人

---

① 须一瓜：《创作谈：失去边界的时刻》，《中篇小说选刊》2013年第6期，第61页。

文关怀之情。我们还可以认识到，文学作为一种人的精神产物，永远是一种社会现象。因此，作家应始终以反映社会现实问题为原则进行文学创作。在小说中，须一瓜建构起了文学与人、文学与社会之间的重要的内在联系。文本中的“智齿”现象突破了个体肉身疾患的局限，扩展到了更具普遍性的社会阵痛上。同时，值得我们注意的是，智齿现象的普遍性发生，有社会的问题，无疑亦有人性的问题。

二、“智齿”现象发生的人性因素——推动当下社会“智齿”现象形成的人性向度之解释

何谓人性？人性是人的自然属性和社会属性的统一。在这个意义上可以说，人性表现为一切社会关系的总和。而文学作为一种特殊的意识形态，它对社会生活的反映必然有其不同于其他意识形态的独特的对象。文学反映以人为中心的社会生活，特别是人在一定的社会生活中的精神活动，从而展示出人丰富的内在精神世界。人性正是文学表现的对象之一，如果文学离开了对人性的反映，那么它也就失去了生命力。须一瓜对人性的关注和挖掘是应该被称道的。“她深厚的写作积累，丰盈的小说细节，锐利、细密的叙事能力，使她得以洞悉生活路途中那些细小的转折和心碎。她重视雕刻经验的纹路，更重视在经验之下建筑一条隐秘的精神通道，使之有效地抵达现代人的心灵核心。她的写作如同破译生活真相，当饰物一层层揭开，生活的尴尬图景就逐渐显形，在她的逼视下，人生的困境和伤痛已经无处藏身。”①须一瓜致力于通过小说来叩问人心的最深处，正如她所说的，“小说不探讨人性，我不知道还有什么更大的价值。大家本来就在思考中生活，在生活中思考”。人性，始终是须一瓜文学理念的核心因素。

关于“智齿”现象的发生，在作家那里，对社会原因这一维度似乎思考得并不深入，却值得关注。当下中国正处于社会转型期，对物质与欲望的非

① 刘炜茗：《须一瓜：我希望小说像把手术刀》，2004年4月18日，见http://culture.163.com/editor/040418/040418_84992.html。

正常追逐似乎已成为时代的主流，人们原以为沉溺于物质的狂欢与欲望的享受就可以获得生命的轻逸，可事实是，在这股潮流中，现代人反倒感受到一种失去心灵家园的惶恐和精神边界日渐模糊的心理危机。社会中的诱惑太多，内心的欲望也开始蠢蠢欲动，该如何秉持住最后的道德底线，在人性边界处又该如何抉择，这种人性的挣扎正如“智齿”般剧烈地疼痛着。美好的人性需要健康的土壤才能开出心灵之花，在这个人欲横流的社会大环境下，人性之光也正经受着严酷的考验。

然而，作者不仅关注此现象发生的社会动因，还致力于从人性的复杂性与真实性中寻找这一现象得以形成的推动性力量。精神边界的模糊，是人性善恶交战的结果，游离在边界之上的个体饱受内心的挣扎，将人性的复杂与脆弱呈现在我们眼前。一个社会个体，不仅是自然存在者，而且是道德、理性或自由的存在者，因此，人性的善恶问题除了与人的自然本性有关之外，更重要的是，人对于善恶的把握具有能动的自由选择性，无论选择善还是恶，都是一个人内心面对客观的道德法则时所作出的一种自由的道德选择。在人的自由选择过程中，根据康德人性善恶论的理论，人的本性中存在着“趋善的禀赋”与“趋恶的倾向”。他认为，前者是人原始就具有的，而后者是人自己招致的。人性之恶，即人心之恶，简言之，一个人丧失了良心，存有歹心，说到底就是人心颠倒了，而这颗歹心正是源于人心的脆弱与复杂。当这种“趋恶的倾向”发生作用时，也就意味着在自由选择的过程中，一个人面对道德准则时，已将主观的自爱原则放置于道德法则之上。然后，个人再以伪善的方式存在，将违背道德的事情隐藏起来，认为只要不被他人发现，也能够心安理得，这种自欺欺人的状态正是人心颠倒的体现。

人性是复杂的，人类在自由选择的过程中，可能趋向善，亦可能趋向恶。选择前者则意味着选择了遵循法则，反之，选择后者，便意味着违背了道德。当一个具有自由意志的人被置于一种善恶相争的特定情景之中时，在未作出甚至是难以作出道德选择之前，选择主体会处在一个模棱两可的境地，即善恶模糊的边界。因为在选择过程中，当一个人面临强大的诱惑时，从自然属性来说，人类是难以抵挡的，所以，理性与感性因素交织，善与恶的天平摇摆不定，是极有可能出现的人性困境。到底是将道德准则置于行为选择的标准之上，还是把自身的欲望和利益作为最高的追求；是以坚持崇高和自由为人生理想，还是以享乐为最高原则——这些都决定了我们能否在善恶交战之时，避免趋恶的倾向，坚持道德法则，始终存有一颗良心。

小说中，被称为“老大”的检察官，正是一个身陷诱惑之中的社会个体，他不断地游走在善恶界限模糊的世界里。他是一个身处生存困境的孱弱的男人，人心的隔膜，让他内心变得愈加脆弱。他的女儿“从不佩服这个检察官的父亲，她在任何场合都喜欢谴责父亲的毛病”，“小丫头经常让他难堪，他的丑，他怕黑，都被她随口讥讽嘲笑”，而他的老婆也可以“大声羞辱他、痛骂他、讥笑他”。对于这一切，他从不申辩，始终沉默。当他面对生活中的多种诱惑时，人性中的脆弱和复杂便显得格外鲜明，让他感到“所有的事物正在失去边界的短暂时刻”，是因为一个有着如黄昏般感觉的拥有性感迫人的喑哑嗓音的女人。“这是一个从面容到体态，都令人怜爱的美丽女人”，她想用身体来诱惑这位检察官，以为这样就可以改变自己父亲的命运，而“他意外地看到了一种微光，是泪水的细微波光”，“他在那个赤裸的女人面前站了一会儿，转身离去”，这一瞬间，他深深地感受到了边界的模糊。然而，诱惑却不止如此，四哥在离开之前，想送给“老大”一辆奥迪汽车，但是他都以“让别人帮吧”“我不是你的朋友”“办案车，不需引人注目”等理由拒绝了。之后便有了前文提到的装有 40 万元现金的矿泉水箱子的出现。检察官起初觉得慌张、后怕，甚至越想越觉得受到了侮辱，但不久之后，他便进入了认识的新境界：“送礼既然能这样送，受礼人岂非接不接到都是一回事？”“谁能证明我拿到了它？”“可以接得神不知鬼不觉吗？”“如果有杀人灭人口的飞机，是不是一切就轻快起来？”他自己也不禁感慨：“人心啊，多么容易受煎熬的易燃易碎品。”到底是向善还是向恶，令其迷茫而又痛苦。

“智齿”现象，即边界模糊的精神现象，在当下社会中具有一定的普遍性。边界正是善恶交战之地，而人性的善恶具有通过道德判断来表现的社会属性，所以，善恶问题也就成为一种普遍存在的社会现象。就个体而言，每个人都存在着“善心”，也存在着“歹心”。就社会而言，善的现象与恶的现象也是同时存在的，一句话，现实世界是一个善恶并存的世界。因此，“善”与“恶”在特定的境遇中，由于人性的复杂与脆弱，定会让人不知该如何作出正确的抉择，徘徊于模糊的边界。

三、须一瓜的文学追问及其基本立场

须一瓜在创作谈中，发出了这样的叩问：“最终，他能度过这个边界模糊的时刻吗？”[①]这表现了作者试图探索、解决“智齿”现象的勇气，同时也是其对如何防范“智齿”现象生发的文学追问。如前面我们多次强调的，“智齿”现象是一个社会个体在面对诱惑时，由于人性的复杂与脆弱，而产生的一种由善恶相冲突导致的边界模糊的精神现象。要想更好地祛除这一现象，不仅需要依靠制度的手段，有效地规范人们的行为方式，维护社会的良好秩序，同时也有赖于文化力量的推进，倡导个体能动的文化自觉，形成良好的自律品性。因此，“智齿”现象的解决，需要制度建设与文化建设的双向推动。

制度建设是祛除与解决“智齿”这一社会现象的有力保障。制度是在特定的社会生活领域中，围绕一定目标形成的、具有普遍性意义的、比较正式而稳定的社会规范体系。它具有强制性、确定性、直接性、可操作性等特点。针对小说中边界模糊的精神现象问题，我们强调得更多的是伦理制度化建设，即指把一定社会人们自愿遵守、自我约束的伦理要求和伦理原则提升、规定为制度，并依靠制度的强制手段，转换成社会主体一定要遵守的明确的硬约束规则。[②]在当今法治化的社会中，人们对伦理制度化的诉求愈加普遍，对以制度化解决伦理问题的呼声也越来越高。伦理制度化不仅可以扬善，亦可以惩恶，即对遵守道德规范的人给予制度上的支持与鼓励，而对违反道德的人给予制度上的限制和制裁。

---

① 须一瓜：《创作谈：失去边界的时刻》，《中篇小说选刊》2013年第6期，第61页。

② 参见曾秀兰：《伦理制度化与道德教化——道德建设的两个基本途径》，《中国青年政治学院学报》2007年第5期，第66页。

伦理制度化的建设是必要的，这不仅是社会现实的需要，也是人之本性使然。一方面，当今社会正处在社会转型期，新旧伦理观念交替、冲突，善恶是非界限模糊。同时，在市场经济迅速发展的今天，社会个体对于物质的追求近乎疯狂，人的欲望无限扩大，越来越多的道德失范现象发生。面对诱惑，正如须一瓜所说的：“如果没有制度的防水膜，仅靠自我品性的高洁腾空，克服地球吸引力隔水而行，是一件不容易的事。”① 另一方面，追求自己的利益，满足自身的欲望根源于人的本性。一个主体是难以依靠自身的德行彻底祛除其贪欲和私心的，在这种情况下，只能依靠制度的手段，包括法律制裁、舆论谴责等，通过“他律”来提高个人的道德意志，增强自我约束能力。

文化建设是祛除与解决“智齿”这一社会现象的坚实基础。文化不仅指人类对其环境所作的改变，也指人的心灵激发其肉体所作出的各种行为的结果。其中，道德建设是文化建设中极为重要的一环。相对于制度来说，道德是通过社会舆论、传统习俗和人们内心的信念来维系并发挥作用的社会规范，它具有非强制性、自律性、自觉性、超越性等特点。在道德建设中，道德教化是十分重要的一环。道德教化是指社会有意识地通过一定的形式、途径将道德原则、道德规范等传授给人们，并寻求广泛、普遍的认同，以培养道德主体较好的道德选择能力和优良的道德品质，其形式包括道德情感、道德教育、道德激励等。在当今社会中，虽然有制度建设的强有力保障，但是道德教化依然具有不可替代的价值。

在道德建设中，我们需要努力通过道德教化实现道德自律，这是道德义务向道德良心的转化。因此，只有使道德规范向内转化为个体自身的道德良心时，道德建设的目标才会真正实现。然而，道德教化在道德主体转变为一个拥有自律人格的个体之前，起到了不可或缺的作用：反复通过道德教化的方式，帮助人们正确地分辨善恶美丑、是非对错，教导个人明晰什么事可以做，什么事不可以做，并在此基础上让个体建立起属于自己的道德标准、道

① 须一瓜：《创作谈：失去边界的时刻》，《中篇小说选刊》2013 年第 6 期，第 61 页。

德观念、道德价值等，形成一种具有普遍性的道德自律原则。尤其是当我们处在道德困境时，正如小说中的“智齿”现象出现时，由于对道德价值的判断出现了原则性的冲突，人由此产生了不知所措的心理状态。为了更好地调节这种精神状况，我们更加需要道德自律的解救。

因而，防止“智齿”这一社会现象的发生需要制度建设与道德建设共同发挥作用。二者各有优点，各有其用，应该相互依存，相互支持。在当前中国社会现代化进程中，若想祛除人们的精神隐疾，既要硬制度，又要软教化，也就是要做到“软硬兼施”。在这个意义上，我们说，制度建设与道德建设有机结合、双管齐下，二者共存并举，是重新点亮人性之光的必然选择。

第四章
乡村的守望与反思

乡村是什么？在中国社会现代化进程中，乡村又是什么？对于这样的问题，持不同立场的人自然会有不同的回应，但是，在今天，我们确实必须积极地探讨这样的问题。乡村不是一个简单的对象，也不仅仅只是一个符号，它是复杂的。作为一个空间，它也有时间上的绵延。乡村，被有的人称为故乡，也被有的人视为一个需要审慎评价的对象。其实，今天的小说家们也在探讨这样的问题，他们关于“乡村”的文学书写对我们不失为一种必要的镜鉴。

第一节　为乡村而歌
——论南在南方的中篇小说《唱歌》

南在南方的中篇小说《唱歌》发表在《文学界》2013 年第 2 期上，他不再将故事的背景设定在喧嚣的都市，而是为读者谱写了一曲充满韵律的乡村赞歌。这篇小说，之所以读起来会令人心生暖意，笔者认为，在于其文字间所流露出的那份真挚的情感与虔诚的心意，因为“歌唱”情感的表达正是“歌唱”艺术的灵魂。小说的题目为“唱歌”，这唱的，既是陕南特有的民歌调子，又是作者为乡村而唱的赞歌。无论是音乐艺术中的唱歌，还是文学作品中的情感之歌，都有一个共同点，那就是要唱一首好歌，则必须声情并茂。可以说，声音是手段，情感是灵魂。情感是人对客观与现实态度的体验，它反映了客观事物与个体主观之间的某种关系，尤其是在审美情感中，文学作为一种艺术表现形式，引人入胜的文字固然重要，但这仅仅是作者表达思想感情的工具，真挚的情感才是引起读者共鸣的关键，好的作品在于“以情动人”。在小说《唱歌》中，南在南方以唱歌的形式真挚地表达了他对乡村的敬意。在创作谈中，他这样说道：“之前，我写了一些言情，城市的背景，城市的男女，爱或者不爱，纠缠在一起。而这次却想写另外一篇小说，这如同待客，自然是满心满意的”，“我试着表达我对乡村的心意，还是唱歌”。①

一、王石凹之歌及其韵律

1. 陕南古风：丧歌之律

南在南方笔下的古风（丧歌便是一种）曲调，是极具陕南民歌特色的。陕南地区北靠秦岭，南依巴山，汉水自西向东穿流而过。因而，这里的古风既有秦巴山地的豪迈，又有汉水流域的委婉，其中陕南的丧歌相比于陕北地区，就稍显婉约一些。再加上与周边的四川、重庆等多个省市交界，移民往来，生活习惯与方式也互相融合、渗透。先天的人文地理环境，使陕南民歌的形式、内容、题材等方面更加丰富多彩。它们大多以朴实真挚又不失委婉细腻的内容，来展现陕南人民乐观、豁达的美好精神。至今，这些美好的旋律仍在老百姓当中传唱，经久不衰。

“送罢一台又一台，我儿送到望乡台，佛爷送到莲花台；送罢一山又一山，家堂爷送到西华山，灶王爷送到紫荆山，二郎神送到昆仑山；送罢一台又一台，我儿要过刀光山，刀光山来不是山，神难走来鬼难翻……”②“词早已定型，从开唱到歌罢，也有定式。生死是一场交接，唱到最后总有一个光

① 南在南方：《创作谈：还是唱歌》，《北京文学·中篇小说月报》2013 年第 3 期，第 47 页。

② 南在南方：《唱歌》，《文学界》2013 年第 2 期，第 21 页。该作品引文具体出处下文不再一一标示。

明的去处。中间杂着唱二十四孝，大约是对晚辈的赞美。”[①] 曲调优美委婉，具有浓郁的地方特色。一个地区的丧歌是与生成它的当地人民的生产方式、交往方式、生活方式以及风俗习惯紧密相连的，所以，丧歌除了具有重要的审美价值之外，还反映了当地人民淳朴、真挚、和谐的精神内涵，这也正与丧歌本身朴素婉约的韵律相一致。

2. 乡村之歌：谐和之律

丧歌的精神内涵是与当地人民日常生活的韵致相协调的，因而，日常生活中的乡村之律便也成了“歌”。围绕着赵保的儿子老四死了这件事情，王石凹展开了颇有韵律的生活图景。赵家的几个儿子既要隐瞒老四的事，为赵保准备六十大寿，又要把老四从煤窑上接回来，处理后事。这一段准备的过程，正是乡村谐和之律的生动展现。大儿子赵卫东决定先瞒着父母，找老二卫国商量这件事，让“老二媳妇把他媳妇白菊叫过来”，“悄悄地，莫要惊动了爹娘”，关于老四的死，又“交代她俩，该怎么说话就怎么说话，先瞒着爹瞒着娘，爹的生日照常过，还得好好待客，东西得备足”。兄弟俩之后又决定，必须第二天一大早就走，赵卫东是老大，坐镇家中，而老二也算是出过远门的人，他负责领人去山西接老四。

王石凹的几个“大户人家”，也为老四的事情，忙碌起来。村长祁自友，是王石凹的代表，负责组织去山西的人员名单。郎中周水田主要是去给卫东的老爹老娘“量下血压打点葡萄糖”，和他们聊聊天宽慰一下，打打预防针；还给赵保带了瓶好酒，好让他高兴一回，因为“这生日一过，赵保的好日子也就完了”。关于老四的后事，风水先生吴大福，虽然与赵家有些疙瘩，但秀水毕竟有了老四的孩子，怎么说也得好好地送老四最后一程。小官员家长刘小吉向赵卫东提了些建议，并提醒他接老四的事要“一环套一环抓紧办”。既要准备喜事，又要料理后事，王石凹的人，尤其是赵家，并没有乱了手脚，而是各自按部就班地细心筹备，在慌乱中不失沉稳，为读者谱写了一曲充满谐和、朴实、真挚感情的乡村之歌。

---

① 南在南方：《创作谈：还是唱歌》，《北京文学·中篇小说月报》2013 年第 3 期，第 47 页。

丧歌作为陕南古风的一种，其精神内涵在历史上与当地人民的风俗习惯、生活方式等相融合，从乡村别具特色的古风丧歌到颇有韵致的生活图景，都展现出一种“谐和之律”，这正是乡村文化精神力量的反映。一方面，赵家内部的团结流露出的是一种和谐的伦理精神。乡村中伦理关系主要以宗法血缘为纽带，而伦理精神的产生绝非偶然。“以农业为主体的生存方式，使祖祖辈辈的乡村俗民生活在同样一种相对稳定的生活环境中，家族组织可以在这种稳定的环境中繁衍和扩大，家族伦理精神既是族长统治家族成员的思想武器，也是家族和睦的根本保证。”① 另一方面，王石凹村民间的协作表现出的是一种和谐的互助精神。“乡村民众协作的内容与方式通常包括生产中的农忙换工互助（陕北、晋北俗称‘变工’）；农户盖房起屋和承办红白喜事；生活上的集资救助；全村性的公共设施修建；设立义仓，成立会社等。”② 在千百年来的社会变迁中，传统乡村的百姓为了求得生存与发展，一直保持着一种充满温情的团结协作的民俗。正如南在南方为我们勾勒的这样一幅人与自然、人与人、人与社会共生共荣、平静和谐的美丽图景。

二、现代化进程中的乡村“想象”

1. 中国社会的现代化进程及其改造性力量

现代化问题，是近年来学界最为关注的问题之一。何谓现代化？20 世纪 50 至 70 年代，以实现农业、工业、国防和科学技术“四个现代化”的说法成为当时的主流，这种认识突出强调了现代化在经济和技术层面的内容。随着现代化研究的深入，人们的认识也在深化，认为现代化是人类从传统的农业社会向现代工业社会全球性的大转变过程。而现代化不仅是指生产方式的转变，它更表现为一个民族在其历史变迁过程中文明结构的重塑，是包括经

---

① 段友文：《论社会现代化进程中的村落文化建设》，《山西师大学报》（社会科学版）2007 年第 6 期，第 54 页。

② 段友文：《论社会现代化进程中的村落文化建设》，《山西师大学报》（社会科学版）2007 年第 6 期，第 53 页。

济、社会、政治、文化诸层面的全方位转型。

“近代以来在西方列强的侵略—冲击下，中国社会自‘师夷长技’开始的由传统农业社会向现代工业社会转型的所谓现代化进程，伴随着国人对西方世界认识的逐步深化，走过了从学习引进西方的工业生产技术、科学知识，到维新变法、政治革命，再到思想观念的变革这样三个发展阶段。”①即“冲击与回应”“前进与倒退”“偏离与回归”三个发展阶段。当下的中国社会正处在由传统农业社会向现代工业社会的转型时期，即从农业社会向工业社会的转型；从乡村社会向城镇社会的转型；从封闭半封闭社会向开放社会的转型；从伦理型社会向法理型社会的转型。显然，传统的乡土社会是中国社会现代化的根基，中国农村的现代化转型是整个社会现代化发展进程中的重大推动力。由于中国社会历史环境的特殊性，必须制定具有中国特色的社会主义现代化发展战略，必须考虑中国传统乡村社会的实际，注重整合乡土资源、考察民俗文化等，从而更全面地推进中国社会的现代化转型。

2. 想象乡村

小说中的“王石凹”，我们不能否认它在当下的存在，然而，它更是作家在中国社会现代化进程中的一种乡村“想象”。近年来，“想象”似乎是学界的一个流行语，由于想象本身是模糊、不确定的，因而，对于“想象”的理论阐释也是各不相同的。就文学文本而言，“想象”更多指的是一种运作模式，在这里，“想象”一词是“指示性的”而不是‘定义性的’。值得注意的是，“当代作家在面对同一客体‘乡村’时，往往因为视野不同、立场不同、世界观不同，以至于心境、趣味以及艺术见解、艺术表现手法的不同，而在各自的创作中呈现出多姿多彩的乡村景观”②。小说中的“乡村”是作为一种“融入”对象存在的，因为创作主体精神的贯注和理念的统摄，乡村从

① 李学智：《关于现代化理论与中国现代化进程的若干认识》，《理论与现代化》2011年第6期，第9页。

② 叶君：《乡土·农村·家园·荒野——论中国当代作家的乡村想象》，《文艺研究》2006年第7期，第18页。

原有的地理位置，变成了主体的精神灵魂的寄寓所，即指示着一种“精神家园”。从某种意义上来说，“乡村”和“家园”已不再是一种既定的客观事实，而是一种具有隐喻的文学景观，是一种通过主体“想象”而被赋予了作者精神情感和价值判断的“构成物”。在《唱歌》中，南在南方便是以这种言说方式和想象方式营构着具有民族文化精神的乡村世界，而“丧歌”正包含着这种民族精神的隐喻。

文本中的“丧歌”属于汉水流域的艺术形态，丧歌与丧俗相连，既严肃庄重又不失热闹活泼，其发展演变的历史十分悠久。作为一种地域性的民间文化，在历经了千百年的沧桑之后，依然保持着顽强的生命力。除了自身的独特魅力之外，最为重要的是丧歌具有多元的文化价值。首先，它具有传承风俗价值。随着三声鼓响，赵保在院坝唱了起来：“一二三四五，金木水火土。老君传下令，发动三折鼓。日吉时辰，天地开张。我儿身故，停在堂屋。打扫堂前地，满装炉内香。众位歌师都坐起，待我开个歌场。”在这里，将闹丧的时间、环境、方式等相关事宜都介绍得十分具体，这是对当地丧俗的生动记载。就是在这样的代代相传之中，汉水流域的丧歌才会生生不息地传承着丧葬习俗。其次，丧歌具有伦理教育价值。这也是它具有顽强生命力的重要根源。葬俗不仅是养生送死的一种习俗，更是衡量一个人是否具有伦理道德的重要标准。自古至今，儿女与父母血脉相连，生死相依，所以，无论儿女是生或是死，父母的恩情始终会被歌唱，“人人都是父母生，要报养育恩。你看人生下，哪能会说话，不是父母哺育他，怎么成大人。奉劝做儿女，要知父母苦，父母怎样哺养你，从头说起。怀胎十月受尽苦和热，十月痛苦无处说，为把小宝得。十月临了盆，娇儿要降生，娘奔死来儿奔生，好险命归阴……养到五六七，送儿读书去，省吃俭用为儿女，受尽千般苦……”“孝”是被丧歌反复突出、强调的内容，感恩戴德则是汉水流域丧歌永恒的主题。最后，丧歌具有历史认识价值。无论是原始时代的生活图景，还是历史变迁的进程，在丧歌中都或多或少，或隐或显地得到了反映。小说中有这样一段唱词：“昔日有个关云长，过五关斩六将。过黄河，收周仓，斩蔡阳，大英雄怎能舍得而死，舍得而亡？昔日有西楚霸王。百战百胜称豪强，到后来逼死于乌江。这大英雄怎么舍得而死，怎么舍得而亡。昔日有个李靖王，飞虎山前收儿郎，日间提刀安天下，夜间美貌伴君王，这大英雄怎么舍得而死，怎么舍得而亡……”这是历史的浓缩，随着时代的变迁，岁月的流逝，历史学家的沧桑豁达感与令人无可奈何的叹息，跃然纸上，让人震撼。

3. 丧歌：民族精神的隐喻

丧歌作为一种非物质文化遗产，在漫长的历史进程中，获得生存并拥有传承下去的活力，说明这种文化的存在是具有合理性的。丧歌不仅是一种历史积淀，一种文化遗产，更内在地包含着民族精神的隐喻。正如刘锡诚认为的：“尽管非物质文化遗产因在其漫长的传递中，像滚雪球一样吸纳了不同时代、不同阶级、不同地域、不同文化素养的创作主体和传承主体的世界观和许许多多具体的事物和观念，多少显得驳杂而散乱，曲折而迷离，但这些都不能掩盖这样一个事实：正是像流水一样奔腾不息的非物质文化遗产或民间文化遗产，反映了、体现了和传递了民族的文化精神。”① 那么，中华民族的文化精神是什么呢？这一问题的答案，至今尚未有统一而科学的说法。自古以来，民间性的非物质文化遗产就为千千万万的老百姓所创造和传承，民间文化一直都是中华民族文化中不可或缺的重要组成部分。“从住宅的布局，家族的绵延理念，家庭成员之间的关系，对祖先的追念和祭奠，婚丧嫁娶、迎来送往的礼仪，道德伦理准则，节庆的仪式，等等，可能因富裕程度的不同而简繁不一，可能在强大的政治高压或现代化信息化形势下逐渐趋于简化，但其遮蔽着的、埋藏在老百姓内心深处的理念却没有变化，没有失忆。”② 民间文化是我们的根，它传递出来的“生生不息”的精神，正是一种可贵的民族文化精神。在全球化的影响下，世界文化逐渐走向多元，每个民族保护了自身文化的独特性，也就是保护了人类文化的多样性。中国文化是人类多元文化大家庭中的一员，保护我们本土的民间文化，显得十分重要。

---

① 刘锡诚：《非物质文化遗产与民族文化精神》，《广西师范学院学报》（哲学社会科学版）2004年第4期，第11页。

② 刘锡诚：《非物质文化遗产与民族文化精神》，《广西师范学院学报》（哲学社会科学版）2004年第4期，第11—12页。

中华文化的核心就是中华民族的文化精神，也就是中华文化所体现出的民族精神。传承中华优秀文化精神，就必须弘扬民间文化，保持中国文化的优良传统，这样，民族精神才会“生生不息”。

三、结语：唱歌的气质与文学的气质

小说中，南在南方为我们演唱的是一首赞歌，赞颂了传统乡村世界的淳朴与和谐，字里行间流露出满满的心意，而唱歌正是最好的表达方式。唱歌是人们用来抒发和交流情感的一种形式，是人的灵感与创作性以及动作共同作用的结果。在唱歌的过程中，演唱者通过对歌曲内容的理解，用演唱的形式将作品中的情感充分表达出来，以达到令听者陶醉的艺术效果。这就需要演唱者具有一定的文化素养、艺术素养和音乐素养，这些因素综合起来就构成了演唱气质。我们常常被某个音乐作品深深感动，这种感动的深层原因正是唱歌是有气质的。

文学也是有气质的，而它与作家的个性气质有着密切的联系。在文学创作中，作家的个性气质占有十分重要的地位。由于文学创作是一种主体创造性的活动，因而作者的个性气质与审美趣味会不自觉地反映在作品中，形成与其相适应的文学风格。同时，“个性气质具有强烈的个人色彩，不同作家有自己独特的个性气质，因而作家对于各种事物、现象都有着不同于其他作家的独特的感受力。他们特别善于捕捉那些符合自己的个性气质并深深打动他们的那种特殊的事物、现象的内涵和意蕴，使得所选择和描写的对象总是能一定程度上流露和展示自己的生命活力和人性本质”①。《唱歌》这部作品以文字的形式表达了作者对传统乡村世界的深刻感触，“王石凹”里人与人之间温情脉脉的和谐感染着每一位读者，小说简单而朴素的风格正与南在南方低调而淳朴的个性气质相谐调。有气质的文学总是动人的，只有真正有气质的文学才是好文学。

---

① 汪宁漪、童李君：《论作家个性气质与文学风格的关系》，《南华大学学报》（社会科学版）2005年第6期，第87—88页。

第二节　并非乡村的胜利

——论胡学文的中篇小说《风止步》

胡学文是河北乡土作家，他一直专注于乡土社会的书写，他的作品敏锐而富有冲击力，将文学的想象力和极强的社会针对性融合在一起。

胡学文的创作经历了一个转变过程。在创作初期，他更愿意让作品以一种新历史的姿态出现。“最初创作时，我总是把小说背景放在清末民初，也写当代，但东一榔头西一棒槌的，多数在别人的地里刨食。”然而，“文学必须有分寸。文学没有边界，文学也必须有边界。更重要的，在写历史时，我无法获得写作的愉悦，无法准确触摸人物的内心，所以放弃了那种写作”。①放弃了一朵云，或许会收获一片天空。胡学文的作品逐渐成长，独树一帜。故乡在其文学作品中的特殊位置开始凸显。“故乡与童年对作家的重要就像土壤对于植物，不仅是写作者一生难以掘尽的矿藏，而且对写作者的风格有着难以言说的神秘影响。”②胡学文带着《天外的歌声》《秋风绝唱》《极地胭脂》《一棵树的生长方式》等作品回归到张垣的热土上，以家乡独有的生活为创作素材，开始在乡村和城市之间游走，进行新的思考和探索。

如今，社会的巨变改变着乡土世界。胡学文是一个现代书写者，但也忠实于乡村。他有着丰富的乡村底层生活历练，由之也获得诸多的乡村感受与困惑，从而能够直面传统与现代双向撕扯下的乡村，以表现中国乡村生活的现代发展。“中国乡土小说叙述者的身份很有特点，他们极少有乡村中人，而是普遍具有‘乡村游子’的背景。他们一方面与乡村有着不可割舍的密切关系，或者曾经是乡村中一员（如军人、知识分子），或者在乡村生活过（如下乡干部、知青），但另一方面，他们在叙述时又都脱离了乡村人的

---

① 胡学文、姜广平：《“努力构建自己的文学地域”》，《西湖》2013 年第 4 期，第 105 页。

② 胡学文、姜广平：《“努力构建自己的文学地域”》，《西湖》2013 年第 4 期，第 104 页。

身份，明确地在文化和心理方面居于乡村之上。他们以与乡村若即若离、蕴含着内在悖反精神的游子姿态，叙述着乡村和乡村人的故事。”[①]胡学文的小说书写着现代复杂的乡村体验，他笔下的人物野性地进行生命抗争，也坚守着人性，看得出来，他力图为处于转型期的中国乡村伦理与乡村文化定位。

胡学文切身体验并真诚面对城市与乡村、现代与传统之间找不到自我定位的内心冲突与精神割裂，当然，在很大程度上，他也只能在无奈中注目乡村文明的远逝与异变，在困惑中思考乡村走出乡土、融入现代的可能。正如其创作中的某种规律性的东西，即多部小说中不断重奏的“寻找”主题。其实，“人生不就是追寻的过程吗？形形色色的人，形形色色的追求，各种方式的追求。我不过是呈现了这种追寻的艰难”[②]。倘若将其放置于乡村现代化转型的背景中来窥探，不难发现，胡学文倔强地存有一种试图以“找寻”为灯，烛照乡村心灵深处的“幽暗的通道”，照亮社会转型期乡村发展之路的文学意图。以此来看待胡学文在2013年发表的中篇小说《风止步》无疑是具有很大的合理性的。

一、冲突叙事及其审美张力：人的差异性生活逻辑的致命相遇

世上有很多看似不可理喻的人，也有很多处事极端的人；有些人看似属于两个不同的世界，永远不可能接触，但他们以不可思议的方式相遇了。

1. 乡村人王美花与城里人吴丁的致命“冲突”

乡村人王美花与城里人吴丁不可思议地相遇了。王美花是农村的空巢老人，她的一双儿女均在城市工作，很少回到农村。她的孙女燕燕因遭到马秃子性侵而被儿子接回北京，自此王美花以一种罪人的姿态留守在农村，她不断给自己判刑，斥责自己，用审判打发孤寂的长夜。乡村流氓马秃子是性侵燕燕的恶棍，他不断挑战着王美花的忍受力，强占王美花的肉体，反复敲诈她的钱财，甚至时不时地威胁王美花要去自首。王美花将燕燕的秘密看得比

① 贺仲明：《论中国乡土小说的二重叙述困境》，《浙江学刊》2005年第4期，第115页。

② 胡学文、姜广平：《“努力构建自己的文学地域”》，《西湖》2013年第4期，第106页。

她的命还重要，保守这个秘密已经成了她余生的使命，丝毫没有退让的可能。吴丁是“正义联盟”的盟主“令狐大侠”，他把所有可用的时间都用来“拯救”他人，他在这个世界能嗅到现实世界嗅不到的东西。这个世界是吴丁进入现实世界的通道。吴丁是性侵的间接受害者，从前的恋人被人强暴，吴丁愤怒之下报警，带来的结果却是女友自杀。他现在的女友左小青也遭受了侵犯，但正是因为吴丁坚持报警，要将事情揭露出来，左小青也离开了他。吴丁的使命就是四处寻找性侵者，将他们送进监狱，以自己的全部力量劝服受害者。

一个极力遮掩，一个极力揭露，两者观念上的巨大差异和言行上的剧烈冲突，注定了他们的相遇是致命的“冲突”。他们正面交锋六次，每一次都是艰难的过程，每一次都以王美花的顽固坚守而告终。王美花将这个秘密捂在自己的心底，不容他人触碰。王美花在这方面表现出惊人的忍受力，这是她心里唯一的底线。所以，当城市人吴丁带着“惩罚罪恶，替天行道”的使命出现在王美花的面前表示要“拯救”王美花时，王美花坚决地拒绝了。她要守住它，不惜以生命为代价，竭尽全力。但是，在吴丁看来，这没什么可耻，隐忍才可耻。而作为受害者，这是他们不愿提及的伤疤，他们宁愿自己舔舐。

2. 乡村与城市（文明）的交织与对决

其实，王美花和吴丁的冲突展示了城乡文明之间的对立，甚至是乡村与城市的交织与对决。他们都有自己的生活逻辑，也都有强大的理由支撑他们的行为，冲突源于二人存在重大差异甚至严重对立的固有的生活逻辑——这种逻辑是以他们各自坚守的（传统）乡村与（现代）城市的伦理与秩序为依据的。他们各自认同并坚守自己的生活逻辑，就这样，王美花和吴丁在相反相成的矛盾中不可避免地发生冲突，形成巨大的审美张力。

“吴丁只想让犯下罪行的人受到应有的惩罚，让这个世界干净一些。他不是英雄，充其量是一把扫帚。”[①] 他选择的路就是在刀刃上行走。当吴丁出

① 胡学文：《风止步》，《北京文学·中篇小说月报》2013 年第 10 期，第 20 页。该作品引文具体出处下文不再一一标示。

现在王美花眼前时，王美花的敏感神经瞬间绷紧，她以强烈抗拒的姿态面对吴丁，“双目喷着血汪汪的火”，“异常骇人”。“吴丁遇到各种各样的人，挨过各种各样的打，但没一个人有王美花这样吓人的表情。”吴丁所要做的事情在法律层面是非常明了的事情，可是在王美花看来，却复杂得无以复加。甚至她认为，吴丁的突然闯入必定是有所图的，“想来想去，无非是想要钱”。不然，非亲非故的，他毫无征兆地出现，到底是为了什么？封建意识与传统观念的保守顽固以无意识的巨大力量给予王美花惊人的能量。“如果不涉及燕燕，王美花绝不害怕。一命抵一命又能咋的？”吴丁的每次出现无疑都是在不断敲击着王美花体内最脆弱的部分。“在她的逻辑系统里，忘掉是最好的治疗。”事情发生时，“儿子不同意王美花的决定，不报警咽不下去这口气。王美花用整整一夜说服儿子，几乎把嘴说破”。这是王美花深思熟虑后的结果，从中亦可见王美花的固执。所以，当吴丁向她讲述自己女朋友自杀的事情时，她也明确地认为是吴丁害死了他的女朋友，甚至说他害了女朋友嫌不够，还琢磨着害别人。王美花的抗拒体现了其与城市文明直面时的悍气与悲情。乡村文化在现代文明面前显露出保守、顽固的一面，而其本质上对“现代”真谛的隔膜与曲解往往导致人性的扭曲、异化与精神苦难。对乡村文明的理性反思与对现代文明的质询共同构成小说的内在张力。

3. 冲突、差距与悲剧

法是城市现代文明的标志，是城市人保护自己的盔甲。然而，在乡村，法有的时候也是无用之物。“法律，在过去相当长的时间里，几乎不见有凌驾于乡村的社会和政治生活之上的时候，就是到了今天，法也不过是开放在乡村田头的一朵昙花而已。”① 乡村往往是不相信法律的，当他们遇到困难时，第一个念头永远不会是报警，向法律寻求帮助，他们习惯于以“江湖规则”来解决事情。法律以不可阻挡之势，狂风般地开始袭击古老的乡村土地以及这土地上固有的文明。乡村并不接受这股狂风，它以一种破釜沉舟的决绝，要和现代文明诀别，抗拒现代文明的侵袭。两股强大的力量剧烈碰撞，最终

---

① 阎连科：《法·道德·乡土文明》，《公安月刊》1997 年第 9 期，第 35 页。

酿成悲剧。黑格尔认为，悲剧中互相对立的人物各自代表一种伦理力量，各自坚持自己的理想和所代表的普遍力量，于是相互冲突，同归于尽，造成了悲剧结局。[①]“悲剧全在于对灾难的反抗……即使他的努力不能成功，但在心中却总有一种反抗。”[②]

《风止步》是吴丁的“一场孤零零的战争”，他不断地劝服王美花，王美花在试过各种方法都无可奈何之后，决定“鱼死网破”。王美花进入了生命的苦难之中，她接受苦难，但是不允许他人揭开伤疤，一旦有人靠近，她便奋力反击。他们都自觉或不自觉地表现出“坚毅的斗争”和“反抗”，最终走向毁灭。小说以自然的生存状态呈现他们的战斗，从而构成悲剧。

二、现代化社会进程中乡村的发展问题

现代乡村，并不封闭。或者说，现代乡村，无法封闭。现代化是人类社会发展的必然趋势，是中国人民长期为之奋斗的目标。现代化不是要不要的问题，它是非要不可、无可选择的。

1. 乡村现代化进程中的价值选择：背离与坚守

“中国要在现代世界生存，就必须现代化。”[③]现代化不仅体现在经济方面，而且是一个包括经济、政治、文化和人的素质在内的整体性社会变革。城市化是现代化的必由之路。中国的城市化就是乡村城市化，而乡村城市化就是乡村现代化，并且乡村现代化是乡村存在的最高形式。城乡接合部的崛起是乡村城市化的产物。城乡接合部是“农村之首，城市之尾”，是城乡矛盾最为集中、最为普遍的区域。“营盘镇”是一个典型的城乡接合部，它是吴丁进入乡村的入口。吴丁的坚执“闯入”，是必然，它不可逆转，乡村也需要“吴丁”们的“闯入”，但同时它又很贸然，所以，他丢了命。他没有任何策略，仅凭一腔热血，“惩罚罪恶，替天行道”的使命驱使着他。吴丁是个堂吉诃德式的“战士”，对某种永恒不动摇的事物保持信仰，他的精神

---

① 参见刘叔成、夏之放、楼昔勇等：《美学基本原理》，上海人民出版社 2010 年版，第 159 页。
② 刘叔成、夏之放、楼昔勇等：《美学基本原理》，上海人民出版社 2010 年版，第 159 页。
③ 冯友兰：《中国哲学简史》，天津社会科学院出版社 2007 年版，第 45 页。

伟大而勇敢，他那感人的笃信没有束缚他的自由，他独自战斗，不怀疑自己的使命，但他孤独的心怀天下却无人能够理解，对方抗拒的强烈程度是他始料未及的，过分的勇气只会让他陷入鱼死网破的境地。

王美花的观念显然是封闭的，她对于内心角落的死守，是基于一种传统观念与现实（现代）社会的剧烈碰撞。她的内心有一条幽暗的通道，这条通道给予她现实生活逻辑的合理性。这条通道是存在于心灵深处的。王美花是乡村土生土长的女人，乡村文明与乡土意识深深扎根于她的心底。城市文明以不可抵挡之势撞击着乡村文明，乡村人从“逃离土地”到“留恋土地”，“城市社会对农民工‘经济上接纳，社会上排斥’的处置方式，使乡村人民产生了‘反城市主义’文化心理”①。加上“城市病”的不断传入，更是催生“反城市主义”的文化心理意识。王美花的儿子儿媳、女儿都在城市，经济上的富足却是以亲情的远逝为代价，这是一种精神悲伤，王美花的心底是痛恨城市的，痛恨城市带走了她的子女，可她却无能为力；痛恨城市的无情，不让子女回家。只是这种痛恨隐匿于心底的最深处，无法触及，却也成为无形的力量支配着她的行为。

面对现代化的强势侵入，胡学文显然不是以一种无奈却驯服的姿态去接纳的，或者说，胡学文正倾其力量试图以文字的幽暗寒光拾捡起被扭曲的个体。以这种坚决的姿态进入小说，便形成了小说人物王美花身上那种倔劲和“死磕”精神，这种“一根筋”式的抗拒也是一种挣扎。她守住了，她以一种疯狂的方式固守乡村中既成的伦理与秩序，但这并非乡村的胜利。王美花阻挡得了一个吴丁，但阻挡不了第二个“吴丁”，以及后来的无数个“吴丁”。

2. 乡村现代化进程的合理途径探究：追思与留白

《风止步》以乡村与城市在碰撞过程中所衍发的故事为病理切片来剖析乡村与城市“痛”的病灶。城市经历了巨大变革，而乡村却仍然保留着历史

---

① 许心宏：《文学地图上的城市与乡村——二十世纪中国小说“城—乡”符号结构研究》，博士学位论文，浙江大学，2010 年，第 147 页。

暗河中的旧秩序及其属物，这属物也包含一些“不合时宜”的人与伦理道德。城市为了布新需要“除去”这些“不合时宜”，并希望以此对乡村产生足够的影响，乡村却以自己单薄的力量予以反抗，甚至以不法手段进行暴力抵御。王美花像水一样柔软又像水一样坚韧的“一根筋”式的反击，不仅照见了乡村对城市文明的抗拒，同时也向贫瘠的乡村土地发出尖锐的质问：在现代社会进程中，“乡村”应该如何作为？乡村应该如何真正进入现代？也许这正是作家最着意要探索的问题。只是在小说文本中他并没有给出一个明确的答案，这种留白的方式彰显了作者的态度：这个问题需要读者去思索，去求解，更需要万千民众立身于广阔的社会现实，以自身独特的经验与视角进行深切的理性思索，这应该不是也不应该是又一个“无解”的困惑。

乡村在中国版图上是占有绝对优势的，几千年的历史积淀，使得乡村具有了丰富的精神内涵。一方面，乡村是古朴、醇厚、正直、单纯的代名词；另一方面，它也隐含着原始、落后、愚昧的意味。随着中国社会现代化的推进，乡村和都市的二元格局正在发生着蜕变，在现代文明中，处于底层的农民是被救赎、被启蒙的对象，因此，他们向往都市，逃离土地，但是都市却无法回报他们以平等、自由和幸福，反而将他们的美给吸附了。乡情荡然无存，取而代之的却是愚昧、落后、保守和显得颇为残酷的迫害。“乡村处于内外交困的混乱状态：既处于一种内在分裂，又竭力维持自己的传统、根本和文化，它在多元并立的牵绊中左冲右突，寻找突围的方向。”①在尚存有浓厚传统气息的乡村，需要用辩证的眼光看待现代性，谨慎选择构建现代性的路径。伯曼认为，现代性最典型的表征即它的“液化状态”，是其永恒不变的“流动性”。正是这种“流动性”，使得乡村之人无所依傍。但是，乡村要学会适应变化，学会坚守传统，在“常”与“变”中奋起直追。作为乡村的主人，农民要以乡土自身所孕育的“内源性”情感和思想境界充当现代乡土社会乃至当下生活的启示者。国家理应担纲对乡土进行重新启蒙的使命，启

① 廖斌：《世变缘常：新世纪文学中的乡村现代性转型》，《贵州师范学院学报》2011年第11期，第10页。

示和提醒现代社会正在湮没或已然消散的某些绝对价值；我们知道，这些价值，对人类自身的精神建构，对社会的发展前行，都是至关重要的。

《风止步》的故事或许太过夸张，但透过故事，我们可以看到作者彷徨于传统与现代两种文明之间的矛盾与困惑。现代与传统、城市与乡村之间永远充满悖论与矛盾。“她守的过程，也是我探究的过程。起先，我站在她一边；后来，我站在那个年轻人一边；再后来，我退后了，成为一个中立者，却不止是旁观者。”① 面对两种文明形态的更迭与冲突，胡学文感受到选择的困难，他一方面反思传统文明的负面因素，展示它的顽固、保守等劣根性；另一方面也在自觉反思现代文明的悖谬。

三、结语：“风止步”解

在以城市为旨归的现代性话语中，城市及其文明对乡村世界的烛照与召唤，为乡村带来了新的生活。在乡村的变革与城乡冲突中，乡村正遭遇身份认同的建构危机，乡村主体的失落与沉沦直指对城市文明的反拨，风渐渐止步。“风止步”，风因何止步？谁又能让风止步？是一种力量，一种幽暗的力量，它存在于人的精神与心灵深处，幻化成一股无形的巨大的推动力以抵御风的侵袭。它是一种致命的创伤。它阻止了现代城市文明的风尚，这与现代化进程发展的内在要求之间又形成了一种严重的对抗。

“每一种文化都有自己的精神囚徒。很少有人能从其中侥幸逃脱，更没有人能完全逃脱。”② 中国是乡土中国，传统文化一直强调乡村高于城市。乡村文明根深蒂固，在“城乡二元”文化结构中，乡村对城市有一种本能的抵触，坚守其原始的生活方式。“后发外生”的中国现代化在其发展过程中所遭遇到的“传统”，是自古就形成的，带有古典中国的特征与印记，它们在现代化所带来的巨大变化面前，往往表现得不能适应，甚至是抗拒变化。

在广袤的乡村，道德是至高无上的。如果把乡村文明分为物质和精神两

---

① 胡学文：《创作谈：幽暗的通道》，《北京文学·中篇小说月报》2013年第10期，第60页。

② ［英］诺曼·丹尼尔：《文化屏障》，王奋宇译，浙江人民出版社1992年版，第124页。

种，那么，“乡村道德是乡土精神文明的最高标准”①。人类最初的文明就是道德的产生。“乡村的文明史，大约也就是一部道德的发展史吧。道德之于乡土社会，无异于人们同空气与水。”“道德是农民精神生活唯一的、也是全部的法度。”②道德是维系乡土社会中人与人之间关系的精神纽扣，“是土地上的人们的精神法律”。乡村对城市“具有一种天然的道德排斥感，如是‘道德排斥感’的背后则是‘文化认同危机’的民族文化心理集体无意识的表现”③。小说叙事演绎出“城与乡”结构的文化冲突，在“道德”维度的地基上，“泛化”表现在诸多方面，文学“城与乡”所属的文化内涵与审美形式不时爆发出冲突，从而形成了“反城市主义”的心理意识，即乡村以“乡”反“城”的心理意识筑成一道坚硬的墙壁，阻止城市文明之风的潜入。

风止步，是令人窒息的。城市文明之风不应止步，也不可能止步。在此意义上看，乡村是值得反思与批判的。乡村不能断然否定城市及城市文化，因为“人类断断不能没有文化，没有都市，没有大群集合的种种活动”④。“以‘乡’反‘城’是构不成‘反都市情结’的。低级文明形态无力反抗高级文明形态，就像弓箭无力对抗机枪。”⑤其实，乡村已在不自觉中逐渐向城市走近，乡村亘古如斯的宁静已是“过去”。在城市与乡村的斗争中，乡村并没有胜利。

第三节　当下视域中的乡村坚守与灵魂安放

——从杨守知的中篇小说《于道生的渔网》谈起

在中国，乡村作为一个独特的物质载体、物理空间，孕育了中华文明的

① 阎连科：《法·道德·乡土文明》，《公安月刊》1997年第9期，第35页。

② 阎连科：《法·道德·乡土文明》，《公安月刊》1997年第9期，第35页。

③ 许心宏：《文学地图上的城市与乡村——二十世纪中国小说“城—乡”符号结构研究》，博士学位论文，浙江大学，2010年，第146页。

④ 钱穆：《湖上闲思录》，生活·读书·新知三联书店2005年版，第76页。

⑤ 赵鑫珊：《我感·我叹·我思：赵鑫珊碎语·断想·思考碎片》，上海辞书出版社2002年版，第250页。

千年传统：精耕细作的小农经济、庄严厚重的宗法伦理、森严井然的等级观念、朴素醇和的社会理想、中庸守义的相处之道……同时，乡村又被赋予了深厚的文化意蕴，成为国人寄托情感、诉说生命体验、求取身心协和的精神领域。在中国文学的千年历史上，乡村更是成了文人精神上的乐土，寄灵魂于乡土成为一种古老的传统，从陶渊明笔下那片人与自然灵魂混一的世外桃源，到孟浩然诗中朴素归真的农民、土地、田园描写，到沈从文曼妙宁静、山美水美人更美的边城小县，再到汪曾祺怀望的故乡故事、北京胡同的地域文化，莫不如此。

作为万物灵长，人类个体的情感体验是丰富的。当面对激变的外部生存环境，特别是当个人理想遭到现实打击时，人的内心会焦躁失措、抑郁不安甚至绝望痛苦，这时候，我们自然而然地会选取某类特殊文化象征、精神归处或者“躲进”能暂时让心灵摆脱现实煎熬的物理空间，以求灵魂的“安息”。而这个既能照顾人们劳累的身体，又能安抚其焦渴心灵的场域，就是乡村。千年乡土，生于斯长于斯死于斯葬于斯，国人讲落叶归根，中国人的身心归处，就在这里——能令心安心静的厚实大地。

千百年来，国人的乡土情结愈积愈重，坚守乡村成了灵魂安放的方式，一种古老的方式。甚至对于乡村、土地，催生出敬之畏之的特殊情怀。然而，在当下的中国，在现代化进程不可阻遏的今天，社会矛盾的激变数倍于千年不变的传统社会。现代人心灵的焦虑自然也不能与古人相比，更不用说农耕文明正处于工业发展下已然残破不堪的现实当中。这时候，我们是否便产生了这样的疑问：现代人坚守乡村，真能实现灵魂的安放？在现代文明中已然支离破碎的乡村文化，真能满足人的心灵渴望，真能支撑人们在现代社会中安详地、身心谐和地生存下来？仍在固执地坚守着乡村的人们，必须直面这样的追问，重新审视自己灵魂的安放问题。这甚至影响到整个民族文化心理结构的调整，也是回答现代人“诗意地活着”的必要前提。关于这个问题，我们从小说家杨守知在 2013 年发表的中篇小说《于道生的渔网》谈起，通过对其系列小说的简要分析，探讨杨守知小说写作的基本倾向，并对其寄灵魂于乡土的相对恒定的文学立场作当下审视。

一、乡村坚守与灵魂安放：杨守知小说倾向

杨守知对于乡村总是表现出一种浓烈的写作愿望。他习惯于塑造一个承继了先辈乡土意识、怀着浓重乡土情感的乡村书记形象，描摹他在当下新农村建设的历史性背景下激变的心路历程，讲述他怀望故土、守护乡村的故事。由此，杨守知的创作表现出一种主题意向的一致性：对于乡村、土地的坚守。

1. 对于乡村的坚守

在小说《于道生的渔网》中，作为上花地的乡党委书记，于道生身上带有明显的“皈依”乡土的气质。对于自己的政治前程，他有一份自足，能够做到“并不刻意追求”①，在其他人看来，当上花地的书记甚是委屈，“嫌这里远、穷、小”，而在于道生看来却是自己“积了三生的幸事”；同时，相对于田县长的钓鱼爱好，他更喜欢打鱼，对他而言，“每一网下去，捞起的除了或多或少的鱼，还有密密的儿时记忆”。可以说，上花地的山山水水、鸟兽虫鱼蕴含着于道生自己的生命记忆，记录了他大半生的生命历程。这种淳朴的情感更是令他意识到，上花地与他的关系并非简单的属地与管理者这样的平常关系，而是颇具生命意味的“骨与肉的关系”，“稍有牵扯会一起疼”。

作为调派而来的田县长，他能够“问心无愧”地借上花地来谋求政治前途，让自己赚足升迁资本；对于资本家侯鸣鼓而言，他能够“无所顾忌”地买下上花地来积累资本，为下次投资赚足筹码。但于道生却不能将上花地作为自己前程的“赌注”，上花地是能够让处于浮躁现实中的他暂时获得灵魂安宁的美丽纯净之地，“于道生在一半的时间里是浮躁的，另有一半是宁静的，宁静的一半时间里，他一定在上花地”。于是当田县长告诉他，侯鸣鼓要在上花地投资建厂的“好消息”时，他原本亢奋激烈的情感瞬间凝固，

① 杨守知：《于道生的渔网》，《长城》2013 年第 5 期，第 35 页。该作品引文具体出处下文不再一一标示。

“血液回流，眼神和缓下来。虽然也笑了，却有几分牵强”。对于道生而言，这并非好消息，“于道生明确知道一点，钢铁厂不是上花地所需要的，上花地的明天，钢铁厂不能给它。上花地是个灵魂安放的地方”。他一心以为虽然不能给上花地的未来做上什么大事，“但有一样总还是能够做到的，那就是使上花地免于受伤害”，也曾经坚信能够实现“他在上花地一天，就要保护上花地一天”这种最起码的愿景。然而令他痛心、使他愧疚的是，“上花地生了他，养了他，又把他培养成为这块土地的掌管人，整整四十五年过去，自己竟然没有给上花地做过一件事”。随即，他又觉悟到另一个现实，“毁灭上花地的，不是别人，将是于道生自己”。这是一个相当悖谬的命题，无异于“恩将仇报”。

于道生对上花地的坚守，源自他对上花地四十五年来深切的生命体验，源自他朴素的关怀乡土、守望故土的情怀。正如杨守知所说的，于道生对土地的理解，对乡村的理解，远比他本人深刻。①

因为对乡土的深刻眷恋，在上花地的未来与自己的政治前途这样看似两难的抉择中，于道生能做到无悔地选择前者。面对自己的“政治盟友”与“政治长官”田县长，他能够为了上花地的未来“说不”。面对征地矛盾与上花地的洪涝，他首先想到的是防洪，“怕出事，怕群众的房子塌掉，怕泥石流，怕矿洞引发的灾害，怕孩子掉进水塘，甚至怕猪被砸死”。在小说的结尾，他甚至以牺牲自己性命的代价去拯救一位垂危的老人，展现了人性的光辉，让我们看到了于道生对于乡村的执着坚守与浓重的乡土情结。在他对乡土的认知中，上花地的现在与未来应该与“于道生的渔网、祖父的马灯、十里飘香的稻花”有关，而车间、厂房这些带有现代文明意味的象征物，在上花地的出现只能令他感到怪异与陌生。当得知侯鸣鼓撤了对上花地的投资，“于道生似是自责地低下头，胸中的块垒却在瞬间化解”，因为他最终还是保住了这块土地，实现了自己最初的愿景，尽管他的政治生命就此终结，但他诚然是做到问心无愧了。

① 参见杨守知：《创作谈：知白守黑》，《北京文学·中篇小说月报》2013年第10期，第77页。

2. 寻求灵魂的安放

为什么要如此执着、奋不顾身地坚守乡村？对于道生而言，这是他对于乡村文化的独特解读，是个人选择的一种与自己灵魂接触的方式。官场的明争暗斗、利益的生死角逐、名位的排斥挤压，构成令于道生身心倦怠的外部环境，而唯有山水的静穆，方可令他心神放松、灵魂平静。于道生祖辈三代都是上花地人，他自然而然地继承了上代人的精神意向，对于生之育之的乡土大地怀着深沉的感情。坚守乡村，不过是希望为已然不安的灵魂与思绪寻一片能够令其平静的精神港湾、物质空间，而这一切又指向了生之育之的上花地。

在当前的社会情境下，依然保持对乡村、对土地的理解、挽救、坚守的愿景，从另一种视角予以解读，这其中无疑存有一种对乡村和土地的纯朴的敬畏，对自然、生命、记忆、历史、文化的敬畏。于道生的名字是祖父于清华拍板的："就叫稻生吧，稻窠里生的。命中有稻，民以食为天，要是一辈子能吃上白米，不富也贵。"改名后的于道生渐渐明白，"于稻生更质朴、更显人生智慧。甚至还不止于此，那个'稻'字，实在是他生命里最重要的一个符号，像一株饱满的稻穗本身那样沉重"。在中国文化当中，人们对于名字与生命有着最为纯朴天然的认识，认为名字的好坏甚至影响到人的生命始终，这种朴素的文化认识与其说是封建迷信，不如说是农耕文明下人们传承已久的文化传统，是一种对自然、对自身命运的原始的本能的敬重。而生命的厚重与质朴，往往也是个人心灵安详的必要前提，同时又是人活得安然的内在能量。当田县长随手摔死一条白鲢、猎杀一条黑狗时，于道生未能像田县长那样"熟视无睹"，而是不由自主地"暗吸一口气""哆嗦一下"。祖辈们对于生命虔诚礼拜的文化传统，始终流淌在于道生的血液当中，他对于生命的尊重与理解，并不与对乡土的深刻认知相差多少，生命的被漠视、被扼杀，总能令他产生本能的同情，而这种同情与他对于生命的敬畏又是密不可分的。

敬畏作为一种态度、一种必要的态度，是"于道生"们的态度，同时也可看作杨守知的态度。而且，于道生不单是作者从现代文明中抽象出来的对乡土怀有浓烈情感的生命个体，还是当下社会环境中存在的真实形象，既具有独特性又兼备群体性，因此可以说，于道生的背后是一种独特的文化现象，是一个具有相同文化立场的生命联盟。

于是，在杨守知的《坚固的河堤》中，我们能发现另一个“于道生”，他就是以燕赵“节侠”田光后人自居的水泉乡党委书记田得水，为了再次让水泉乡民喝上甘美纯净的地下水，在生命将尽的时候，他不顾“政治老友”何县长的“远大考虑”，提闸泄洪，虽然水堡乡造纸厂的污水泄进水淀，导致以养鱼为业的水淀蒙受巨大经济损失，同时水堡乡造纸厂的生态污染被曝光，但他最终守住了那条“养育了他的童年、少年和青年”的母亲河——徐河，他至死的愿望还是，“水泉百姓都能够喝上甜水”。

在小说文本中，于道生的形象明显地带有作家杨守知的个人色彩，如他所言，小说里的人物大部分是他的亲人和乡亲，有的已长眠在故乡的南山上。[①] 寄寓杨守知情感的于道生，在对乡村有着深刻理解与自觉敬畏的基础上，还保持着一种对于乡村追忆的韧性，在激变的外部环境中，他表现出笃定坚守的强烈态度，这同时也成就了他身上一种极富人性的精神亮光。

于道生的渔网撒下，依然碧波荡漾。“寂马河的岸边，他扔下的那条渔网前几天还在那里，过了几天就没有了，可能是被人捡走了。”那种关怀生命、追问灵魂安放、坚守到底的人性亮光，在芸芸众生当中，还是会承继下去，以直接或者间接的方式。

二、杨守知文学立场的当下审视

杨守知的《于道生的渔网》及其系列作品表现出来的上述思想倾向，其实也是其基本文学立场的完整表达。由此，我们也能看到杨守知个人身上的乡土情怀与坚守情结。杨守知说，于道生以自己的方式暂时挽救了上花地，但他自己的故乡，却已经在震耳欲聋的爆破声和挖掘机器的巨大轰鸣中面目全非，曾经的美丽一去不返。[②] 于道生在对乡土的坚守中所表现出来的强烈

---

① 参见杨守知：《创作谈：知白守黑》，《北京文学·中篇小说月报》2013 年第 10 期，第 77 页。

② 参见杨守知：《创作谈：知白守黑》，《北京文学·中篇小说月报》2013 年第 10 期，第 77 页。

态度，从某种程度上说，也是杨守知的自我慰藉、自我原谅，他未能守住的乡土在小说中以于道生的独特形式守住了。“在小说里，我的家乡得以幸存。”[①]对于杨守知而言，于道生似乎又是他本人成长的另一种可能，“知白守白”，坚守乡土，不计得失。

1. 文学立场的存疑

其实，坚守乡村也是坚守由祖祖辈辈沿袭下来的一种文化传统，它是命脉。在小说中，从祖父保存的与上花地有关的各种土地契约，到父辈退休后仍为上花地四处奔波以致死于非命的遭遇，再到于道生牺牲政治前途与个人性命以换得上花地暂时安宁的举措，无形中都受到一种世代相传的文化传统潜移默化的影响。他们以生命的神圣守护乡土的静美，以个人的奉献乃至牺牲换得乡土的安宁，以实现与自己灵魂的交流，在浮躁激变的势态下安放失措的灵魂。

杨守知对乡村这个物理空间进行当下视域中的某种文化解读，将其视为人的灵魂安放的处所，追问人的精神旨归，这样的一种文学、文化态度与立场无疑是值得肯定的。将乡村作为现代人应对繁复的外在世界的心灵皈依，坚持对乡村田园的梦想，体现了一个作家的倔强。他小说系列中的乡镇干部，明显有一种“以民为本”的良心，与当下现实形成一种张力，从而也体现出他的鲜明的文化追问努力以及他对当代社会建构中的某些维度的探索与思考。

《于道生的渔网》中的上花地，与其说是一个物理空间，不如说是一个心理空间，它是人的一种心灵需要。然而，随着世界状况的深刻推动，我们必须思考的是，在现代化社会进程中，上花地这样的物质载体、这样的物理空间真的还能够承载这样的一种心灵诉求吗？田得水以生命暂时保住的水泉乡，真的就能够恢复到以前处处是甘水的状况？水泉的乡民真的能够重新过上恬静纯美的桃花源式生活？乡村需要坚守，现代化进程也不可逆转。面对这样的境况与事实，“杨守知”们确实需要好好地考量：现代人、必然地走

① 杨守知：《创作谈：知白守黑》，《北京文学·中篇小说月报》2013 年第 10 期，第 77 页。

向现代的乡村人究竟怎样才能真正诗意地生活?

2. 悲剧书写：现实主义态度

值得肯定的是，在《于道生的渔网》中，杨守知进行了悲剧书写，而并非将对乡村坚守、灵魂安放的主题引向泛理想主义的浪漫叙事，正如他所坚持的，“做一条嗅觉敏锐的犬，始终嗅着现实生活的气息前进，可能不近，但绝对不远”[①]。在这里，我们感受到了小说家的深沉的现实主义态度。在《于道生的渔网》里，于道生坚守个人理想，虽然失去了政治前程，甚至牺牲了性命，但他的人性关怀与文化追忆成了小说的灵魂，震撼着我们；而在《坚固的河堤》中，田得水更是以视死如归的魄力贯彻自己的乡土理念，将个人生命化作“坚固的河堤”守护了生之育之的徐河，为水泉的未来开出了一条道路。这种近似史诗英雄般的悲壮之举，与杨守知的悲剧书写、现实主义态度，有着莫大关联。在其作品《某年》《灭火》中，这种书写与态度也是一以贯之的。

在杨守知的悲剧书写下，乡镇干部们或殉职或离任或调派，他们以当下官员们难得的一种执着，守望着自己曾经驻足过的那块土地，他们的人性亮光并没有随着小说的结束而离散，而是作为一种纯朴的存在，影响着作者与受众。现实主义的写作使得人性在苦难与困顿、迷惘与焦虑的叙事中更添亮光，这种“热烈的人道情怀和自觉的责任伦理”[②]，应当受到尊崇并继续延展。

知其白，守其黑，作为道家的一种处世态度，带有明显的消极回避倾向。对于是非黑白，虽然明白，却仍保持暧昧，如无所见，这种态度是于道生无法接受的。杨守知说：“于道生的命运必然是悲剧性的，概因他未能完全做到‘知白守黑’。”[③]确实，于道生是不可能完全做到“知白守黑”的，他对于乡土的深刻体认与灵魂安放的倔强态度，已然决定了身处官场的他的根本性抉择，他的韧性为其生命注入了力量。而作为小说家，杨守知似乎做到了“知白守黑”。

---

① 杨守知：《创作谈：知白守黑》,《北京文学·中篇小说月报》2013 年第 10 期，第 77 页。

② 李建军：《重新理解现实主义》,《文汇报》2006 年 2 月 12 日。

③ 杨守知：《创作谈：知白守黑》,《北京文学·中篇小说月报》2013 年第 10 期，第 77 页。

但是,“杨守知”们是否也应当考量,小说家与政治家是两种不同的身份存在,颇具官场处世态度的“知白守黑”能否成为小说家应持的基本态度?能否作为一种观念与价值认知贯穿在小说文本中?“知白守黑”的态度明显少了一份追问现实和人性的韧性与魄力。如果小说家的责任与觉悟仅仅停留在“呈现现实”这一层面,那么,他们对于“文学作为人学”的体认,他们的“现实主义”写作作为对于社会现实的一种反思与批评,也就未免不够深入,自然地,对于人性、灵魂的拷问也就少了一份应有的力度!

第四节　生活的民间状态与文学创作的价值选择

——论叶广芩的中篇小说《黄金台》

米兰·昆德拉曾说:“伟大的作品只能诞生于他们的艺术历史之中,并通过参与这一历史而实现,只有在历史之内我们才能把握什么是新的,什么是重复的,什么是被发现的,什么是模仿的。”① 从某种角度而言,任何一种文学创作倾向的产生都与一定时代的社会意识形态、社会思想文化状况以及人们的道德价值观念有着千丝万缕、错综复杂的关系。改革开放以来,中国经济得到迅猛发展,社会经济体制也逐渐实现转型。同样,物质经济方面产生的变化会对审美、文化造成一定程度的影响。20 世纪 90 年代,中国文化已经呈现出多元化的发展态势。21 世纪之后,文化的这种多元化、多重性发展特征更加凸显。在这样的文化语境之下,人们的审美空间和文学创作领域得到扩展,展现普通百姓生活、以乡村风土人情为主题的文学作品日渐增多。这种夹杂着浑浊的烟火气息、充盈着人间冷暖色调的小说叙事将寻常人家的生活状态显露在世人面前,也将民间生活最本质的精神带回了已然经历城乡裂变的现代化都市之中。在历史与现实之间游走,小说的话语也会随之穿过宏大雄伟的历史时空,回归素朴却丰富的民间生活。

① [捷克]米兰·昆德拉:《生活在别处》,袁筱一译,作家出版社 1989 年版,第 5 页。

在中国当代文坛，叶广芩可以说是一道独具魅力的文学风景线。流淌着清王朝贵族血液的她，人生经历却不掺杂半点富人之气。历经“文化大革命”下放、日本留学、县城挂职的她独自体验着多姿多彩的生命样式，而在陕西秦岭一带长达三十多年的下放和挂职生活则给予她的文学创作以无限动力。与以往京味儿浓厚的家族题材小说相异，叶广芩的文学创作也逐渐沾染了陕地淳厚的乡土气息，她将自己的身心全部投放到那片新的书写领域，其创作也被评论家们称为“行走中的创作”。在陕西的崇山峻岭之间，在自然厚泽的秦岭腹地之内，她以人为关注的焦点，以民间文化为写作的源泉，深刻地演绎了乡土社会中普通人物身上的故事，并试图挖掘出民间百姓的生活面貌及其生存价值。其于2014年发表的中篇小说《黄金台》便是这种文学创作体式下的一个具体表现。

一、人间烟火：民间生活的素朴与本真状态

中国新时期以来乡村题材的小说作品，主要包括三大主题的书写：其一是以沈从文、赵树理、芦焚为代表的对大批乡下人进城现象所展开的乡村权力的批判与国民性质询；其二是以陈应松等为代表的对农民进城现象的各方面动因分析；其三则是以叶广芩、刘庆邦为代表的主要展现传统乡土社会之美与现代都市精神的涣散、时空的局促紧张的文本实践。在这样的主题式划分下，《黄金台》无疑属于最后一种。《黄金台》中的主人公刘金台是一位积极追求文化知识、爱好古玩文物、喜欢用生涩自编的文言文来表达和透露自己的与众不同的人，从他的身上折射出来的更多的是中国乡间普通百姓内心的某种追求与想象以及对现实生活所怀有的某种愿望和向往。而这种精神是普遍性的，绝非只停留在刘金台一个人身上。作者采撷这样的一个生命个体，其实在某种程度上也透露出其写作对象的选择与写作意旨的确立原则。而回到小说文本，我们又可以发现，刘金台生活在乡村之中，自幼被黄金台这一地方的历史人文所关怀和浸润，其生命姿态与生活状态是带有丰厚的民间情结的，这也是千千万万生存于黄土地上的老百姓身上所裹挟着的。于此，对刘金台人物形象的分析研究，也就具有了窥探民间生活或者是生活的

民间状态之可能。就小说文本而言，刘金台的生活是本真的，其生活夹杂着乡土社会素朴的气息，在人性发展与生命追求上有其独到的价值与特点。

而以“素朴”二字来修饰民间生活与普通百姓的生命状态实为合理。“素朴”一词可以追溯到久远的庄子时期。庄子认为人性素朴，素朴是人性最真实、最完美的展现。《庄子·马蹄》中说：“彼民有常性，织而衣，耕而食，是谓同德……夫至德之世，同与禽兽居，族与万物并，恶乎知君子小人哉！同乎无知，其德不离；同乎无欲，是谓素朴；素朴而民性得矣。”[①] 从这段话，我们可以得知：所谓的人性素朴并不是要求我们完全放弃现存发达的物质文明，放下对利欲的贪恋和企求，回到那种没有金钱观也不存在等级划分的社会状态，而是要遵从人性的自然发展，追寻人性之初的本质特征。素朴是人与生俱来的一种生命状态，它不应当也不能够被人为因素所干扰，它不是单一的、浅薄的，而是指向自然生长样式下的人身上所具有的多向度、多维度的生命特点。然而，在历史文化视野之下，在中国飞速发展的现代化进程之中，饱含着素朴价值的民间文化、乡土文明正在被灯红酒绿、尔虞我诈的现代都市价值观念不断冲刷。尽管如此，作为人类心灵净土、圣洁之地的最后希望，乡村在一众文学创作者的眼中被披上了素朴的外衣。这素朴如民间的生活一般，不是对传统乡村土地芳香的僵硬期怀，而是尽力体察民间生活的真实面貌，展现现代化乡村所具有的复杂、丰厚的美丽。叶广芩笔下的黄金台就是这样一个充满着素朴气息的地方，这片土地上的人们热情且忠诚地守护着汉朝天子的魂归之处，他们以拥有汉武帝的赐姓——刘姓而自豪，历史岁月里那些血战敌人、征服西域的将士是黄金台人永远的榜样，即便他们已经在地下沉睡了两千年，却仍然能够给予黄金台的老百姓们拼搏的力量。

于此，小说中的主人公刘金台在强烈的历史责任感和秦岭高山雄伟气势的影响之下，更是具有自然本真的生活态度与素朴的生存状态。在他的身上，“素朴”一词内涵的丰富性与多样性得到了有力的体现。“他在言谈中特

① 陈鼓应注译：《庄子今注今译》，中华书局1983年版，第246页。

别爱转文，爱显示他的学问与不凡，其实是怕人小看了他。他常常把青山县的文化人整得一愣一愣的，怕自己的学识不足而不敢张嘴。老刘不怯场，什么都敢说，体现着无知者无畏的高端风度。”① “老刘解释‘监介’的意思，说了半天，大伙才闹明白，‘监介’就是‘尴尬’……老刘还一本正经地说，锦囊佳句，解铃还须系铃人。”像这样的“笑话”在刘金台身上并不少出现，即便是在贫苦的年代里没有能够得到知识、文化的浸润，他依然无所畏惧，用心追求着他心目中的文化。这种务实并且勇于表现的心理在被现代文明和审美文化滋润下长大的人身上已不复存在，而在老刘那儿，他却能将中国传统文化中虚心问道的精神继承下来，这正是民间生活对人的影响所在。但同时，对文化的过分渴求有时候也会导致不恰当行为的产生。老刘文化程度充其量也就是小学三年级的水平，后来自己恶补，补了个一塌糊涂。连 ABC 也认不全的老刘还拿到了美国拉乎翰大学的博士学位……说白了就是掏钱买张纸罢了。老刘的文化虚荣心让他极度地想要在其他人面前表现出自己的非凡素养，但人性的纯真又时刻警醒老刘“洋文凭”的虚假造次，是对文化和教育的不尊重，因此，老刘几乎不会将它拿出来在外人面前显摆。人的欲望与人性深处的善良总是能够以某种形式展现出来，这两者并非对立状态，而是相互依存与包容的，如此才有了纷繁复杂的素朴人生的构建。

在本书第三章，我们曾提及英国评论家福斯特在其《小说面面观》中将小说人物分为扁形与圆形两种形态。相对于被作者按照简单意念或特征创造出来的单面性格的人物，小说中的圆形人物则具有复杂多面的属性。从某种程度上说，刘金台就是圆形人物的代表。小说中的他接近甚至可以完全反映现实生活中乡村百姓的内心追求与生活理念，血肉丰满并且意蕴深厚，而这样的人物形象特征其实也与小说通篇所反映的民间生活状态交相呼应。在人间烟火的熏染之下，人有了丰富而全面的展现，生活也具有了多彩与多元化的可能。老刘出身农民却自诩为“收藏家”，为了坐实收藏家的名号，他在

---

① 叶广芩:《黄金台》,《北京文学・中篇小说月报》2014 年第 4 期，第 5 页。该作品引文具体出处下文不再一一标示。

对文化的形式化追求上十分用心——自制的“黄金台收藏协会”旗子和仿造古代县衙大堂模样建造的房间，毛泽东主席画像两侧贴着的自创对联，以及后文提到的那所被其纳入计划之中的具有私人性质的黄金台博物馆等都是这方面的体现。然而，正如圆形人物的多重性格与素朴的民间生活的非单一性面貌一样，突然上京拜访的刘金台心里也打着别的算盘。他在欣赏故宫的绮丽瑰宝及借机走遍北京街头的古玩市场的时候，心中却是怀着倒卖文物马蹄金的不良想法的。在作者的回忆之中，刘金台也曾为了得到某一珍稀历史物品费尽心思，他等待冯家老爷子的妥协，暗自用金钱买通他家婆娘，这也更加印证了生活在人间烟火中的人所具有的多种面向，实际上在人性的纯正与善良之间不可避免地会存在对贪念与欲望的渴求。而在抵制不住金钱的诱惑，刘金台背着“我”偷偷将马蹄金转手高价卖出去之后，向来高调的他忙活着为自己半辈子苦心收藏的历史古玩们打造一个安置之地，并由此托出后面的故事。“有富商看中了黄金台的名字和风水，要在这里建造大型商业会所……可是刘姓人不买账，跟赫连勃勃不当刘寄奴一样，他们不当花匠，不干保安，他们就是要成立马术队，卖布老虎，他们的使命就是要守着这片高台，护卫着汉朝将士，不能因为时间的久远，因为死亡的阻隔而改变。”“眼下，美丽的村庄已经近乎崩溃，签了协议的早早拿钱走人了，唯剩下刘姓的中坚举着黄旗，钉子一样散落在原野的角角落落，在作最后的坚守。”现代化文明中夹杂着的污浊之气并没有影响到本真素朴的黄金台人，他们用内心深处的正义和责任与城市化文明作斗争，这群人是最真的人，丰厚的乡土文明更是将其深深地滋养、包围。

二、创作姿态：人性史志的勾勒与地方志式的描绘

当代作家鲁敏认为：文学的价值在于通过某一个故事、某一个人、某一个场景，去建构一个审美空间，触动人性、触动美、触动世界的弱点。[①]而

① 参见李云雷：《鲁敏：与小说跳一场危险的舞》，2011 年 1 月 6 日，见 http://m.sohu.com/n/3018 13163/?_once_=000022_shareback_qq。

这也正好与叶广芩秦岭系列小说的创作意旨相契合，她站在人类发展与文化传承的高度重新审视和打量着那些本土的、原始的、未被现代城市文化改造的民间文明，努力挖掘出这一民间群体的生命本真，《黄金台》也不例外。《黄金台》中对黄金台区域地理风情、历史风采、生活形态等的描述，实际上就是对其人性发展的诉说与地方志式的描绘，同时也是作者对传统乡土生活的深深追忆与人的生命状态的冷静反思。黄金台这片从城市化进程中逃离出来的叙事空间，“并不因其偏僻乃至于某种程度上落后与封闭，而使其文学创作稍有折损，反而成就其不竭的原创力和生命力”①，成为叶广芩关注的焦点。

沈从文曾说：“一个伟大的作品，总是表现人性最真切的欲望。”② 人性，作为人所具有的最根本的属性，自古以来一直都是文学作品所要表现的重要主题之一。近代以来，伴随着人的意识的觉醒，更多作家将写作的焦点投射到了人性中自然美好的一面，在小百姓、小人物中发现灼灼的人性之光。我们的人性更多的是自然而生的，即便是外界环境发生了改变，还是能够听从自己内心深处的声音而生活，人性也不会在正向功利化、商业化趋势演进的社会现实挤压之下出现变异或者消亡。叶广芩小说中塑造的一系列人物，尤其是陕西地区乡土文明浸润下的农村百姓更是如此。“看看你们北京的天吧，哪里有咱们青山透亮，也亏你在这儿待得住。”“老刘把饭吃得有一搭没一搭，说帝都的吃食比不上西北长安，西安回民街的小吃，顺着街走，吃一礼拜不带重样的。”“老刘一边吃一边说，指着炒疙瘩说是懒婆娘的懒麻什，比何彩圈的手艺差远了，何彩圈的疙瘩是中空带花纹的！”显然，对于物质文明发达的现代城市，刘金台并没有刻意逢迎和迁就，而是从内心出发加以评价，这也正是在都市文明熏陶下的我们所欠缺的人性之真。除此之外，黄金台人的伦理道德观念也有所不同，他们追求原美，寻找野美，积极回应着人身上所具有的原欲，而这也体现在刘金台的性文化观念上。“老刘经常到乡下收

---

① 高平：《小小的北极村，世界的北极村——迟子建文学创作的文化人类学简释》，《聊城大学学报》（社会科学版）2008 年第 2 期，第 224 页。

② 沈从文：《沈从文文集》，花城出版社 1984 年版，第 86 页。

古玩，走街串巷，跟四里八乡的人都很熟，特别是跟妇女更熟。老刘在男女关系上放得开，也不遮掩避讳，闲聊的时候，朋友们常拿这个当话题，老刘都如实回答……问他各村有多少相好，他说一百多；问有多少私生子，他说有三十多。”“老刘说，忽如一夜春风来，千树万树梨花开，她们不要我养活，她们心甘情愿，就如同春风和梨花一样，彼此相悦。”甚至在某个冬日，老刘蹲在街角为死去的相好烧纸钱，也是为着一丝情谊。而在老刘眼里，“扶贫，不全是扶没钱的”，“冯家媳妇就一整年干晾着，饥渴得很，恓惶得很，我去了，冯家媳妇柳暗又花明，久旱逢甘雨！”米歇尔·福柯在其《性经验史》中指出，根据快感需要，性体验可以分为很多种——同性恋、异性恋、自恋等。然而随着社会发展的需要，人类的这种快感逐渐被政治话语与社会话语所抑制，性完全被视为为繁衍后代而进行的一件严肃的事情，并且将不符合人类生存和繁衍经验体式的性实践排斥在外，规划出一种有利于人类繁衍生息、社会再生产、维持既定的社会道德的性经验图式。黄金台地区的人们遵循的并非这种既定的规则，他们跟刘金台一样，在快乐原则的支配下，听凭人性深处的呼唤来行使自己的生活权利。这种欲望和需求是人与生俱来的，虽与现代社会的价值观念相悖，却也是人性最初的一种展现。这也正如叶广芩在《黄金台》的创作谈中提到的：“这是在我交往的城市圈、文人圈、家族圈之外，一个很独特的群体，一个不涉及阳春白雪的下里巴人世界……我在他们中间真是得到不少素材，知道了不少生活真谛，受益匪浅。”[①]而最后“和爱你的人结婚，与你爱的人做情人”，老刘这番看似精辟的话语，在当代社会道德的审视之下，存在的更多是冷静的思考与判断，在遵从人性自然发展的同时，也应该对社会整体的意识形态有所考察。而若从整体上来观照，作者在选择小说人物包括确立小说主题的时候，是以自己亲身经历来体味这个民间生活圈的生活的，在文本实践的过程中更是在自觉之中表现出了传统乡间的人性之真、之美，尽管这份真实在某种程度上更需要接受合理价值体系的批判，也亟须在城乡二元对立的当代社会中汲取现代文明的养分，

① 叶广芩：《创作谈：人间烟火》，《北京文学·中篇小说月报》2014年第4期，第17页。

使乡土文明、自然人性得到更好的舒展。

“叶广芩在两个时代间穿梭，记忆中的北京和现实的陕西。虽然陕西曾经给了她艰苦的生活，曾经让她极不适应，但陕西这个古老的大地也给了她活力。”[①] 在陕西生活的时间里，她独自行走于秦岭边缘地段，那片区域对她来说是陌生的，是与老北京迥然不同的一个近乎原始的充满诗意的地方，她将这个狭小的空间视作其文学创作中的“桃源胜地”，对小地方、小人物生活的方方面面作了地方志式的描绘。因此，在叶广芩的文学创作中，对陕西一带历史源流与地理风情的描摹也成为必然。就像沈从文笔下单纯美好的湘西世界、废名的黄梅故乡、汪曾祺的高邮河道一样，黄金台这个地方在叶广芩的笔触下也充满着生命的力量与温情。“老刘的古玩铺子是个三层小楼，坐落在黄金台村的北沿，朝南望是秦岭的连绵青山，朝北看是渭河的广阔滩地。”我们知道，事物之间是相互联系的，“文学既是一种话语的实践，也是一种历史的实践，它在参与、再现和言说历史时就被赋予了关乎人类心灵的内涵”[②]，因而，在文学作品中折射出来的历史观念和历史意识，其实也是作者对现实与历史的重新审视。“黄金台位于秦岭北麓，这里曾经是汉武帝功臣军人们的墓地，墓地隔着渭河，对岸就是汉武帝的茂陵，高大的陵冢，威严地罩护着坐落在河水南边的这片高台。”“陕西是出皇上的地方，周秦汉唐，十三个朝代，七十二个皇上……”显然，黄金台的历史文化渊源在作者的叙述中得到了相对完善的体现。弗·卡特、汤姆·戴尔曾说：“文明跨越地球表面，在他们的足迹所过之处留下一片荒漠。”[③] 而叶广芩对历史与地理文化怀着极大的历史胸怀，她肯定历史的过往给现在的生活产生的影响，也同样支持黄金台村村民像那些为汉武帝血战疆场、保家卫国的历史英雄一样，坚决捍卫他们精神栖息的家园，在推土机与水泥砖瓦之下努力保存历史原有的

① 张颐雯：《叶广芩：在历史与现实之间》，《人民日报海外版》2008 年 9 月 19 日。

② 张芙蓉：《穿越时空的理性关照——论铁凝独特的历史叙述》，《怀化学院学报》2009 年第 9 期，第 74 页。

③ [美] 弗·卡特、汤姆·戴尔：《表土与人类文明》，庄崚、鱼姗玲译，中国环境科学出版社 1987 年版，第 94 页。

面貌与风采。

三、文本视域：城乡流变背景下民间生活的当代价值

《黄金台》是作家叶广芩在其将近八年挂职县委副书记结束后的第7年于北京创作的中篇小说，这部以民间小人物的生活为主要线索的作品也一改叶广芩本人家族情怀的写作走向，成为其具有独特性的一类文章之一。也许是得益于中篇小说本身所具有的文体优势与创作主体自身的写作风格，《黄金台》没有长篇小说那样的冗长篇幅和复杂主题，却也未流于短篇小说内蕴的轻浅与文字的单薄中，在展现乡间人物性格与生活状态、人情风俗以及城市化变迁等方面深刻而有力，通俗而自然。小说以作者在乡村挂职时认识的朋友——青山县黄金台村的村民刘金台来京造访为故事的缘起，描写了乡村百姓刘金台在北京的一系列行为活动，同时回顾了作者挂职期间与刘金台在黄金台这个特定的叙事空间里所发生的一些生活故事，进而将叙述视角推回到现在的生活之中，以刘金台的人生经历为主要线索，将以刘金台为代表的陕西乡间普通百姓的生活状态展现在我们面前，也向我们传递着民间生活的真谛与精神价值。

何谓“民间”？“民间”在近年成为文学界使用频率颇高的一个概念，在不同的文学批评家和文学创作主体的眼中，其存在多重解读。然而，总体来说，“民间”总是与特定的社会形态、时代背景、文化观念有着很大联系的。它主要涵盖民间审美与民间生活两方面的内容，其中的“民间生活”则是具体指向社会生活中的普通民众或是与上流社会相对的中下层民众的生活状况，也包括社会文化发展与人们的心理认知、情感价值选择等方面的因素。因此，黄金台村的村民们就是生活在民间的一个群体，他们的生活状态其实就是其所生活的民间状态的一个缩影。它真切地反映着生命在原初意识状态下的生存选择，也能够自然地将民间社会的原生情态展现出来。它在精神上与乡土文明保持着天然的联系，但又与低劣丑陋的下流世俗文化不同，既充满着传统精神因子又能够自觉排除杂糅低级的因素的干扰，是具有草根性和民间审美意蕴的一种文化样式。基于这样的特质，在城乡文明出现冲突之

时，民间文化、民间生活往往成为中国作家笔触下所追寻的文化空间与审美视域。在当今城市化不断入侵乡土民间的关键时期，素朴而本真的民间生活也就更加具有了存在的价值与意义。消费欲和功利主义观念支配下的现代人在心灵的追求上是缺失的，他们的生活常常被物质的灰尘所掩盖、蒙蔽，生活的本质自然就无从体现。因此，文学创作者们选择以乡间生活为主题进行描写，一方面是作者生命主体性意识的重新确立，另一方面也显露出未被现代文明侵蚀的生活当为何种面貌。

印度著名诗人泰戈尔在谈到文学与人类未来的关系时曾希望，用文学去点燃未来的万家灯火。生活在人间烟火之中的我们固然需要从乡间社会与乡土文明中汲取人性本真的养分，但同样也不可完全照搬模仿、一味肯定。这就要求我们怀着一颗批判的心来看待生活，看待那传统的未曾被现代文明浸染的乡土文化。小说中刘金台对文化的追求和敢于自嘲的心态是需要加以肯定的，然而其身上也不可避免地流露出某些民间恶俗习气——在已有家室的情况下跟数百名女子有染甚至生下了注定没有父亲的孩子，那看似高尚的古玩交易竟然是在脏乱不堪的农家大院进行，向来朴实无华的农民为了得到更多的金钱而昧着自己的良心将普通铜箭做成古物的样子……这些在人性的某些原始欲念支配下产生的不符合现代道德规范的行为习惯，在今天看来，予以一定程度的改造也势成必然。文学在创作时理应观照民间社会，以社会的大多数为创作的中心对象，由是，文学的价值与功能方可在文本实践中得到更为深刻的发挥和展现。

第五章
哲理性意味的文学探寻

人，是一种有限的存在，当然，也是一种有意识的生命存在。正因为是一种有意识的生命存在，人也就往往——对于能够实现人的主体性的社会个体而言是一种必然——在有限的体认中倔强地去追求生命的无限。在这个过程中，生命自由、生命发展的可能性得以绽放。自然，这只是哲理人生的一个侧面；就其整体而言，它也是繁复无比的。以文学的方式探寻生命中的哲理性意味，是一种对于生命的艺术性感知。事实上，在这个方面，小说家们是乐此不疲的。

第一节　隐秘寻觅里的人生壮丽及生命自由
——论胡学文的中篇小说《从正午开始的黄昏》

正如我们在上一章曾经指出过的，在河北作家胡学文的小说创作中有一个基本意象，那就是“寻觅”。对此，我们可以看到：《极地胭脂》中，唐英的日记透露她在寻找一个宁静的乡村世界；《婚姻穴位》中，刘好要寻找一个女儿；《命案高悬》中，吴响在寻找尹小梅死亡的真相；《麦子的盖头》中，麦子在寻找属于她的男人；《热炕与野草》中，“爹”一定要为“我”和丁香找一个娘；等等。对于这样一个基本意象反复出现的原因，也许胡学文在《小说的丈量》中曾说过的这句话是最好的解答："生活永远是有距离的，这正是我们关注它的理由。小说家的任务之一就是丈量这种距离。丈量并不是简单的记录，而是有限地缩短或无限地延伸。"①胡学文是借由这样一种寻找，进行着从现实世界进入心灵世界的追问，其更是为了"揭示"。因此，"寻觅"不会有终结，也各不相同。而胡学文的第六届鲁迅文学奖获奖作品《从正午开始的黄昏》，也延续了这样一种"寻觅"。并且，这里的"寻觅"是"隐秘"的，是通过"寻觅"在人性与人的精神世界的繁复生长中，逼近人本身所存在的壮丽与自由的生命可能的一个过程。

一、隐秘的存在：人性与人的精神世界的繁复生长

一个独立发展的活生生的生命，会随着时间的发展而不断丰富化、立体化，从而彰显出繁复、奥妙的人性。我们知道，文学是对人的存在的揭示，"文学的存在方式最终取决于人的存在方式，文学艺术领域任何根本性的问题都可归结为对人的理解"②，那么在真正的小说艺术中，经由作者创造而产生的人物理应展现这种丰富与变化。实际上，这就符合我们在前面曾经提及的福斯特在分析小说艺术时相较于"扁平人物"所提出的"圆形人物"这一立体鉴赏原则。不同于刻板、平面、一成不变的"扁平人物"，圆形人物可以随时延伸，不为小说的篇幅内容以及单一的观念标识所限，可以活跃于小说的每一页，而不受限制地延伸或隐藏，因而这些人物显得自然逼真。胡学文可以说是有这种认知与创作意识的作家，除却上文提到的"丈量生活的距离"这一小说任务，他还写道："小说的另一个任务是丈量心灵。相比前者，对心灵的丈量更为重要。生活纷繁复杂，因这种繁杂，我们看到的往往是皮毛，是表象，是表演。在这个舞台上，人往往是戴着面具的。一脸春风，也许心在哭泣；愁眉不展，也许转身就乐了。一个温文尔雅的人为什么会犯罪？一个杀人犯为什么会有似水柔情？这不是一两句话能说清的。触摸心灵

---

① 胡学文：《小说的丈量》，《文艺理论与批评》2007年第3期，第56页。

② 裴毅然：《二十世纪中国文学人性史论》，上海书店出版社2000年版，第14页。

的轨迹，非小说莫属。这也是小说的优势所在。电视、报纸、互联网每天提供着大量的信息，大量的故事，那仅仅是一杯白开水，而小说是美酒，需要慢慢品尝。”[①] 因此，文学应当专注于对人的精神世界的书写，“文学是一座塔，这座塔由作家和读者共同构建维护，其终极是指向塔尖的——人类的精神。人类存在，塔就直立着。塔立着，人类永远能看到希望”[②]。的确，人的精神世界是一个巨大的存在，胡学文正是通过其笔下的人物对人性与人的精神世界的繁复进行一种探寻，这个探寻的指向是变化中的丰富与奥妙。

事实上，人是一种隐秘的存在，人的内在精神世界更是一种隐秘性的存在。但正是这一“隐秘”，指向人性共同的良好诉求，关乎人内心世界的丰富度、完整度与饱满度。那么也就可以说，人性与人的精神世界正是在这种“隐秘”之中生长起来的。并且，这种生长更是繁复的，是一个曲折曼妙、多因素交杂的过程，需要不断地探寻。我们知道，在重要的“启蒙”式的成长阶段中，人需要历经或是其自身对于自我世界认识的重大转变，或是自身性格的变化，更或是两者兼有的转变。而且，这些必会指示或引领其向成人世界转变，不一定有某种仪式，但至少有某些证据，显示这些转变似乎是有永久的影响的。在胡学文《从正午开始的黄昏》中，男主人公乔丁就可以说是这样一个“隐秘”的存在，他曾经贫寒肄业、穷苦潦倒乃至走投无路，此时“忧伤，烦躁，灰暗，绝望”的他被一个偷盗女孩收留与接纳，于是他也就渐渐进入一种以偷盗为生的刺激生活。“他也认可了她的另一个说法，减轻有钱人的罪孽，等于行善呢。她的话语，她的作为，她的眼神，她的一颦一笑及她浑身散发出的神秘气息，汇成一个强大的磁场，令他趋附，着迷，甚至融化于其中。”[③] 他在与她一起偷盗中感受着快意淋漓的优越。事实上，在个体心理学的研究中，优越情结本就有出于自卑情结的补偿

---

① 胡学文：《小说的丈量》，《文艺理论与批评》2007 年第 3 期，第 57 页。

② 胡学文：《文学之于我们》，《北京文学 · 精彩阅读》2013 年第 11 期，第 120 页。

③ 胡学文：《从正午开始的黄昏》，《北京文学 · 中篇小说月报》2014 年第 10 期，第 135 页。该作品引文具体出处下文不再一一标示。

作用，“自卑 / 优越”的心理机制往往是一体的两面。“自卑感总是会造成紧张，所以争取优越感的补偿动作必然会同时出现，但其目的却不在于解决问题。”① 因此，此时的乔丁除却解决拮据生活的需要之外，更是在享受一种在其日常生活中很难感受到的优越感。并且，在阿德勒看来：“一个人要成为正常而健康的人，就必须通过合作和建设性的姿态将自身融于社会之中，藉此获得一种社会意识，亦即对他人怀有一种社会兴趣。”② 那么就可以说，女孩进入乔丁的生活，及两人一起进行的偷盗行为，让乔丁感受到温暖与勇气，这即是乔丁获得一种合作中的社会意识的“成人”过程。及至后来，乔丁拥有了世俗意义上的美满幸福，连岳母做的饺子馅与菜都是兼顾每一个人的口味的，他喜欢“不是大富大贵，也不是捉襟见肘。不无度挥霍，也不斤斤计较”的这个温馨的家，但他仍旧时不时要外出偷盗，因为使其成人的极为重要的“合作”已然成了他长久的自我抚慰和温暖的方式，“他更在乎的是仪式，而不是窃到什么。他不缺啥，他不贪婪。一个普通人该有的，他都有了。唯一缺的，唯一不能放弃的，就是往昔的仪式，那对他很重要，真的很重要”。更可以说，是因为进入了世俗的美满生活里，乔丁才更为珍惜那一段经历，因为那个“她”机敏、灵巧、调皮、乖张，又善良、豪气、慷慨、仗义。“‘她’就像一个谜，‘她’不告诉他自己的名字，‘她’的身份扑朔迷离，有无数个不同的版本，有时‘她’会整天待在屋里，有时又几天不见踪影。然而，当谜底最终解开的时候，我们发现所有这些不真实，实际上构成的却是唯一的真实。”③ 是的，“她”的秘密其实不是秘密，而是最透明的真实，在玩世不恭的外表下她拥有的是作为一个真正的人的独立与尊严。正如她崇尚的图腾——凤凰，在烈火中煎熬考验，最终涅槃永生，“她”进行的正是这样一种决绝的抵抗与守护。因此我们可以看到，过往的这段经历事实上构成了乔丁内在精神世界的一个重要支撑。后来她在一次意外中死亡，

① ［奥地利］阿德勒：《自卑与超越》，黄光国译，台北志文出版社 1990 年版，第 42 页。

② 王小章、郭本禹：《潜意识的诠释》，中国社会科学出版社 1998 年版，第 60 页。

③ 梁海：《揭示灵魂隐秘与生命迷津——评胡学文〈从正午开始的黄昏〉》，《小说评论》2011 年第 2 期，第 96 页。

“负罪感时时啃噬着他”。这时候，乔丁仍旧时不时“上路”，只不过是一个人。他还去到她曾待过的孤儿院做义工，在心上开了一小扇门缅怀她，去那里洗濯忧伤，再回到公众视野中平静生活。显然，这个“他”是更具本真性的个体，但此时作为拥有众多现实的交错脉络的“社会人”，乔丁时常面对的更是私人领域与公众生活视界中角色、形象的一种异质化状况。乔丁面临着从现实世界进入心灵世界的追问，他寻求着一种安放的恒定感，寻求着一个可以安置灵魂的“空间”：依赖于仪式感的深刻体验与渴求，他无法停手。实际上，他是在向往与迷醉中感受着内在心灵世界被庄严的仪式感所统摄的畅达，这就指向内在自由的饱满度。他因而获得了精神上的自由，让灵魂得以安置。正如奥尔罕·帕慕克所说：“灵魂，是小说家努力毕生想传达的一种特质。只有当我们能够将这个奇怪而令人迷惑的任务，归入适当的范围时，人生才会幸福。很大程度上，我们的幸福和不幸都不是源自生活本身，而是来自于我们赋予它的意义……在我看来，灵魂这东西，只能在小说里找到。”[①] 胡学文对内在灵魂的拷问，正是在进行一种形而上意义的揭示，向我们呈现了一种生存的悖谬，并用这种异质化指向人性，展现了生存的对抗、冲突与悖谬。“人性是小说最后的深度，了知人性的小说家们，往往都是将精力用在了人性中的诸种因素的纠缠与冲突上——不是写人性，而是写人性的纠缠与冲突。”[②] 人正是在对抗与冲突中，才凸显人性与人的精神世界的完整性和饱满度，人性与人的精神世界才得以“繁复”生长。

二、寻觅中的敞开：人生壮丽与生命自由的可能

内在精神世界的隐秘性存在，源于现实生活中不可寻觅的自由感的需求，正是因为在社会现实中有很多的规则、规范与规训，才使得我们内心的

① ［土耳其］奥尔罕·帕慕克：《别样的色彩：关于生活、艺术、书籍与城市》，宗笑飞、林边水译，上海人民出版社 2011 年版，第 273—274 页。

② 曹文轩：《小说门》，作家出版社 2002 年版，第 258—259 页。

自由空间被挤压，进而让这种愿望更为膨胀。但同时，这一“隐秘”的存在也昭示着我们：没有人能完整进入另一个人的心灵世界。“一个人是一个巨大的世界，每个人都在按自己的方式想象和言说，那里面杂浮着种种隐秘的渴望，犹如一条条鲨鱼，时时要吞噬和防备吞噬。当然那也是有光的世界，因为惧怕黑暗和寒冷，我们更需要光亮和温暖。很难进入——敞开的同时，可能又树起另一堵墙。”①的确，世界本身是丰富多样的，我们固然生活在同一个世界、同一个物理时空中，但我们每个人又各自拥有属于自己的“世界”。人具有一种有限性，不像上帝那样全知全能，可以对世界的每一个部分都了如指掌。因此，会受限于自身的经验和视域，在和世界照面的时候，不可避免地打上“我”的印记。就连在当下这个信息泛滥的时代里，似乎什么都能传播开来什么都不能掩藏，但隔膜依然存在，并且不但存在，而且越来越深。我们生活的当下现实，在一个社会分工达到精细的时代语境里，其实往往更会造成一种局限，造成一种对人的平面化认识，很容易就将人固定在其职业或身份的认同框架内，而忽略了人本身所存在的丰富乃至壮丽的生命可能。

正如胡学文所说的，“我们每个人，都是角色，不同的、形式各异的角色。比如男人，除了儿子、父亲这些与血缘相关的角色，还有社会中的角色。与职业相关的，与兴趣相关的，与身份相关的，与年龄相关的，常是身兼数角。有公开的角色，也有秘密的角色。一个好父亲，很可能还是小偷、罪犯、吸毒者、告密者，而一个杀人犯，也很可能是好丈夫。他们或我们在角色中变换，人生俨然就是舞台”②。而正如米兰·昆德拉所指出的，“小说不是人类的自白，是对人类生活——生活在已经成为罗网的世界里——的一个总体考察”③。可以确认的是，胡学文的小说《从正午开始的黄昏》所作的正是这样的一个考察。前述的异质与繁复事实上具有普遍性，小说中不仅仅是

---

① 胡学文:《创作谈：我们和他们》,《北京文学·中篇小说月报》2011 年第 4 期，第 29 页。

② 胡学文:《创作谈：我们的角色》,《北京文学·中篇小说月报》2014 年第 2 期，第 65 页。

③ ［捷克］米兰·昆德拉:《小说的艺术》，董强译，上海译文出版社 2013 年版，第 45 页。

乔丁，还有岳母、岳父……正如那句“从早晨到正午，从正午到黄昏，秘密随生命生长……”——实际上均有属于自己的一种隐秘存在的状态。也就是说，这一寻觅与诉求同样具有普遍性，它是来自人性深处的欲求。每个人固然都需要这样一个空间，然而我们更可以看到，胡学文似乎在进一步追求一种生命的可能。在《从正午开始的黄昏》的创作谈中，他写道：“一个女孩就这样迈着她独有的步伐向我走来，野气，蛮横，倔强，自卑。了解她，也并不了解她。目光漫过去，是它周围的世界，想追寻她，但更想探究她与世界、世界与世界的通道、切口。是的，进入是困难的，但也是必须的，并不仅仅是小说家的任务。”① 由此，我们可以得出这样的认识：胡学文是想要和他笔下的人物一起，虽然作为个体，但努力通达巨大世界的内涵，进入那个有光的巨大世界。并且，艺术世界不同于现实世界的是其一定程度上可以超越现实礼法的规约与限制，所以就此可以认为，小说中乔丁的盗窃与岳母的外遇，并不涉及世俗里的伦理道德，而只是胡学文为其笔下的人物所选择的一种隐秘的对生命自由与人生壮丽的探寻方式。

小说中，有过这种对隐秘存在与人的精神世界繁复生长的体认的乔丁，起初也并没有这种意识去敞开自己与进入别的生命个体。他拥有的还依旧只是属于个人的灵魂安置的探寻与体验。尽管这一私人领域与公众世界呈现的异质化具有普遍性，比如最先呈现此种冲突的岳父，“谨小慎微，打喷嚏也生怕惊了别人”。也许是因为“暗送点秋天的菠菜”，更也许是因为别的什么原因被打了。这时候的乔丁，显然想要承担作为家庭一员的维护责任，“在心底的某个角落，一直潜伏着某种欲望”。“他心底的那个东西鼓胀着，像破土的蘑菇。”也可以说，这件事是乔丁意欲进入与追寻他人生命的一个启发点。但是，在这个家庭中，乔丁“显然是和岳母，而不是和妻子的对话在一个层次上。一点就透并非心里明白，而是明白对方的心理”。在岳父被打事件中，乔丁与岳母就呈现出一种默契又交融的配合与博弈，“她的走姿甚是轻盈，带着弹性。但走得很慢，仿佛等乔丁，可乔丁赶上她，她又加快”。

① 胡学文：《创作谈：我们和他们》，《北京文学·中篇小说月报》2011 年第 4 期，第 29 页。

乔丁显然深深敬佩岳母，同时也充满好奇。

乔丁与岳母气息的相近性，实际上是因为两者共同具有一种强烈愿望，不受限于外人已固化的概念化了解，而是有强烈愿望要为自己开辟一个隐秘的世界，缓解自己在生活表面的平静安宁之下涌动的焦虑与不安，也更接近生而为人原本可以达到的那个壮丽的人生面貌。在小说后来的发展中，我们就可以印证这一点：出于共同的寻觅意识，乔丁和岳母在某个瞬间“相遇”了，“目光相遇的刹那，她骇然地捂住嘴巴。她的目光像他一样试图逃离，突然消逝，但她没能如愿。她陷在他的眼睛里，被他呆然的目光揪住。同样，她也揪住了他”。回到现实的生活轨道之中，他们起初仍然不免要互相猜测、捉摸乃至于威胁，乔丁躲着岳母，“他怕见到她。他撞见她的秘密，她也窥见他的秘密，他从未示人的秘密”。乔丁还认为：“当然，他和岳母不同。岳母是背叛，背叛丈夫，背叛女儿，背叛了……他。而他不是。”在厨房里，两人“探寻，遮掩，出出进进，你来我往。一场没有方向的较量”。乔丁与岳母之间，“不是和解，而是讨伐”。但同时，岳母的好又历历在目，因此乔丁在这之间反复挣扎又苦苦寻觅。此时“乔丁锲而不舍的寻找，并非是好奇心的驱使想要刺探岳母的隐私，实际上，整个寻找的过程也是乔丁对自己内心审视和省察的过程。在这个社会里，每个人都戴上了以公众道德为标准、以集体生活价值为基础的人格面具，符号性和趋同性遮蔽了人的迥异于公众的异质性真实，而人内在不满足恰恰来自于某种程度的满足之后，因此，在竭力迎合外部世界的秩序规范的过程中，就会感到没有意义”[①]。也正是这个时候，与他一起盗窃的“她”意外死亡，乔丁失去了“她”。他在痛苦中才慢慢意识到自己与岳母也许是具有一种共同寻觅指向的，于是理解终成必然。及至此时，乔丁才完成了对自己的矫正，在反问自己中也就试图去理解岳母，他认识到“秘密是生命的一部分。从早晨到正午，从正午到黄昏，秘密随生命生长，成为饱满结实的果子，散发着诱人的甜香。可总有一

① 梁海：《揭示灵魂隐秘与生命迷津——评胡学文〈从正午开始的黄昏〉》，《小说评论》2011年第2期，第96页。

天，果实会干瘪坚硬，划伤碰触它的人。他一度认为岳母的秘密是肉体的纵欢，而他则关乎心灵。他终于意识到自己的傲慢——岳母内心藏着什么，外人如何知晓？岳母的秘密同样散发过香气——对她而言”。可以说这时候的乔丁才真正拥有了个人内在世界的敞亮，才真正逼近生命的壮丽，因为壮丽之中，必定蕴含着对人的理解和呵护。如是，他所追求的那种“仪式感”作为一个“形式”可以不再存在，他可以不再那么依赖于对他有着深远影响的那个“她”，“他送走了她，也许她仍然会回来，但那是另一回事了。他和她守着各自的世界，彼此凝望和祝福。并非结束，而是以他们只能接受的形式开始”。此时，在表面的生活洪流下的生命本质与可能，已然可以不需要借助形式而驻扎在乔丁的心中。在这个意义上，乔丁才做到了“守住心上的某个角落，也必须守住这个角落。也因此，那才成为他（她）自己”①。乔丁已然可以回归到公众视野中的生活里去成就一个更好的角色身份，更呵护关心“像一只怕冷的小猫”一样在他怀里睡着的妻子。他在寻觅中的敞开里，真正获得了一种人生壮丽与生命自由的可能，更可谓其人性与内在精神世界的再一次“繁复”成长。

在这篇小说中，我们看到的都是小人物，但确实能感受到“人物虽小，人心却大。生活暗淡，精神却亮”②。米兰·昆德拉指出：“小说人物不是对活生生的生命体进行模拟，小说人物是一个想象的生命，一个实验性的自我。”③我们可以感受到，胡学文通过这篇小说及其人物，让我们知道存在一种可以基于相互尊重之上而产生的理解：每个人都有秘密，别的个体是无法彻底了解的。但是通过敞开自身，通过追寻与探究，我们能更了解世界与世界的通道、切口。也因为了解，所以更不会作平面化的定义与认知，也就能对别的生命个体报以更多的慈悲与理解，自己也进而真正拥有了人本身所存在的丰富乃至壮丽的生命可能。其实这就是胡学文的一种悲悯，“文学正是

① 胡学文：《创作谈：幽暗的通道》，《北京文学·中篇小说月报》2013年10期，第58页。

② 胡学文：《创作谈：人物之小与人心之大》，《北京文学·精彩阅读》2009年第6期，第39页。

③ ［捷克］米兰·昆德拉：《小说的艺术》，董强译，上海译文出版社2013年版，第45页。

因为它具有悲悯精神并把这一精神作为它的基本属性之一，它才被称为文学，也才能够成为一种必要的、人类几乎离不开的意识形态”①。因此，胡学文及其《从正午开始的黄昏》温暖、慈悲，且是带着憧憬的。

三、余论：小说的“飞翔”

胡学文的创作一直偏向于写实，但在《从正午开始的黄昏》中，我们可以看到他在进行一种由写实风格向虚实相间风格的尝试性转变。正如有论者所指出的，“我记得胡学文在一次座谈会上谈及自己的创作时曾说，他的小说一直都写实了些，希望以后能够实现一种飞翔。我理解他的意思其实就是想把小说经营得更加有声有色。在这篇小说的写作中，他运用了一种虚实相间的手法，呈现了主人公生活中的一半火焰和一半海水。关于‘她’的部分，都是在虚与实的穿插交替中来完成的，小说一开头，便是实景加幻觉，实景虚写，幻觉实写。而这种虚虚实实的写法，加强了小说推进叙事的力量，在给读者的阅读设置障碍的同时，也增添了挑战和趣味。更重要的是，它浸染了作者想要表达的一种情怀”②。的确，在小说中，具有一种作品的灵动与人性升腾的统一步调：在隐秘的寻觅中，获得一种内在精神世界的自由，这就是人的精神世界所渴求的升腾感。正因此，胡学文的小说写作实现了“飞翔”，而“飞翔”式小说的审美意义，是在根本上更能通达自由这一终极向往。“没有一部真正的作品不在结尾给每一个懂得自由并热爱自由的人增添某种内在的自由。”③或许，这就是胡学文在小说《从正午开始的黄昏》的写作实践中所期望抵达的境界。

---

① 曹文轩:《小说门》，作家出版社2002年版，第215页。

② 金赫楠:《心灵的隐秘与灵魂的安放——评中篇小说〈从正午开始的黄昏〉》,《文艺报》2011年5月30日。

③ ［瑞士］卡尔·古斯塔夫·荣格:《人、艺术与文学中的精神》，姜国权译，国际文化出版公司2011年版，第251页。

第二节　可能性的美丽绽放

——论邓一光的中篇小说《你可以让百合生长》

作家邓一光在《小说的感动》一文中曾经这样写道："小说原本就不必有太多大道理……我们对小说的热爱或者恐惧必定都不会来自道理，而只会来自属于小说的低语与守望……小说是我们与这个纷繁密沓的世界对话的一种方式，在这种方式之中，个性化的写作和个性化的阅读使我们在芸芸众生之中有了彼此遥望的可能，有了相对隔离的空间，因为有了这种彼此遥望的可能和相对隔离的空间，人类就有了抵制现实和怀想未来的希望，就显得不那么拥挤，在我们的心灵飞掠起来的时候，就有可能将摩擦变成轰然的撞击。"① 尤为明确的是，邓一光期望通过小说这种与世界对话的方式寻求人的可能、人类的可能，轰然的撞击是生命的警醒，更是对庸常生命的激活，由是，它就有了一种可以绵延而且倔强的发展可能性。或者说，在邓一光看来，小说为我们与世界的对话提供了可能，小说为人与人之间的遥望提供了可塑的空间，小说为个体生命的未来提供了"梦想照进现实"的祈望，小说为人们提供了生命感动的期盼——小说，是关于文学可能性、生命可能性的一次曲丽的探方、一种别致的密码。笔者认为，这才是邓一光文学书写的"本心"，他"始终相信可能性的存在"②，他感动于文学让人有了一种发展的可能性，如同他在2012年发表的《你可以让百合生长》中借助左渐将之口表达的对于音乐的理解，"音乐能使我们成为更好的人"③。《你可以让百合生长》毫无疑义就是邓一光如上创作意向即书写可能性问题的文学化求解，他

---

① 邓一光：《小说的感动》，《南方文坛》1997年第2期，第21页。

② 邓一光：《创作谈：说了做不到，也许就做到了》，《北京文学·中篇小说月报》2012年第6期，第32页。

③ 邓一光：《你可以让百合生长》，《人民文学》2012年第5期，第25页。该作品引文具体出处下文不再一一标示。

在寻求音乐的可能性、教育的可能性、文学的可能性，更是在积极寻求人的成长与发展的可能性。

一、“打开”之前的兰小柯：倾斜的现实世界中的无产者

一个名叫兰小柯的十四岁初中“问题女生”是小说《你可以让百合生长》的绝对主角，她是小说的第一人称叙述者“我”，也就是说，小说世界是在兰小柯的视野与感受中展开的。在她周围的人中，没有人把她当作女生，就连最有同情心的男生都不把她当成女生。她全然没有这个年纪不敢尝试的禁忌，干男生能干的一切坏事并引以为荣。然而，兰小柯认为，这个世界上有个如此糟糕的她却又错不在她。那是因为：她有个不断戒毒不断复吸的父亲、有个平庸琐碎连环失业的母亲、有个严重智障且无限缠人的哥哥——她对她的家庭心存“怨恨”而不能从心灵深处接纳它。在兰小柯的世界中，家庭生活的情节失常和家庭成员的职辖失序已成习惯，社会各界的“关照”更像是变相的自慰与变种的歧视。就这样，她所处于的理应直立如柱而且颇具力量的现实世界悄然倾斜，方位、向度，都发生了微妙的改迁。在这样的生活情境中，兰小柯对于自我的生存与发展状态亦很是了然，“我每天都在和生活对抗——不是和不正常的生活对抗，而是和正常的生活对抗”；“毫无疑问，我是一只还没有发育好的孔雀。你要认为我是别的什么也可以，但我就是这么认为自己的。我想让人们注意我，为我鼓掌，可我怎么都开不了屏。没法打开。打不开了”。

以孩童视角、思维，以孩子与孩子、孩子与成人间的对话形式进行小说叙事，在邓一光的创作历程中不乏先例，而且，在其创作进程中，这种小说叙事也渐次形成了一种较为显豁的自身特质，犹如有论者所指出的：邓一光对“儿童视角”的变用与其他作家对“儿童视角”的惯用最大的不同在于，他“表现的是成人的世界，是以儿童的视角来观照现实人生，他笔下的孩子都显得很大人气，说话的内容也体现着成人的思维”[①]。《你可以让百合生长》

---

① 蔚蓝：《小说叙事的主导特征与主体意识的限定——邓一光创作审美品格评析》（下），《写作》2001 年第 6 期，第 13 页。

在基本的叙述方式上既沿承了邓一光早年小说的叙事特质，也灼然表现出了一种难能可贵的开拓。

一方面，无凭无依的无产者兰小柯确然一种“小大人”的做派，她不期然地烙印上了成人的浮尘与烈焰：对各类怪特甚至俗秽的网络高频词了如指掌，对当代慈善强制推行的“变种歧视”的本质洞若观火，知道K粉、大麻、摇头丸、香港石等，在与死党厮混时不自觉表现出“女头领”的气质，而且她也根本不在乎别人是不是把她当“女头领”看待……很显然，邓一光确有意借兰小柯之视角，观照成人世界的人情物理，以折射现实生活的万状百态。

另一方面，作者在对兰小柯这一人物形象的塑造上显然花费了丰富的笔彩：其一，兰小柯与邓一光早年作品中的那些“小大人”相比，其不仅仅只是借以洞察现实生活的“窗口”，而且明显少了主观“赋义”的痕迹。兰小柯的成人思维，更多的是她所处家庭环境、自我身份定位、社会生态等合力作用的结果，她的早熟也并非“天降神谕”或“幕后推手”所致，而是有了更为稳固的现实根基。应该说，邓一光的思维与视野更为丰润了，他是在探索现实主义文学的广度与深度。其二，兰小柯与邓一光早期“儿童视角”创作序列中那些外表清甜、性情相对统一的“单面人物”相比，有着意蕴迭出的复杂性，她既未截然脱褪孩子单纯稚嫩的“胞衣”，依旧涌现出花季女孩的某些特质，又被非正常的家庭生活和不恰当的社会关怀磨砺得犄角分明，言语、姿态，都极富挑战性与攻击性。她“打不开了”，却对“打开”有着无可比拟的渴望。

邓一光在几年前的一次受访中表示：“我不呼唤什么。我的小说中的人物也不担负呼唤的责任。他们只是生活在他们的时代里，被时代压抑和决定，而又不甘心这种压抑和决定；被他们自我内心的冲突压抑和决定，他们恰好给了我想象中经历一次现实生活中不可能实现的虚拟旅程……”①是的，

---

① 杨建兵、邓一光：《仰望星空，放飞心灵——邓一光访谈》，《小说评论》2008年第2期，第36页。

兰小柯就生活在她的世界里，生活在这个时代里，她被她的世界和这个时代压抑和决定，但显然她又不甘于这种压抑和决定，她的内心有一种冲撞的力量，她渴望打开。她，打开了吗？

二、音乐、教育、文学：可能性的孕育与催生

……我喜欢唱歌……

我想做一名歌手。我是说，那种不需要和别的什么人乱糟糟挤在一起宣泄青春的歌队成员，而是一个人站在舞台中央，独自歌唱的歌手。

这是“问题女生”、无产者兰小柯的告白，当然也是一个渴望“打开”者的告白，她期待通过音乐“打开”自己，要做一个开屏的美丽孔雀。

音乐永远不会对寻梦者和追梦者设限。在《你可以让百合生长》中，音乐是一种类似本能的内在的力量，它让左渐将走近了并得到了它，更帮助兰小柯克服外在世界的种种劣势和内心的软弱，发现并逼近潜蛰在颓唐深处的清新丽质与无限潜力的可能。换种讲法，音乐本身对于他们便是梦想，便是可能。

一开始，兰小柯是音乐中的一个灰姑娘。她酷爱音乐，但她一方面以自己的糟糕行为故意掩饰自己对于音乐的渴望，另一方面却又不敢真正走近它。这是还在初始接触阶段时左渐将对于无产者、“问题女生”兰小柯的准确判断。左渐将是音乐中的一个朝圣者，他对音乐心存虔敬，他冷峻，他有一种敏锐的音乐感受力和判断力，当然，也就更懂得如何在音乐潜质方面更为合理甚至是准确地判断一个人、一个音乐爱好者以及所有对于音乐怀有梦想的对象，并潜心且以生命去挖掘和培育。也正因此，在兰小柯的成长中，在兰小柯的可能性的实现过程中，左渐将起到了至关重要的引领性作用，换句话说，左渐将的存在、作为与教育方式再加上兰小柯的潜质才成就了她的可能。

对音乐的热爱，是兰小柯性情与禀赋中的自然倾向，它当然赋予了其一

种内在的发展的可能，但它毕竟只是一种天然的可能性，它是自在的、自发的，它还需要引导，在必要的时候它还需要匡正。教育，当然是合理的教育，恰恰具有这种可贵的力量。教育让人生长。教育的力量在于让可能成为现实，换句话说，让可能的成为现实的，这就是教育的可能性及其力量的确证。在《你可以让百合生长》中，教育助人以最优的方式、最美的姿态岸然生长，尤其是当左渐将以自己的生命灌注进一己的教育行为之中时，合理的教育更是爆发出了一种不可思议的力量。左渐将的教育、左渐将糅合自我生命的身体力行的教化与引导让兰小柯渐次“打开”。在这个意义上，我们明了，音乐教育、艺术教育，只有内在地成为或者表现为一种生命教育的时候，它才能真正建构起教育的力量。

我们同样关注的，在一定意义上甚至更为关注的，是左渐将在贯彻与践行对于兰小柯以及合唱团其他成员的音乐教育、生命教育的同时，他的自我生长与成就的可能。左渐将对音乐有着极为丰富的感知和极为深刻的理解，他曾经获得 CCTV 青年歌手大赛一等奖，也曾经是岭南十大青年歌手、深圳市的当红歌手；在黄莺老师看来，他是受人尊敬的艺术家；在兰小柯的眼中，他是个音乐圣人、音乐拯救者、音乐殉道者；在追求了他六年尽管知道前景无望却依然甘愿为他付出的芭蕾舞演员的感受中，他的身上显然有一种光，他的音乐、他对于音乐如同生命般的热爱与创造深深感染了她；在左渐将的自我评价中，他是个音乐天才，是音乐宠爱的孩子。然而，他却“已经在失去了，接下来是永远失去”，他是个将死者；这是邓一光“见到左渐将的原因”，他说“我偏爱那些将死者，就像偏爱刚出生的婴儿一样”①，可见，作家对于左渐将这一人物的塑造是尤为注重的。刚出生的婴儿在生命的成长中充溢着无穷的可能性，那么，一个将死者又会有什么样的可能呢？

不错，左渐将是个音乐的宠儿，他为音乐而生，同时，他也生产和创造了音乐。在左渐将的理解中，音乐有一种原始、神秘的力量，是源自远古

① 邓一光：《创作谈：说了做不到，也许就做到了》，《北京文学・中篇小说月报》2012 年第 6 期，第 32 页。

时代精神生命的吟唱，他期望通过音乐与人类最初的精神生活对话。他的基本理念是："音乐表达人类的一切生存情感，生死、命运、爱、幸福、友谊、善恶、劫难"，所以，音乐人的世界没有理由不广阔；我们之所以爱音乐，那是因为音乐能使我们成为更好的人、更高尚的人，我们也可以用音乐来思考、来计算。他将死，但对于音乐的热爱与迷恋始终充满生命的激情，是的，"他不可救药，死到临头还想做他的音乐殉道者"。音乐延展生命，音乐壮丽人生。正是对于音乐的这份坚韧的信念与虔敬，让他充分地触摸和感受到了音乐的质感、音乐的力量，这之中自然包括音乐培育人、造就人的坚实力量。他选择了做义工，塑造、化育孩子，成就孩子的音乐梦想，他在音乐的世界里一往无前，在这个世界里，他是高大的。

左渐将当然也是渺小的，在小说的最后，也是生命的最后，他说出了自己的做不到：他想娶那个年轻而美丽的芭蕾舞演员，想"和她过一辈子"，但他没能力做到，因为他是一个将死的器官衰竭者；然而，如前文所呈示的，他无疑又是极具力量的。他以一个音乐殉道者的姿态、一个生活智者的姿态，并以生命教育的形式成就了兰小柯等人生命的诸多可能，这就是一个将死者的最大可能，他是最具原动力的"百合"，他让自己倔强地生长、绽放！左渐将世俗生命的可能即将凋萎，但他艺术生命的可能、生命意义的可能却在音乐的护佑下、在人性的映照下留守长青。

左渐将以音乐来探索人的价值和意义，期望据此让自己成为更好的人、更高尚的人，他倔强地叩问人的可能；这与他的"遇见"者、塑造者邓一光的文学理念、文学立场密切相关。以文学来探求人的可能性，是邓一光的一种自觉的文学立场选择，他有言："我在现实生活中是无能的，不那么积极。我常有这样的念头，事情开始之前就已经决定下来了，只是我没有参加决定，那个决定我命运的场合里没有我。这是有可能的，比如兰小柯，她就是这样，她的出生和身世是被别人决定的，连成长都是，没有人问她愿不愿意，愿意什么。这方面，她连兰大宝都不如。兰大宝的世界别人进不去，是他一个人的，他却可以进入别人的生活，哪怕是以他人认为的有问题的方式。这样的兰小柯，以及我，如果不靠可能性，根本没法完成。这样，我就知道我该做什么了"，"很多时候，凭借想象，我'看'到无数的可能性从眼前鱼贯而过，有时候，我会跟上去。我在想象中去过很多地方，见过很多不可能发生的事情，以及生活中并不存在的人，这真是一件很好的事情"[①]。换句话说，在邓一光的观念中，文学、文学想象需要也可以表现很多"很好的事情"，也就是文学需要也可以表现、孕育、催生可能性。而且，由此出发，我们尤为需要认识到的是，与其以往的小说创作一样，在《你可以让百合生长》中，邓一光依然是在以生命写作，以他的生命来写拒绝现实，仰望星空，也就是在追问和诉求可能性。你可能不是你，你可能是一切，这就是邓一光放飞心灵之后认为的人类的一种可能性的存在状态，也是他作为一个作家对于个体生活和生命的独特理解和表达。可能性是一个哲学命题，也是一个生命命题，文学理应书写这种可能性，由此，它也就自觉地参与了人的建构这一当代伟大工程，同时，这也显然是文学的力量得以灿然实现的有效方式。

三、百合的文化寓意、兰小柯的最终绽放与我们的可能性

百合是百合科百合属多年生草本球根植物。百合花素有"云裳仙子"之称，花姿雅致，高贵纯洁。在不同的民族文化中，百合花有着不同的深刻内涵，中国人向来认为它是婚礼不可或缺的吉祥花卉，梵蒂冈尊它为国花，天主教甚至把它视为玛利亚的象征。

关于百合，有这样一个古老传说。《圣经》中反对上帝耶和华的堕落天使（Fallen Angels）也就是魔鬼撒旦化身毒蛇，诱惑亚当和夏娃吃下禁果，致使他们犯下了人类的原罪。由此，上帝把亚当和夏娃驱逐出伊甸园，他们因悔恨而哭泣，悲伤的泪水滴落在地面上，化成了洁白的百合。后人说，世间万物不可能十全十美，正像如此完美无瑕、圣洁自由的百合花，却是从无比的凄美中孕育而生的。

---

① 邓一光：《创作谈：说了做不到，也许就做到了》，《北京文学·中篇小说月报》2012 年第 6 期，第 32 页。

在小说《你可以让百合生长》中，关于“百合”“百合花”，有这样一些设置。第一，作为外来务工特困家庭的子女，兰小柯被社区大妈们通过各种途径“推荐”给了——当然也是兰小柯自己的要求——深圳百合中学，她是这个重点中学的特殊学生，尽管“特殊”，但她毕竟也是这个“百合”中学里的一朵花或者说一个花瓣，似乎是应该有绽放的可能的。第二，兰小柯进了百合中学的“百合合唱团”，这是命名的偶然，应该也有作家的深意所指。作家期望合唱团的小鸟或者说歌者们一起绽放？这也不是没有可能的，文学尤其是邓一光的文学创作根本上就在于塑造、成就这种可能。第三，兰大宝被发掘成为合唱团的一颗新星，而兰小柯也真正感觉到在左渐将的引导之下自身出现了可喜的改变之后，兄妹俩每周一次去练声房练习，“学校为他办了一张特殊通行证，他在自己的照片旁歪歪扭扭地画了一朵百合花，然后把它绑在眼镜腿上，这样他就同时拥有了两样心爱的宝贝”。“智障”者兰大宝同样爱百合，这显然不是作家的随意设置，毋宁说，他就是一朵百合花。第四，进了百合合唱团的兰小柯，尽管并没有成为一个歌者，但在左渐将的“调教”下，她一步一步地成长，并在关键时刻甚至成了替代左渐将的最佳击拍者。在这之前和之中，也就是左渐将带领百合合唱团代表中国在德国参加国际音乐节比赛演奏最后一个曲目之前沉重地倒在指挥台上再也站不起来之后，他“胁迫”兰小柯去做一个临时的击拍者，小说是这样叙写的：

> “你一直在观察我，孩子。你知道我要什么，你能做到。”他尽量加快语速，在舞台总监给出的五分钟时间内完成他的赌博，“队形不变。她们会掌握自己的节奏。相信你的歌者，她们是最好的，知道在音量和音色上如何配合。你只要注意起声部分，在激起的一瞬间加入力度，保持住它，小心过渡到下一个音符，然后，跟着你的内心走，什么也别想。去拿你的小棍吧。”
>
> “你在胁迫我。”我觉得我在颤抖。我颤抖得快要站不住了。
>
> “对，我胁迫了。”他不容反驳。
>
> ……

他把目光投向化妆台，那里有一盆欲绽未绽的百合，在此之前我们谁也没有注意它。他示意朱星儿替他把那盆百合花抱到他身边。他看了它一眼，然后抬眼看我，再看歌者们，抬手对她们做了一个静音的手势。

“最后半分钟。让你们的心静止下来，听，它有什么声音。”

百合在他怀中。百合静如虚无。化妆室里静得能听见五百兆光年外流星飞过的声音。我闭上眼睛，慢慢松开知觉，怂恿它靠向我的心。我听见了。

……

那支四十八克重的金属小棍轻轻落下。气息扑面而来。几乎听不见声音。注意，是几乎，但它在那儿。是的，那就是花开的声音。

激起段落是那么的美妙，几乎毫无瑕疵，我赢得了第一个高分。我知道我出生了。我知道我打开了。我知道她们行。我相信我的歌者，相信这个世界，相信我自己。

……

这是邓一光在《你可以让百合生长》这篇小说中关于“百合”的最长叙写，也是语言能指的终极描述。百合的这次出现，是在关键时刻之前也是完美之前的呈示。在这里，百合花开了、绽放了，但兰小柯的绽放并没有结束，她还没有成为最美的、最彻底的“百合”。

即使成了左渐将所称的“最佳击拍者”，但兰小柯也不是自己的太阳，谁都不是自己的太阳。我们的生长、成长需要养料，我们应该感恩。这是左渐将在回国之后的病房里告诉她的。在这里，左渐将不仅只是一个音乐中的“圣”者，他还是一个生命与生活中的智者，尽管他是那么的无力，无力拯救自己脆弱的心脏。左渐将在对兰小柯作最终的心灵牵引，他希望她能够真正地理解生命、理解生活，从而让这朵百合真正地、彻底地绽放。他把哲性带进了音乐，更带进了生命与生活之中。在垂死的、不依不饶的、残酷的击拍者左渐将的追问和“诱导”面前，兰小柯彻底妥协了，她“不要脸地哭泣着，同时打开自己，说出了内心最后的秘密”，她从心灵深处接纳了父亲、母亲和哥哥，接纳了生命与生活，当然，她也就真正接纳了音乐，从而，她也就彻底地打开了自己，成就了可能；无可置疑的，这显然也是作家邓一光在兰小柯身上赋予的可能。

通过兰小柯这一人物，我们明确地感受到了可能性的美丽绽放、可能性的最终绽放，如同“百合”这一传说及其文化寓意所揭示的，兰小柯的“蝶变”，她完美地、彻底地被塑造和自我塑造是在凄美中孕育进而勃发出来的。而这，也是作品给予我们的最大而且持久的心灵震颤。在小说的最后，作家这样别有意味地交代兰小柯最终“蝶变”的那一天的语境：“我忘了告诉你们，那天深圳的天气很好，没有台风路过，一切都很正常，和平日里一样正常。”在这里，我们可以明白，兰小柯的美丽蝶变是在日常中、在正常中完成的；而且，更为重要的是，兰小柯发展的可能性的实现本身原本就是一件再正常不过的事情。如前所述，邓一光说，有时候，他会积极地“跟上”在他眼前鱼贯而过的无数的可能性；是的，每个人的日常生活中都存在无数的可能，我们应该“跟上”它，寻求自身发展的可能性，让生命美丽绽放、正常绽放。

第三节　群体性的“无罪暴力”与庸常之恶

——由曹寇的中篇小说《塘村概略》延生的思考

伦理学是一种特殊的知识体系，它是关于善恶的知识[①]，换句话说，善恶观是伦理学领域普遍关注的基本问题。在《耶路撒冷的艾希曼：一份关于平庸的恶的报告》中，汉娜·阿伦特将关于恶的理解引入生活与生存方式的层

① 参见焦国成：《论伦理——伦理概念与伦理学》，《江西师范大学学报》（哲学社会科学版）2011 年第 1 期，第 26—27 页。

面。在她看来，签发处死数万犹太人命令的艾希曼面临审判时空洞的自我辩护与巨大困惑凸显了一种平庸之恶：一方面，艾希曼鞠躬尽瘁于获取自身所在体制认可的价值；另一方面，他又以激情助成极权体制的恶，尽管暴力夺取了他者的生命，却获得“无罪”的赦免，艾希曼对自身以及所在体制犯下的罪恶浑然不知。阿伦特认为，这种缺乏理性与判断力的对既存体制及其价值的盲从是极权统治下个体的生存状态，它超越了恶对外在世界的影响力，而从根本上侵蚀个体的内在精神，使之逐渐接受、适应、自足甚至坚执于无知与麻木的生存状态。尽管阿伦特所论述的平庸之恶是针对于极权统治下的个体而言的，但显然的是，关于人性以及由此而带来的对人的生存状态问题的考量，既可以突破某种具体的社会历史语境和个体的范畴，也可以突破社会学与政治学的领域，从而得以从人类学的视角对其进行观照，即强调一个带有人类普遍性的问题，一个群体性的问题。这一点在“70后”先锋小说家曹寇于2012年发表的重要作品《塘村概略》[①]中有所体现，那些被日常生活惯性所裹挟的精神世界成就了隐秘却又颇为壮观的群体性庸常之恶。

一、群体性的“无罪暴力”与公共生态系统中的个体命运

被冠以先锋作家称号的曹寇，先后创作了一系列以社会边缘人（或可称之为普通人）的生活为中心的小说作品，其中《到塘村打个棺材》《我在塘村的革命工作》《到塘村所能干的丑事》等均以“塘村”作为话语发生的场所，将作家着力塑造的某种生活、某些人物附着在这个特定的场所之中，形成了有关“塘村”的系列小说。《塘村概略》也是该系列之一，它关注的仍然是“塘村”中社会边缘人的精神面貌与生存状态，并以“概略”之名隐喻其整体性和总体性倾向。在这个特定的场所中，人们经历着各自的生活，同时又构成着他者的生活；从构成要素的完整性、独立性和独特性来说，塘村可以被确认为一个公共生态系统，曹寇着意于在看似平静与正常的生态系统中

---

① 曹寇的中篇小说《塘村概略》最初刊发于《收获》2012年第4期，随之获得较高评价，并入选北京文学月刊社主办的2012年当代中国文学最新作品排行榜及中国小说学会2012年度中国小说排行榜。

寻找一个基点，并沿着对该基点的深入探讨挖掘出所谓合理性与合法性背后的平庸之恶，即作家在创作谈中讲述的“群体性‘无罪暴力’”[①]。在这个意义上，“塘村”犹如莫言笔下的“高密乡”，并不成为一个实体性的存在，而是作家创作倾向的某种隐喻；如果说“高密乡”是一个古老原始生命力生生不息的生长地，那么“塘村”则是一个生命力以群体性的方式遭遇萎缩的公共生态系统。塘村中的每个人都是这一公共生态系统中的个体，闯入并最终殒命的葛珊珊亦如是。

一方面，从直接受害者葛珊珊与塘村人的关系来看，葛珊珊是塘村的一个外来者。在房东王桂兰、油炸摊主大虎子和奶茶糕点店主张德琴眼里，这个穿着“古朴的四角高腰大花裤衩”的姑娘老实本分穷酸，不像大学生，说话结巴。这样一个不起眼的人毫无预兆地进入塘村，让几年前遭遇过人贩子的塘村人对其产生强烈的排斥感，甚至她被无理由地视为人贩子，进而遭受无由头的暴力。在这起群体“泄愤”事件中，真正以曾经的受害者身份出现的，只有在几年前孙女被拐走的高牛氏一人，其他几个施暴者，骆昌宏老年痴呆而且打人上瘾，赵家才为孙子设计了假想敌，被丈夫抛弃的孙佳仅仅是“看那个人不顺眼”，张克喜则认为别人都打，自己不打一下觉得吃亏。尽管这些理由看上去荒诞可笑，但在塘村却纠集起了一个施暴的群体，打着惩治恶者的名号，各自发泄与之无关的情绪。在面对王警官的调查时，他们有的义正词严，有的躲躲闪闪，却没有人认为自己应该为死者承担法律责任，因此，对葛珊珊的群殴也就成了一场群体性的“无罪”暴力行为。

另一方面，从塘村内部人与人之间的关系来看，似乎没有人逃脱得了恶的制造者与承受者的双重身份。骆昌宏生性凶狠，即使患了老年痴呆仍然粗鄙不堪，可听到二儿媳的骂声“立即露出畏缩神色，赶紧埋下脑袋”；张克喜“比女人还抠”，也给全村“落下了笑话”；孙佳性格暴躁，又遭遇被丈夫抛弃的命运；老姜头被人嫌弃，耳朵眼睛不好使，却善于用自己的方式小心

---

① 曹寇：《创作谈：用一条狗看另一条的眼神》，《北京文学·中篇小说月报》2013 年第 3 期，第 62 页。

而严格地提防他人，并且在葛珊珊被暴打时也只关注自己的小摊子；张德琴因为交不起钱上卫校，因而极尽龌龊之言诽谤漂亮的女护士李芫……这些被社会主流搁置在塘村的边缘人以宿命的一致性自成一个具有象征性的整体。

因此，曹寇在小说中所呈现的群体性“无罪暴力”可以从这样的层面来理解：首先，暴力之所以“无罪”，是因为施暴者的群体性；其次，“无罪暴力”并非真正可以逃脱法律的惩罚，恰恰相反的是，塘村人的群体行为不仅需要被推上罪恶与良知的审判台，而且要深思其社会生成机制及该机制下的个体命运。葛珊珊的死不能直接归结到某个塘村人身上，然而人人皆可被指认为凶手，如果没有这样一起殴打致死案件的发生，在塘村中早已习以为常的群体性平庸及其衍生的罪恶仍然不足以撼动塘村表面所维系的稳定，而事实上，作为一个公共生态系统中的个体，每个塘村人的身上亦被打上了塘村的烙印，使得他们都以一种惯常的生活方式与价值判断标准来自觉认同塘村人的身份归属。如此来看，尽管葛珊珊的死是偶然的，但在塘村这个已然相对稳定的公共生态系统中出现的个体命运却又具有一定的必然性，由是，我们不禁要问：谁能够确认塘村不会再出现第二个乃至更多的葛珊珊呢？

二、群体性庸常的后果二题——结果主义伦理学视角的考察

我们可以明白的是，在小说《塘村概略》中，曹寇以葛珊珊的死为中心，散发状地呈现出塘村人的集体庸常，他们在自以为是的生存方式中构造着自身所在的价值系统，并且对这一系统不加质疑地接受。显然，塘村人的群体性庸常所带来的直接后果正是葛珊珊的死亡，事实上，在一种惯常的生活方式中存在，并沿袭惯常的价值评判体系是现实社会中的普遍现象，换言之，人人都有自己的“塘村”，人人都可能成为“塘村人”。那么，在相对普遍的意义上，我们能够以何种立场、何种视野来叩问和检视无数个社会文化圈内的人这一生存状态呢？曹寇的小说中已经提供了一种可供参考的方式，即以群体性庸常引发的结果为始点，在此，我们尝试以结果主义伦理学的视角与方法对群体性庸常的后果进行考量。

后果之一：单向度的人的形成。马尔库塞在关于单向度的人的理论学说中，绘制了一个极权形态下的发达工业社会图景，“极权主义并不仅仅是社会的一种恐怖的政治协作，也是一种非恐怖的技术协作”①。工业的统治力量一再被凸显，它压制甚至是摧毁人的内心的否定性、批判性以及有可能在此基础之上确立起来的超越性和建构性向度，使人们丧失内心自由与精神上的批判能力，从而发展出了一种单向度的维护现存秩序的肯定性文化以及在此文化之中的单向度的人。马尔库塞与汉娜·阿伦特在对极权主义问题的理解上分属于两个不同的方向，后者是在政治层面的认知，前者则是秉承法兰克福学派的文化批判，但两者都致力于阐释人的单向度性。汉娜·阿伦特把这种单向度用“平庸之恶”加以概括，因此，当单向度被加之于某个社会群体之上时，则体现为群体性的庸常或平庸，反过来，群体性庸常带来的结果往往是一个单向度社会圈或文化圈的形成，因而单向度与极权统治是紧密相关的。当然，曹寇在《塘村概略》中，并没有涉及马尔库塞和汉娜·阿伦特所指的显在的极权，而是在展开的人生百态中寻找到了一种基本的人性表现，即欲望——在小人物身上细碎的小欲望构成了他们行动的内在动因。在斯宾若莎与霍布斯看来，欲望本身并不能直接成为判断善恶的依据，相反，最初人以欲望为基本力量保持着“自身之存在”。然而当欲望不断挤压人性空间时，就演变为生产冷漠、自私与狭隘的方式，曹寇意在揭示一种欲望的“极权”，并极力彰显塘村人在欲望的“极权”统治下的冷漠和愚昧。在对单向度的人的理解中，无论是文化的或是欲望的“极权”，都与阿伦特的政治极权一样，促成了生活于其中的人的某种难以改变的偏执。

后果之二：无功利性的实践。群体性庸常在生产单向度人的同时，也制造了一种无功利性的实践行为。这里论及的功利性，在意义上与结果主义伦理学的功利性阐述是一致的，功利主义是结果主义伦理学的最高理论，即注重行为的最高价值的获得，其以是否实现最大幸福原则为标准，不仅仅认为

---

① ［美］赫伯特·马尔库塞：《单向度的人——发达工业社会意识形态研究》，刘继译，上海译文出版社 1989 年版，“译者的话”第 4—5 页。

善是一般的幸福，而且主张每个人总是追求他所认为的自己的幸福，这是基于公共利益和私人利益两者相结合下的思考。在功利主义代表人物边沁看来，公共利益与私人利益是可以调和的，进而主张善是促进全体幸福的欲望和行为。① 因此，具有功利性的人的社会实践行为，既是获得社会整体中个体最高价值的方式，也是实现群体利益的途径。

如果说艾希曼是受到纳粹极权社会体制的掌控，那么塘村人则是完全受制于个体的狭小情绪及其价值认同，骆昌宏、孙佳、张克喜甚至连殴打葛珊珊的原因都搞不清楚。在这两种不同情况中，前者的行动是推进极权体制的实践行为，是平庸之恶，也是艾希曼群体的共有特征；后者的狭小情绪则来源于丧失了自身社会文化体制中的自我实现的愿望。但无论是哪一类群体，他们都没有依凭人类的整体利益视角，就更无从论及人类意义上公共利益与个人利益的思考，在这层含义上，群体性庸常导致了群体无功利性的实践行为。

作为实践主体，是单向度的人；作为人与客观世界达成关系的实践，是无功利性的行为。因此，作为实践对象的客体世界就不可避免地遭遇到意义的拆解，恰如塘村这个生存场域。面对群体性庸常带来的普遍意义上的生存价值的缺失和整体性道德标准的滑落，群体性庸常及其衍生的恶就成为我们不能不加以反思的生存状态和对象。

三、“恶”与“群体性庸常之恶”

恶，在西方古希腊时期就已经是道德哲学的一个重要命题，在中国哲学中也受到长期以来的极大关注。综合起来看，可以从两个层面对恶的含义进行概说：其一，恶是一种获得性的存在；其二，恶是作为善的对立面的自然实在物。

首先，恶作为一种获得性的存在，其获得或成就的途径分别为知识的匮乏、自由意志的丧失和欲望的过分夸大。苏格拉底的道德哲学论述美德与罪恶时，认为善与恶的产生是由于人对善恶没有正确的认知。恶起源于人没有

---

① ［英］罗素：《西方哲学史》（下），马元德译，商务印书馆 1982 年版，第 329 页。

认识到自己的道德特性，从而没有建立起一种道德世界的本质。[①] 这与康德的看法——恶是由于对道德律令的背离所产生的，是一种不论结果的先验理性的缺失，或者说是一种与结果主义相对立的、仅仅建立在动机或自由意志是否符合道德律令基础上的哲学——是趋于一致的。如果说苏格拉底与康德都在承认恶的获得性的同时，也承认善的获得性，善与恶事实上都是一个获得的过程，那么，奥古斯丁、孟子和宋明理学家则坚持万事万物本源为善的一元论立场，即认为善是一个伴随事物的出现而自然地被赋予的事物的基本属性，恶则是由于对善的某些构成属性的过于夸大而被获得的。

其次，恶是事物与生俱来的属性，或者与善共同构成事物的既相矛盾又相统一的属性，或者以本源论的绝对权威作为事物的根本属性。在荀子的性恶论中就明确表达了恶是事物的本源属性，是未经雕琢与教化的人性的自然呈现，在这个层面上，其与苏格拉底的“无知即罪恶”有一定的相似之处，都主张道德的教化作用，只是与苏格拉底不同的是，荀子的学说是建立在对人性自身作出预设基础上的，即人必须依靠社会属性才能改变“恶”的这一自然属性。

一段时期以来，西方关于善恶学说的讨论，基于同一个出发点，即传统的道德观。而在波德莱尔的学说中，他基于对西方现代社会的虚伪性的揭示，选择对传统道德的悖逆，分割了真善美的统一。对波德莱尔而言，恶是在揭开西方现代社会的虚伪外衣之下的真实状写，是面对虚伪时的一种对抗方式，甚至在他看来，浪荡子身上“发现了一种英雄主义气质和英雄气概”，而同时由于他们“都是现代社会的特有现象和产物”[②]，所以，他们的英雄主义是面对颓废的西方现代社会时一种值得被标榜的精神。在对恶的永不厌倦的吟唱中，波德莱尔首先承认了善的道德含义，然后通过拒绝善与美德的必然联系来拒绝审美与道德的关联，进而以与美相对立的恶来建立一种与道德无关的审美。他的“恶”是在表象的范畴中对丑的集中展示，然而，当这些丑的意象一再

---

① 参见赵林：《西方哲学史讲演录》，高等教育出版社 2009 年版，第 99—103 页。

② 李世涛：《波德莱尔的美学思想初探》，《河北师范大学学报》（哲学社会科学版）2012 年第 2 期，第 53 页。

被颂扬时，波德莱尔就无意识地创造了另一种道德哲学，即以对抗现代性统领下的西方社会的虚伪为其道德哲学的核心指向。其所描绘的恶的世界，也正因此而内蕴了对抗虚伪的精神力量。对抗是文学理应具备的品性与质地，是诗人、作家在庸常现实中的逆生长，从而显示出其独一无二的思考与探索。

群体性庸常衍生出一种“平庸之恶”，或者称为“群体性庸常之恶”，这是群体性庸常严重后果的集中体现。就其本身而言，由于具有群体性特征而显得隐蔽，然而，在曹寇的小说和艾希曼的身上，这种隐蔽因其产生的结果而为人关注。首先，它不同于波德莱尔对恶的理解，而是延续了传统道德哲学的基本立场，即不是以欣赏的角度，而是以批判与反思的方式理解恶；其次，它不是人类与生俱来的自然属性，而是作为善的对立面的获得性存在。曹寇和汉娜·阿伦特一样，认为这种恶是社会体制直接造成的，人性在自成一体的某个社会文化圈内被同化并且封闭性地发展，然后汇聚为难以逆转的群体性力量推动着人性朝极端的方向演变。苏格拉底、康德的道德理论在论说恶的时候，是存在前提的，即恶可以被选择，也可以不被选择，这取决于人自身的主体性行为，主体有足够的力量可以把握。而“庸常之恶”则更多地侧重于外力的强加所造成的结果，它给出的启示在于，如果极权没有消逝，社会文化圈没有敞开，个体则难以对抗和选择。苏格拉底和康德的道德学说是在学理层面对恶进行的辨析，是泛文化背景下对人的道德的思考，“庸常之恶”思想与波德莱尔的探索则将恶与具体的社会体制相关联，把恶理解为某种社会体制发展的结果。在这层意义上，群体性的庸常不仅因为丧失人对自身价值的反思和批判而显示出生活的“无功利性”，而且因外在影响于社会，也必然产生严重的破坏性结果。在《塘村概略》中，直接呈现的是一个无辜生命在血腥中的猝然逝去，更为内在而隐秘的是塘村的个体对这种造成他人之死的“恶”的浑然不觉，这种感知是群体性的，因此具有极大的破坏性甚至是毁灭性。

四、群体性庸常的基本规训力量及其突围

恩格斯在1890年9月21日至22日致约·布洛赫的信中提出了“平行

四边形”理论，认为：“历史是这样创造的：最终的结果总是从许多单个的意志的相互冲突中产生出来的，而其中每一个意志，又是由于许多特殊的生活条件，才成为它所成为的那样。这样就有无数互相交错的力量，有无数个力的平行四边形，而由此就产生出一个总的结果，即历史事件，这个结果又可以看作一个作为整体的、不自觉地和不自主地起着作用的力量的产物。”① 由此，我们可以认识到的是，任何历史事件和社会现象的出现，都不是偶然的，而是由多个力量及其相互之间的冲突推动和成就的；考量这些事件与现象的产生原因时，也就必然要尽可能宽广地深入多种力量的形成机制中。无疑，这样的问题是复杂的，在此，我们主要从两个方面来考察和探求制造群体性庸常的基本规训机制。

首先，群体性庸常与其所依附的社会机制。群体性庸常既是思想状态，也是生存状态，它的形成与其所依附的社会机制密不可分。群体代表着较为广阔的社会关系，个体作为这个社会关系链条上的一员，都有意或无意间成全并推动了某些思维方式的形成，并且逐渐使之在同一个社会关系网中趋于一致。“是谁实施权力？谁在替我们作决定呢？谁在设计我的行为和活动？”② 在19世纪人们所首要关注的这些问题中，追问了现代化进程开始以来，人对自身与社会之间关系的思考。福柯用以回答这些问题的微观权力说也同样可以作为对当代人类生存问题的解答。福柯将权力看作一种关系形态，认为它是“一个永远处于紧张状态的活动之中的关系网络”③，在这个网络中，每个个体都是其中的一个结点，权力分散在无数个结点之中呈现非中心化、多元的关系。同时，在特定的社会文化圈中，这种看似多元分散的关系又具有一定的稳定性，形成自在的行为法则，而事实上，其稳定的行为法则形成过程也是一个个体被规训的过程。福柯在对古典时代的军事和政治战术可以创造一个完美的社会理想给予部分肯定之外，又清楚地认识到，来自军事和政治

---

① 《马克思恩格斯选集》第四卷，人民出版社1995年版，第478—479页。

② 包亚明主编：《权力的眼睛——福柯访谈录》，严锋译，上海人民出版社1997年版，第27页。

③ ［法］米歇尔·福柯：《规训与惩罚》，刘北成、杨远婴译，生活·读书·新知三联书店2003年版，第28页。

对社会的规训，“不是原初的社会契约，而是不断的强制，不是基本的权利，而是不断改进的训练方式，不是普遍意志，而是自动的驯顺”①，是“一种精心计算的，持久的运作机制”，它们以侵蚀“那些重大形式，改变后者的机制，实施自己的程序”。②因此，不假思索地改变自身的思维轨迹并无意识地浸淫到规训下的程序中，是群体性庸常的普遍表现形式。当社会机制的规训本身与人类普遍的合理价值分道扬镳时，隐蔽的“庸常之恶”也就得以显现，且恰恰因为其同时符合预设的程序，因此这种罪恶往往被“赦免”。

其次，除了社会机制对人类思维及行为的外在规训之外，人性对自身行为的内在规训力量也不容忽视。如果说微观权力维系了人的外在的社会关系，那么，诸如贪婪、安于现状、自私、狭隘、崇拜权威与善良、公正、仁爱的人性则共同构成了人类内在体系的微观世界，在它们之间同样存在着权力的冲撞、挤压与调和，并且引导人的思维方式与思维视角的形成。苏格拉底崇尚“认识你自己”，认识自己的心灵并研究自己的道德状况；麦金泰尔推崇德行，旨在获得合规律与合目的的好的生活。他们的学说针对的是在一己利益的驱动下，人类更容易被人性之恶所“驯顺”的说法。我们要恢复的则是人性之善的规训力量，是面对个体微观世界时秉持的对人类普遍的合理价值的主体性基本认知与认同。

如上文所述，社会机制与人性自身对人类的规训是制造群体性庸常的基本力量，因而，突围群体性庸常及其衍生之恶，首要的便是突破这两种规训的制约。与此同时，我们又不可否认，规训并不是可以完全舍弃的，决定如何对待规训的先决条件，是看其内蕴的基本精神是否能与人类普遍的合理价值相符，对每个个体而言，则是遵从康德所言的先验的合乎理性的道德律。根据康德的学说，当人因“偏好”的诱惑而违背理性的命令时（即道德律），就是作恶。

---

① ［法］米歇尔·福柯：《规训与惩罚》，刘北成、杨远婴译，生活·读书·新知三联书店2003年版，第190页。

② ［法］米歇尔·福柯：《规训与惩罚》，刘北成、杨远婴译，生活·读书·新知三联书店2003年版，第194页。

当艾希曼的纳粹极权统治远去时，社会现代化的进程在很大程度上造就或规范着人类的社会实践方式与实践目的。因此，对群体性庸常的突围，首先是个体主体性的充分确证和张扬，它不等同于普遍意义上的主体性，而更侧重于一种主体对所属社会文化圈的超越，对自身社会文化圈中的价值评判尺度的审判。哈贝马斯曾提出以交往理性作为解救现代性困境的途径，侧重于主体间的交流对话，强调的是非自我中心化的互相理解。面对群体性庸常下个体主体性的遮蔽，虽然外在显示似乎达到了哈贝马斯所追求的一种社会的秩序化和形成价值共同体，但是实质上却缺少主体间的交流。哈贝马斯的交往理性是建立在整个现代社会之上的，我们所认可的交流则更应该基于全人类之上，是一个社会文化圈内的个体主体与另一个社会文化圈甚至多个社会文化圈内个体主体的交流。曹寇笔下的塘村，显然是一个不具备现代性社会明显特征的地域，塘村人对诸如“蜻蜓教育”这种外来的文化和对他们这个社会文化圈进行审判的王警官及“我”有着本能的排斥，因此，无论在封闭落后的地方，或看似开放实则对自身价值体系严防死守的地方，或心悦诚服于欲望极权的统治的地方，都存在文化交流的暗区，更广泛地说，亦如前所论，每个人心中都存在一个“塘村”，有其不可被冒犯或难以改变的沾染浓重个体、偏狭意识的价值取向，只有当个体充分清醒地意识到它的存在，并时刻以人类普遍意义的合理价值观为基本行为准则——当下的我们需要尤为注重能够反映人类价值认识中的价值共识的中国传统价值观念的积极作用并以时代精神予以改造①，而不是在无知中制造并有意识地规避其群体性的生成，才能最大限度地限制群体性庸常及其衍生之恶的出现。

理论上，以主体性的充分实现作为突围群体性庸常的途径是具有一定可能性的，然而需要更为细致考虑的是，在类似于塘村这种生产力相对落后的社会文化圈内，人们受制于教育程度，往往更容易沿袭一种几代人共同形成的惯常的生活与思维方式，因此，对群体性庸常的突围就不仅仅是伦理学思

---

① 参见戴木才：《“仁义礼智信”新解》，《江西师范大学学报》（哲学社会科学版）2012年第5期，第12页。

考的范畴，而更应该进入社会的教育体制层面，在一定程度上依靠文化自身的渗透，以伦理、文化、社会与个体的多重力量实现对德行的呼唤，进而使人从群体性庸常中突围。当然，鉴于群体性庸常在人的世界中是一种普遍性的存在——或许《塘村概略》最深刻的地方抑或说最为根本的意图就在于揭示当下中国社会现代化进程中人的这一基本境况，这种突围必然将是一个长期而艰巨的过程。

第四节 清澈消逝于欲望的肆意增生

——论林那北的中篇小说《雅鲁藏布江》

好的文学作品素有陶冶性情、澄澈人心之功用。当然，这种作用是潜移默化的，放在当下的急速功利时代，不免被有的人视为矫揉造作，无实际利益可图。这些人如此短视，自然也就不会回眸深思中国几千年繁盛时对文化的尊崇，更不会涤除玄鉴、格物究理，豁然于个人和国家的灵魂无时无刻不是在一种文化氛围中蕴藉磨就而成。欲望洪流穿梭于这些人的肉体，腐蚀着完好而洁净的地方，灵魂的丰盈清净消失殆尽，混着污秽臭气在肉体里涌动咆哮。面对当下的社会状况，文学作为诗意的性灵之物，更应该坚守涤荡人心的作用，但遗憾的是坚守这种文学立场的作家并不多，多数作品失去了其应有的那一份清澈。

一、林那北的基本文学立场

作家林那北与多数写作者不同，她的文学实践呈现出对清澈的诉求和坚守。她豪爽洒脱、真诚率性地指摘社会的弊端，对大地的伤口与疤痕黯然神伤，不解于人类已经行进了几千年，而人心却还处于它的幼年期，自私、狭隘、刻薄、恶毒、阴险几乎从未缩小过它们的地盘。但她并不满足于怀疑和批判，而是对于当下社会有了更深邃的思索：如何彻底清除灵魂污垢？如何使人心真正成熟成长？她渴望有序和洁净，鄙薄混乱和肮脏，这样的精神气质成为林那北作品的根本底蕴，这特别地凸显在她于 2014 年发表的中篇小说《雅鲁藏布江》中。作家林那北从日常的生活中走来，悠然进入艺术的天地探幽复杂的人类精神和灵魂，摸索它的明暗嬗变。但是，人心的澄澈是一个宏大的工程，缥缈无形，脆弱易碎，人类已经追索了千年，现在、未来都不会停息，它不是一个人的力量能够熔铸的，更不是一隅之力就可以推动的。对此，林那北自然心知肚明，她以一种异常理性的态度面对现实世界，并体悟到：当人的欲望碰上活跃的功利世俗的社会进程时，便会形成一种流感型的污浊洪流，那些欲壑难填的肉体顺势被引入这股污秽之水，它来势凶猛，每一片平整的心田若是有稍微的柔软之处便可能被冲刷成峡谷，于是这些纵横交错与交互疏通，势不可当地构成了集体式的精神沦陷景观。面对这样的精神图景，林那北对世道人心的重建产生了无力感，于是她认为《雅鲁藏布江》中那些被欲毒入侵的人已经是无力回天了。当唐必仁一点点地被权欲的沼泽地吞噬时，那些属于他的纯真过往，影子般雅致的人生虽时常浮现于他的脑海，并且故事以唐必仁在夜色笼罩下不由自主地重新跳起《洗衣歌》结束，但唐必仁能否修正自己的行为，重塑一颗洁净之心？这个问题作者在小说中并没有回答，但在创作谈中她这样说：“很难，天亮时，或许他又抖擞冲向纷扰俗事，对他也没有期待。”①

改造现实自然是艰难的，但林那北作为一名作家，始终在文学中付诸实践。她说，澄澈人心是一项艰巨复杂的工程，文学能够努力的只能是尽可能地、微风细雨地唤醒良知、呼唤正义、推崇高尚、揭露邪恶。她不甘于沉浸在无奈无为的情绪里暗自嗟叹，更无意投入文学产业之中制造某种文化快餐式的“商品”文学。林那北深谙这个社会的商业法则，因此，尽管深知千千万万个唐必仁在欲望的泥沼里只会越陷越深，很难重塑洁净，但是她仍要饱含辛酸泪，来写唐必仁的迷失，在多个适当的时候把歧途中的唐必仁拎到明晃晃的镜子前，让他与过去那个干净的自己相碰撞，与身边那些有精神

① 林那北：《创作谈：清澈之水漫过岁月》，《北京文学·中篇小说月报》2014 年第 9 期，第 42 页。

洁癖的人相冲突，这些都表明作者仍在自己的文学园地里搭造着一个清澈、洁净、有序的社会理想，仍想通过清澈的消逝来刺痛已经污浊的肉体。这便是文学的林那北、诗意的林那北，她坚守着自己的文学观，认为好的文学应该深刻地洞察人性、多种角度地理解生活；好的文学汇聚了人们对生活的复杂感受，一切都沉甸甸地压在心头，但如果阅读了它，人的心灵就能变得更坚硬或者更柔软，哪怕仅仅只是一瞬间。

二、人心的清澈之美：干净、单纯、平静、轻灵

生命的灵动来源于内心的淡泊清透，当年扮演炊事班班长的唐必仁以瘦弱的身躯将杜芳菲托举到空中，轻盈地扭动肢体，流畅地完成一系列动作，舞蹈中透出“蓬勃向上的刚劲与坚定，弥漫着不可扼制也不容置疑的力量感”①。虽说是舞蹈，但要是内心没有一定的情感，在那个缺衣少食的年代是不可能跳得如此轻盈动人的。《洗衣歌》讲述的是美丽的卓玛姑娘给解放军炊事班班长洗衣服的事，“多么简单的一个生活瞬间，帮与被帮都有着最质朴的真诚，彼此单纯得如同高原上蜿蜒流转的雅鲁藏布江，清澈之水漫过曾经的岁月”②。正如杜三晖老师所说：“几件衣服浓缩了世道人心，你帮我们收青稞盖新房，所以我帮你洗衣衫，彼此都掏心掏肺。”这是一种亲人式的相亲相爱，需要发自内心的微笑去演绎这段真情。年少的唐必仁内心是平静的、沉默的、无欲不争，热情、欢乐都蕴藉在舞蹈里，跳舞的唐必仁如同换了一个人，对舞蹈的热爱是真情的流露，是洁净灵魂的安放。当唐必仁毕业后步入社会，宣传队和舞蹈已从他的生活中淡出。在特殊的成长环境里，在母亲的谆谆教导下，少年时的淡言少语、寡欲无争在岁月的雕琢下竟像是刻在了唐必仁的身上，成了习惯，成了他做人做事的风格，因此在起初工作的一二十年里，“他因此被看成一个不折腾的人，甚至极缺上进心，无欲无求，

① 林那北：《雅鲁藏布江》，《北京文学·中篇小说月报》2014年第9期，第8页。该作品引文具体出处下文不再一一标示。

② 林那北：《创作谈：清澈之水漫过岁月》，《北京文学·中篇小说月报》2014年第9期，第42页。

却也尽职守则，踏实可靠”。这几十年里唐必仁算得上是清心寡欲、洁身自好，母亲和妻子对他是满意的，唐必仁对自己也大致满意，可是后来的唐必仁对自己却不甚满意起来，中年的唐必仁，过几年就要退休的唐必仁居然在官场上“扭转乾坤”“力挽狂澜”“仕途畅意”起来，从科员到体育局局长、工商局局长，一路走来，正如唐必仁向外宣称的真是“没想到”，也正如唐必仁心里所想的真是太惊险了。有得必有失，失去的往往在得到时就成了怀念，身居高位、体态富贵的唐必仁开始怀念起当年的舞者身姿，想起了当年的卓玛杜芳菲，跳卓玛的杜芳菲尽情地微笑着帮炊事班班长洗衣服，把激情揉碎在每一个动作里，柔情似水，妩媚动人，千姿百态，徐徐地向外吐出芬芳，洋溢着对亲人的热忱。中年的唐必仁疑惑自己身上竟没有留下一丝曾经跳过舞的气息，而杜芳菲依旧有着独特的芳菲，腰身姿态仍保留着舞蹈的韵律，但杜芳菲终究不再是年少的杜芳菲，不会再是那个微笑着帮炊事班班长洗衣服的杜芳菲。唐必仁的母亲徐盎然在临死前问过杜芳菲，“当年是否真心要帮解放军班长洗衣服”。当年的舞蹈打动过不少人，母亲应该也算是其中一个吧。对于徐盎然的问题，杜芳菲甚是不解，她想“那是跳舞，真心不真心那反正是假的”。可见青年的唐必仁和杜芳菲心灵的洁净是年轻时的自然之态，是还没有经过狂风暴雨之前的澄澈，而徐盎然则是无论世俗浊流怎样侵扰依旧清澈见底，清心寡欲、洁身自好都已经是融入骨髓里的，年复一年在体内流转得愈加顺畅。徐盎然是个硬气的人，幼小时被遗弃，恋爱时被抛弃，但她硬是离开了伤害她的城，躲到乡下清心地过自己想要过的日子，可是年轻时在“春江好”里当过舞女的经历终究还是被那个特殊的时代挖掘出来了。一个孀居的女人在那个年代养着一个孩子，还得天天挨批斗，但她从未软弱过。她说：“你要记住我是舞女，但不是妓女。”谁都说“春江好”是一摊污水，趟过污水的女人就不可避免地受到了污染，对于外人的偏见，徐盎然从不解释，在整天被灯红酒绿笼罩的“春江好”，想要深陷淤泥而不染真是如履薄冰，一步走塌就可能坠入深渊，但她确是真正地做到了出淤泥而不染，“爱惜自己，就会拼死护住自己”。她深知“尊严这东西真是又娇贵又无情，如果不是从内里一点点如履薄冰谨慎善待，再厚的脂粉也抹不出一个人样啊”。而欲望就是扑灭尊严的一把烈火，因此当年的徐盎然毅然决然地选择远离城市，离开“春江好”之后，便嫁给了唐家厝的唐大弟。从此几十年里，徐盎然一直待在乡下，不问世事，不管曾经的风花雪月，硬是把曾经可能有的一点欲望的火苗给熄灭了。但徐盎然日夜担忧的还是成了现实，儿子唐必仁终究还是引火自燃了。徐盎然对儿子唐必仁是严厉的，无非希望唐必仁能够抵挡住诱惑，守住做人的底线，唐必仁小的时候未必能够真正理解，她也不能跟他讲得透彻明白。还好，唐必仁一直是谨遵母命，洁身自好的。毕业后的唐必仁要进入仕途，这无疑触动了徐盎然最敏感的神经地带，她说：“说这个世界不好，症结在于哪里都不清心寡欲了。寡欲是向善的起点，而各种欲望中，最丑恶的就是权力欲——无论哪朝哪代，权力欲太盛的人，往往人品都偏低。”唐必仁工作几十年来没有辜负母亲苦口婆心的教导。人这一辈子都在和自己心里的那团火作斗争，一旦松懈就有燎原之势，但唐必仁最终还是晚节不保。年迈的徐盎然最后一次与儿子倾心交谈，希望儿子能守住自己，但结果是明了的。徐盎然失足跌入了河里，但一切看起来都明显是自杀的模样。徐盎然的一生饱经风霜，依然傲骨挺立，她对儿子重塑洁净绝望了，她不甘污浊，以死来保持自己的干净身躯。但母亲徐盎然的死仍然没有勒住唐必仁奔向“美好前程”的步伐，他的妻子柳静也没能。柳静是怎样的一个女人？形容柳静最恰当的话语莫过于林那北自己对柳静的评价，林那北说她喜欢这个叫柳静的女人。“因为她宁可老公真心出轨，去干净地爱一个人，也不能为了往上爬而把美女部下当成礼物献给上司。作为一名普通中学语文老师，她对错别字的不容忍，扩大到对一个人应该活得干净的渴望，她别扭得让人内心搅动不安。活了几十年，她始终娴静淡然，从不向世界争半分利，却把内心的城墙垒得坚不可摧；生活中她不具进攻性，骄傲地后撤是她唯一的进攻。她带着我走，把那股绝不屈尊的坚定丝丝缕缕注入文字，我看得见她的容颜以及举手投足，甚至闻得到她淡淡的气息，气味芬香。”唐必仁第一眼就看上了柳静便是因为她的娴静、洁净、矜持、清淡寡欲，二人的生活虽不是大富大贵，但也锦衣玉食、幸福美满，柳静嫁给唐必仁时他也是一个清心寡欲的男子，这就够了，柳静并不企望丈夫能有多大的仕途前景。已经滚瓜烂熟的那些课文，却要不厌其烦地反复琢磨，这是柳静的生活态度，唐必仁不理解，柳静也从来不需要别人理解，能够活在自己的小世界里悠然自足，柳静把这看成福气。说到底，柳静和徐盎然是同一类人，当她得知自己的丈夫为了升迁居然把同学的女儿献给上司时，她言辞犀利地痛斥唐必仁的卑鄙和污浊。

曾经的唐必仁和杜芳菲以及唐必仁的母亲徐盎然、妻子柳静身上都闪烁着人性的清澈之美，区别在于徐盎然的清澈是桀骜不驯、宁死不屈的，柳静的干净、轻灵亦是用一种顽强的让人别扭生疼的方式在抵抗，她们让人看见美好，看见世界的清新。而唐必仁和杜芳菲都只把纯洁和清澈留在了曾经，好似一场年轻时的梦。

三、清澈的消逝：生命成长的另一面

母亲说，活着永远险象环生。生命的成长需要跨过一道道人间险境，母亲徐盎然和妻子柳静都化险为夷了，一个凭着一股硬气，一个总是以别扭得让人生疼的方式，但终究是保存了最干净、最本真的自己。唐必仁也有过洁净寡欲的时代，然而这么多年的沉寂是他情感上和意志上认可的吗？未必！年轻时没有多少污染的侵入和自小母亲对他的教育，或许还有条件的紧蹙，使得欲望一步步压抑在了他内心中的最隐蔽地带，慢慢地无欲无求变成了习惯，但那只潜伏在心里的困兽也会有苏醒的时候，如若遇着外界的强烈刺激，内心稍有松动摇摆，成长的脉流便顺着倾斜偏低的旁门左道进入泥沙磨搓、浑黄躁动的激流里，从此个人的静默转道后涌入了群体性的狂躁不安中。遇到李军是唐必仁人生的转折点，唐必仁可能也是这么认为的，在他仕途的最后阶段，能爬上体育局局长和工商局局长的高位不得不感谢这位“贵人”的相助，但也是在遇着李军之后，这个原本洁净的男子开始被欲望的绳索一层层地勒裹住。这一切起初来得并无知觉，甚至还让唐必仁有点喜悦，给长相不错、性格活跃、与民同乐的副局长让一个球是多么平常的事，唐必仁认为他没有半点预谋，没有规划，没有步步为营，没有良苦用心。但是，李军给了他一个体育局局长的位置，那么唐必仁也就有了受他人恩惠理应涌

泉相报的理由，这是唐必仁自欺欺人的说辞，事实上唐必仁不会不知道李军的提携是在笼络他，需要他做鞍前马后、俯首听命的忠“犬”。说到底唐必仁是愿意的，李军是他等待多时的高枝，混迹官场多年，这里面的道道儿唐必仁司空见惯，一旦实施起来，他也成了高手。李军提到杜芳菲的女儿连丰灵，唐必仁就顺势搭线，李军和连丰灵一有下文，去非洲考察的唐必仁就买好了钻石，还买好了催情药，唐必仁已经是有意识地在操作了。连丰灵怀孕，恰逢市里人事重新洗牌的敏感期，李军要想升市长，连丰灵的事绝对够得上是李军的一块软肋，抓住了这软肋，唐必仁的升迁也就有了非常大的可能，要做的就是帮助李军摆平自己的同学杜芳菲和杜芳菲的女儿连丰灵。此时的唐必仁已经彻底疯狂了，他不惜出卖人格，连哄带骗地将连丰灵骗去医院堕胎，甚至还不惜哄骗自己纯真的女儿陪同连丰灵。连丰灵流产后，为稳住她，唐必仁仍然打着关心她的幌子，道貌岸然地去连丰灵家，眼见连丰灵因为流产和心灵受伤而瘦骨嶙峋依然不为所动，继续用花言巧语哄骗她。唐必仁就这么不顾一切地向世俗功名狂奔，用欲望的绳索一道道地勒紧自己。这其中真的没有疼痛吗？也许就在女儿好心陪同连丰灵去流产的时候，或者是在得知自己的母亲坠河的那一刻，或者是在深夜随着《洗衣歌》的节奏舞动时，总之，就算有触动也只是停留在了那一刻，随后他依旧朝着那条不归路去了。

杜芳菲，那个曾经芬芳四溢、柔美羞涩的女人，唐必仁从来没有忘记过。几十年后当唐必仁再次联系她时，她那尖厉、粗俗的语言让唐必仁突然怀疑起来，同学见面之后，杜芳菲在唐必仁心中的美好形象便荡然无存，开口闭口就是赚钱、升官、照顾、提拔。更为悲哀的是，作为连丰灵的母亲，杜芳菲居然想借着女儿攀上高官，以改变自己的窘迫处境，满足自己的虚荣心。连丰灵懵懂无知，把李军的玩弄当作爱情，深陷其中而无法自拔，怀孕之后遭到李军的抛弃，杜芳菲没有丝毫的悲愤，竟然要求女儿将孩子生下来作为要挟李军的武器，可见中年的杜芳菲不自尊不自强，不仅没有做母亲的责任感，甚至连做人最基本的羞耻感和道德心都丧失了。从曾经的明媚灿烂到当下的粗鄙庸俗，这其中固然有生活不如意以及社会进程中所形成的不洁风气的影响，但更重要的是内心的模糊和不坚定，步入社会大染缸后就不可避免地被浸渍得五颜六色，面目全非。当年的舞台、聚光灯、掌声、目光，这一切让杜芳菲沉迷，并油腻腻地裹在她的心上，但随着社会进程的推进，宣传队逝去，舞台远离，掌声不再，心里的落空感，如同突然泄气的气球，留下的全是褶皱，回不到从前的光滑，只有巴望着再次的膨胀才满满鼓鼓的，飘飘荡荡，溢满心头。

从唐必仁、杜芳菲这儿，我们显豁地感受到，生命的成长原来也意味着清澈的消逝。

四、结语：文学也可以如此清澈

对《雅鲁藏布江》深刻意蕴的描述，最恰当的莫过于林那北自己的总结：欲望的挣扎、内心的坚守，以及人与人之间有意无意的彼此倾轧。文字是生命抒写的符号，文学是生命的表现形式。人心明暗更迭、幽微嬗变拥促成生命的复杂多样。文学关注人的生命形态，生命的不定来源于人心的多变，因此，抓住人心的微妙曲折是文学表现生命的关键。《雅鲁藏布江》的深厚意味就在于着力名状出生命的多种形式，勾勒出人心的曲折流动。

灼灼其华需洁土培育、净水涵养，斑驳瘦土、霉绿馊水必然花蔫草靡。文学的沃土是洁净的生命，文学的净水是人心的澄澈。生命在世俗的夹缝里川流，人心在岁月的沟壑里冲刷，形成各种人间景观。有的黾勉前行，清透如初；有的眩惑迷离，终忘初心；有的得过且过，泛彼柏舟，春流冬逝，随风而行，不同的生命脉动，给人不同的精神触动。这就决定着文学不仅需要关注跃动与变迁中的当代生命形态，还需要带着某种批判性的眼光与视角反思这种生命形态。如是，才能如同《雅鲁藏布江》中徐盎然和柳静的伟岸壮阔，让人震撼钦佩。当我们流连于高风节气、光风霁月，锥心于幽僻猥琐、乌云蔽日时，心自拨云见日，终现艳阳当空。文学有如此荡涤人的灵魂的力量，其自身也就澄澈清透了。

第六章 文学命题的理论探索

在对于文学文本的持续阅读中，我们注意到了一个很有意味的现象，那就是，不少的小说家往往在其作品中有意无意地以特定的艺术方式涉及对于当前文学发展的理论性问题的书写与探讨。在我们看来，这是一种积极的尝试，既体现出这些小说家具有良好的理论品质，更表现了他们对于当代文学的创新发展葆有一种可贵的愿望与情怀。当然，更多的还是需要我们从小说家们的文学创作出发，有意识地展开由他们的具体文本叙述而生发的理论问题的探讨。

第一节 “底层”式写作与底层文学的匮乏

——从滕肖澜的中篇小说《握紧你的手》说开去

21 世纪以来，随着中国社会变迁的推动和文学自身发展的需求，诸多作家不约而同地关注“底层”，“底层写作”成为一种引人注目的文学现象。作家们在进行一场颇具共同体性质的文学行动，他们从各自的关注视点出发，感知社会，真切地反映底层者的生存与生活状态，尤其是着力表现底层人群在现实生活中的困惑、焦灼与痛楚。应该说，经过一段时期的文学实践，“底层写作”取得了一些成绩，丰富了当代的现实主义文学宝库。然而，在这个写作过程中也出现了诸多令人意想不到的问题，“底层”文学似乎出现了模式化、“单向度写作”，甚至是如同有论者所指出的底层“苦难焦虑症”[①]式的扭曲书写。显然，这是需要深思的。

中篇小说《握紧你的手》是上海青年作家滕肖澜发表在2012年第9期《长江文艺》杂志上的作品，该作问世之后随即受到批评界的关注，并入选北京文学月刊社主办的2012年当代中国文学最新作品中篇小说排行榜。滕肖澜长于写沪上百姓的日常生活，《握紧你的手》亦是如此；作家说得明白，在小说中，她想写的是一群人，一群都不完美的人，他们真真切切地活在上海这片土地上，他们是上海这个国际大都市的底层者，“比起一般意义上的‘普通人’，他们的数量要多得多”，“如果要书写上海，他们则不该被遗漏”。[②]在此，我们可以确认的是，《握紧你的手》是作家滕肖澜在其总体文学立场之下进行“底层”式写作的产物。

一、“底层”式写作与当下文学的一种范式

1. 底层人对生活的经营

滕肖澜的中篇小说《握紧你的手》，描写的是城市化进程中面临拆迁的一群钉子户，描写这群人在抵抗拆迁中所作的努力，他们为保住房子而与对方展开斗智斗勇的行动。主人公孙晓美为保住坚守已久的对她有特殊意义的房子，甚至请来了曾经的拔钉子户高手李谦，和他们一起抵抗的还有米粉店老板和书店老板，他们大都为人善良、热情，孙晓美更是为了爱情不惜牺牲一切，苦苦执着坚守。虽然他们的抵抗充满绝望，但他们仍不懈努力，不放弃，乐观面对，坚守自己的尊严。甚至在绝望坚守的最后，他们收留那些流浪人，让他们有“家”可回，让他们过了个好年，并好好地过了个元宵节，给予他们温暖的关怀，这才是小说中最重要也是作家最想突出的地方。滕肖澜在《握紧你的手》的创作谈中就说道：“我喜欢这篇小说的结尾，那

---

① 洪治纲：《底层写作与苦难焦虑症》，《文艺争鸣》2007年第10期，第39—45页。

② 滕肖澜：《创作谈：家在何方》，《北京文学·中篇小说月报》2012年第10期，第57页。

些流浪的人都有了个‘家’。尽管未必长久，但毕竟是个家，是这些可怜人的栖身之所。与这个相比，之前那些为保住房子而展开的斗智斗勇，便显得不那么重要了。”①

2. 底层的温暖

他们在逆境和悲苦面前保持了良知与操守，这便是一种尊严。他们之间有爱、有温情、有感恩，有令人不可思议的无畏和无惧、坚韧与公义，更有相濡以沫的温暖。

作者在创作谈中说：“我尽量让这个故事显得平和、波澜不兴，如同我之前写的沪上百姓的日常生活。事实上，这的确也是他们的日常生活。”②作者的文学写作，着意走进底层人的世界，走进他们的日常生活，发现底层的温暖，体现出了作者的一种“底层”写作态度，这是难能可贵的。作者写他们艰难的生活状态，但并没有一味呈现苦难，也并未对他们的苦难生活作简单的道德关怀。众所周知，很多写底层的作品，好以颠覆日常生活的价值观念为代价来演绎苦难的生存景象，放大底层人不幸的生活境遇。滕肖澜注重描写底层人的日常生活，反映他们的真实生活，而不是靠经验与想象，夸大底层人的苦难，或借助各种经验极力渲染底层民众的悲苦辛酸。作家从日常生活出发，从现实出发，从底层人的内心出发，写出了底层生活的丰富性，写出了活的思想与活的情感，并写出了底层人之间同样存在的温暖。《握紧你的手》中的那群人，孙晓美、李谦、凌保富、二宝、米粉店老板等，他们的行为有对有错，他们中有所谓的“好人”，也有“坏人”，但作者都没有忽略他们，也没有去写他们的矛盾，而是展现了他们人性中善良的一面，这种善良的背后就是人性的光辉。小说的最后，他们经营起了一个大“家”，尽管这个“家”并不长久，但我们感受到了温暖，他们互相帮助，共同营造了一个富有温情的世界。

① 滕肖澜：《创作谈：家在何方》，《北京文学・中篇小说月报》2012年第10期，第57页。
② 滕肖澜：《创作谈：家在何方》，《北京文学・中篇小说月报》2012年第10期，第57页。

3.“底层写作”成为当下文学的一种范式

“底层文学”是21世纪以来中国当代文坛上逐步形成的一个概念，但关于“底层文学”的定义却众说纷纭，争论不休。笔者无意于探究到底什么是底层文学，或者什么样的群体才是底层，再或者底层存在的合理性等问题，但毫无疑问，底层文学已成为当下的一股文学潮流。诸多作家着意去写底层，试图反映他们的生活和精神状态，表现出了一种底层写作态度，而底层写作似乎也成了当下文学的一种范式。

底层写作，侧重写底层人的生活，写他们的艰辛和苦难，但“苦难并不是作家表现的终极目标，而只是他们审度人性本质和检视存在境域的一个载体”①，也就是说，苦难只是手段，不是目的，作家最终是要借苦难去写人们在苦难中的温暖与光辉。底层写作，贴近社会生活的现实，侧重于对社会生存环境的质疑与批判，可以说它具有批判现实的现实主义美学品格。笔者以为，这是一种力量，一种建构现实主义的力量，尤其是在许多作家的写作缺少现代性的批判立场的当下，这种具有批判精神的底层写作尤为可贵，它表达了一种现代性式的反思，这是底层写作成为当下文学的一种范式的重要原因。

底层写作秉承现实主义的传统，通过描写底层人的苦难生活，体现他们的生命尊严，用人道主义情怀去展现他们的人性之光，给予他们人文关怀。底层人群有各种不幸与痛苦，他们在困顿无望时，无法为自己呐喊，也无法有力地维护自己的生存权与发展权，而作家对他们的苦难境遇给予积极观照，体现了现代知识分子的责任与担当，也体现了他们的良知，这是底层写作良性发展的重要推动力量。

底层写作成为当下文学的一种范式，正是这些力量推动的结果，当然其原因并非仅此而已，但底层写作的良性发展却说明，我们的底层写作作家都有着一种“底层”写作态度，愿意走进底层生活，愿意为底层人呐喊，或着意表现他们人性中的美好与温暖，这是应该给予充分肯定的。

底层写作成为当下文学的一种范式是不可否认的，然而，事物的另一方

---

① 洪治纲：《底层写作与苦难焦虑症》，《文艺争鸣》2007年第10期，第42页。

面在于，作家需要警惕写作走向模式化的倾向，因这一倾向将大大阻滞底层文学发展的生命力。

二、底层文学的匮乏

“底层文学作为反映人民现实生活的作品，与现实主义传统有着天然的联系。底层文学秉承了现实主义文学的生命力，在描写底层民众苦难的生活过程中，表现他们的生命尊严，对每一个体用人道主义的情怀去展示他们的灵魂。”[①] 因而底层文学备受关注，成为焦点，但其背后的思想艺术水准却是值得我们认真探讨的。一段时间以来，关于“底层文学”争鸣不断，同时也出现了对“底层文学”进行批评的现象。当前，对“底层文学”的批评主要集中在这样几个方面：题材过于单一、刻意夸大底层苦难、现实主义手法缺乏文学性等。

那么，底层文学到底缺少什么？

这似乎是诸多批评家都在探讨的一个复杂问题。近年来，洪治纲教授对底层文学作了比较深入的研究，他认为当下的底层文学作品颠覆了日常价值观念，着意演绎苦难，放大不幸。在他看来，很多作家沉迷于对底层平民生活的想象性苦难之中，以一种简单的二元对立思维来展示社会转型中的农民、工人以及其他底层民众的生活悲剧。在洪治纲教授的判断中，现在的许多作家，刻意制造情感冲击力以使作品深刻，让人物凄苦悲凉，而且永无尽头，这不是对人的精神发难，而是对人的生存处境进行极端化的演绎，人性是被普遍撕裂的，底层的人物为了生存被金钱、权力、话语暴力等强奸、污辱，底层文学中的女性大多以出卖肉体而显示苦难的生存。他把这种写作称为“苦难焦虑症”式写作，认为当下的底层写作陷入了“苦难焦虑症”的模式之中。前面笔者提及的他的《底层写作与苦难焦虑症》一文就具体论述了底层写作的这些症状，并列举诸多外国小说的例子——如卡勒德·胡塞尼的《追风筝的人》、本哈德·施林克的《朗读者》等，旨在对比分析、说明我们

---

① 汪涓：《对近年“底层文学”的文化透视和反思》，《济宁学院学报》2010年第2期，第40页。

当下底层文学在书写苦难的时候缺乏某种宽广而温暖的人性，难以给人温暖。

洪治纲在一篇名为“底层写作仅仅体现了道德化的文学立场”的文章中明确指出，“在作家们的主体精神里，非常明确地凸现出某种道德化的情感立场——同情大于体恤，怨愤大于省察，经验大于想象，简单的道德认同替代了丰富的生命思考”①。他认为，正是过度彰显道德化写作立场造就了底层文学的一种困境。底层写作的道德化立场是可以存在且必然会存在的，但我们的作家不应仅仅局限于此，否则作品实难深刻而有深度。

不难看出，洪治纲教授认为当下的底层写作主要有两个问题：一是“苦难焦虑症”；二是仅仅体现了道德化的文学立场。那么，我们应怎样看待底层文学的缺失问题呢？

1. 作家底层生活经验的匮乏

笔者以为，当下的底层文学从作家方面来讲，他们普遍缺少底层生活经验。很多作家凭想象进行写作，也就是脱离生活的现实进行写作。很多作家写底层却对底层生活的真面目并不了解甚至一无所知，他们对底层有很大的隔膜，他们写的是自己想象中的底层人、底层生活、底层情感与思想。他们的想象与事实有很大的差别，他们写的不是活的人，表达的情感与思想也不是活的，他们站在底层生活的外围，带着同情与悲悯来写底层生活，并未真正走进底层人的生活与内心。作家们肤浅地以为物质的匮乏就意味着精神的空虚与困顿，可事实并非如此，物质的匮乏与精神的空虚并不一定对等。写底层生活却并未真正深入底层生活，并未观察真实的底层生活，仅凭想象虚构，这只能是虚假的文学。“我们常常在想象底层的时候却并不真正关心底层的所思所想，并未对他们的精神世界具有深切的了解和把握。于是，我们看到了底层生活的苦和难，看到了无助与无奈，除了简单地呼唤关切他们之外，却没有他们灵魂的表现。”②写底层人就要介入他们的日常生活，从日常生活出发，从现实出发，从他们的真实内心出发，写出活的人与思想、情

① 洪治纲：《底层写作仅仅体现了道德化的文学立场》，《探索与争鸣》2008 年第 5 期，第 33 页。

② 张颐武：《日常生活平庸性的回应——“新世纪文学”的一个侧面》，《河北学刊》2006 年第 4 期，第 118 页。

感，这样人性才能丰满，灵魂才能闪耀。滕肖澜的作品《握紧你的手》，写底层人的日常生活，写他们真实的生活，表现出了底层人真实的情感与思想，这样，他们的生活内容也就更为丰富，人性愈加丰满，平凡人的灵魂更为闪耀。底层写作就应当如实地写真实的现实、真实的底层，表达真实的情感，而不是一味地“苦难焦虑”。

鲁迅在其所处的时代倡导“能宣彼妙音，传其灵觉，以美善吾人之性情，崇大吾人之思想者”[①]，并指出文艺是“引导国民精神的灯火”。笔者认为，想要写底层文学，作为作家，首先必须写真实的现实，真实的底层，真实的生活与情感，底层生活经验的缺失是底层文学出现各种症状的重要原因。

2. 温情的缺乏

洪治纲在《底层写作与苦难焦虑症》中明确指出，中国当前的许多底层小说缺少那种温暖的人性，很少让人读到那种来自灵魂深处的宽厚、广袤和悲悯，也很少让人感受到那些人之为人的亲情、荣耀和梦想，“它们带给我的，常常是惊怵、绝望、凄迷和无奈，间或还有些堕落式的玩味和暴力化的戏谑”[②]。也就是说，当今文坛的底层写作一味表现苦难而缺乏对于人性间应有的温暖的呈现。诚然，作品中写苦难是必不可少的，许多作家作品都无法回避苦难。丹纳曾强调：“在一切理由中最有力的一个理由，使艺术家倾向于阴暗的题材。作品一朝陈列在群众面前，只有在表现哀伤的时候才受到赏识。”[③]确实，写作并不排除苦难，正如洪治纲所说，“如果没有苦难，以及对苦难的倾力关注，我们的文学或许会失去许多丰富的精神内涵”[④]。文学离不开对苦难的关注，但这并不意味着文学只可以、只需要展示苦难，甚至刻意夸大苦难，而陷入苦难焦虑的模式，或者仅仅是对这些苦难作道德上的同情，这都是远远不够的，没有任何力量，因此底层的意义也无法最终显现。苦难不只属于底层，底层也不仅仅只有苦难，底层的苦难确实能唤起人的同

① 《鲁迅全集》第一卷，人民文学出版社 1981 年版，第 201 页。

② 洪治纲：《底层写作与苦难焦虑症》，《文艺争鸣》2007 年第 10 期，第 39 页。

③ ［法］丹纳：《艺术哲学》，傅雷译，人民文学出版社 1988 年版，第 37—38 页。

④ 洪治纲：《底层写作与苦难焦虑症》，《文艺争鸣》2007 年第 10 期，第 41 页。

情与悲悯，但当所有小说都来描述苦难的时候，苦难就走向了模式化，削弱了底层文学的力量。难道底层文学仅仅是为了把人们的苦难生活或精神困顿展示出来，给诸多读者一个同情的载体吗？底层人们的生活就是给人欣赏并作虚假式的同情的吗？这样的底层文学有何力量可言？笔者以为，底层文学可以展示苦难，但重点却不在苦难，而是在于苦难背后彰显的人性的温暖，借苦难生活展现底层人所特有的坚韧、尊严、公义等，要让读者看到不一样的底层、不一样的温暖，让读者知道，底层同样有爱、有温暖、有感恩。小说《握紧你的手》开始似乎一直在写面临被拆迁的种种困难，写底层人艰难的斗争生活，作家似乎也要陷入苦难焦虑的模式中，但在后面我们看到，滕肖澜转写流浪者的“家”，他们一起守护这短暂而温暖的家，这给人一种别样的温暖，展现出有爱、有温情的现实世界。这种转变很好——其并不是刻意为之的，作品写底层人生活的不易却并未沉湎其中，小说最可贵的地方就在于一群陌生人“握紧你的手”式的温情，使他们对未来生发了希望，不失却信心。这就是叙事的有效控制，“叙事的有效控制并不一定会伤害审美效果，有时甚至会增添其审美内蕴”①。

写底层，但应超越底层，或者高于底层，表现底层的温暖，进而引导底层群体看到生活的希望，坚定生活的信念，引导他们坚信人性的终极关怀并看到生活的真善美，这才是底层文学应该有的力量，也是文学所应具有的力量。

3. 缺乏应有的文学高度

笔者以为，底层文学在缺失真实和温暖之外，还缺失了一种文学应有的高度。文学应善于发掘并展示苦难中的诗意，展现普通生命的人性之光、精神之光，给我们提供精神的抚慰。

刘醒龙于 2009 年出版的《天行者》是书写人性之光、精神之光的代表性作品。作品叙述了几位在偏远山区执教的民办教师，他们在艰难困苦的生

① 洪治纲：《乡村苦难的极致之旅——阎连科小说论》，《当代作家评论》2007 年第 5 期，第 80 页。

活中坚持教书育人的故事。他们身上有生活的压力，有教学的压力，更有来自乡村政治形态、社会形态等的压力。他们的生活沉重而艰辛。“转正”是他们每个人的梦，可他们最后都未实现转正梦，他们每一个人都渴望成为公办教师，可最终都高风亮节地将名额让给了别人。而当全体教师都可以转正时，他们却又交不起买断工龄的钱，面临种种艰辛，他们依然在伤痛中兢兢业业。尽管他们之间有矛盾，但为了乡村教育事业而团结在一起。他们的艰辛、伤痛，他们的朴素、坚韧，他们的隐忍、执着，让人伤痛而又感动。他们在苦难中展示出的人性之光与精神之光让我们感动，更给了我们和如同他们一样的底层人高度的精神抚慰。对于底层，作家不应仅仅只是表现一种宽泛的人文关怀，亦需努力建构底层人的精神世界。正如小说《握紧你的手》中的那群人一样，他们战胜逆境和悲苦的坚韧，在逆境与悲苦面前保持良知与操守，是一种尊严，是一种精神之光，更是一种人性的光辉。小说使他们的底层生活在困顿中获得了诗意，增添了普通生命的意义。

底层文学作品虽来源于底层生活，但又应在精神层面超越底层现实，在批评的同时赋予作品一定的精神高度。“凡是揭露性的就是好的，就是中国文学的方向，就是中国文学的最高水平，它忽视了一个民族的文学倘若没有正面的精神价值作为基础、作为理想、作为照彻寒夜的火光，它的作品的人文精神的内涵和它的思想艺术的境界，就在大打折扣。”① 也就是说，底层文学作品在揭示生活苦难、伤痛的同时，理应积极展现人性之光、精神之光，弘扬正面的精神价值，肯定人性中的美好、正义、善良、坚韧、乐观与宽容等，这是文学之魂。“文学的艺术价值不在于某些大众文化的声色沉迷和欲望放纵，而在于承载那些以历史为尺度的人类最基本的美好情感、思想、道德和信念，更多地体现为一种现代性的精神追求——执着于意义、不放弃理想；执着于对人之所以为人的尊严、平等和自由。这是所有作品，更是21世纪底层文学寻求精神突围的有效路径。”② 铁凝说：“文学不可能对生活提供

① 洪治刚：《底层写作与苦难焦虑症》，《文艺争鸣》2007年第10期，第43页。

② 寇国庆、何言宏：《新世纪以来底层文学面临的现实困境及精神突围——以中短篇小说中女性情感的书写为例》，《楚雄师范学院学报》2010年第4期，第5页。

简单答案，好的作品都是多意的，开放性的，存在一种‘建设性模糊’，你可以这么想，也可以那么想，但最终都有一种心灵的指引。”①

毫无疑问，底层文学在发展的道路上遭遇了诸多困境，对底层文学进行必要的改造是一种必然性要求，但这只有在明确底层文学所存在的问题的基础上进行。在前面，笔者对之进行了一种尝试性探讨。只有明确了问题所在，才能更好地规避问题，构建真实、温暖而富于精神高度的底层文学世界，这是需要作家们共同努力的。

第二节　庸常生活中的诗情与有力量的文学
——从张翎的中篇小说《何处藏诗》说开去

加拿大华裔女作家张翎，是海外华文文学的新起之秀。她的作品尽管数量不多，却引起了广泛关注。而且，她凭借出色的小说创作力，获得了国内外许多文学奖项。综观其小说创作历程，可以发现，她多采用双线叙事结构，以女性特有的敏锐而细腻的触觉去发现、去思索生活在大洋两岸的人们所面临的共同的生存困境。张翎是一名职业听力康复师，常年生活在加拿大，能够在工作和生活中获得诸多素材和心理体验，这些都为她的小说创作提供了很好的条件。

张翎善于在大的历史环境下写男女的婚恋，当然，她所描写的婚恋故事都是一些普通移民的普通遭遇，她更着力于在对相对普通的人生经历的书写中传递一种温暖的感动。也就是说，当人处于某种人生困顿时，张翎希望，不要绝望，要坚信爱的力量，要坚强隐忍地活下去，最终寻找到属于自己的精神家园。我们认为，这是张翎小说创作的根本性理念之一。文学能抚慰心灵，能让人在尘世中怀有一份诗情和希望，能给人在困境中前行的力量。她在 2012 年发表的中篇小说《何处藏诗》就是这样一部作品。

---

① 黄鋆：《铁凝：贯穿始终的是对生活的爱》，《燕赵晚报》2002 年 12 月 26 日。

一、庸常生活中的诗情与温暖的生成

平庸是生活中的一种常态，大多数人都处在这种庸常生活之中。张翎的小说讲述的普通移民正是处于这种庸常生活状态之中的群体。张翎笔下的人物在异国他乡的遭遇只是普通移民众生中的一个侧面，从表面上来看，并没有多大的新奇之处。

《何处藏诗》讲述的是隐藏在跨国合同婚姻后的两个爱情故事。小说采用了双线结构，一个发生在加拿大，一个发生于过去的中国。在加拿大，讲述的是何跃进和梅龄在合同婚姻下相爱相守的爱情故事；在中国，讲述的是在“文化大革命”时期端端所承受的苦难及其与何跃进的爱情悲剧。

1. 生活中的“黑暗”：何跃进、梅龄的庸常生活

何跃进为了摆脱生存的窘境，答应接下一份经朋友介绍的通过跨国婚姻的形式帮梅龄移民的交易。梅龄是郑阿龙的情人，为了报恩，她答应移民以帮他洗黑钱。这样，“一个被生活全方位地忘却摒弃了的半老男人”与“一个除了身体再也没有任何东西可以拿来谢恩的女人”[①]走到了一起。

两个身处生活困境之中的个体基于现实原因的结合成了这段“爱情”的基本面貌。他们彼此间是最为陌生的两个人，对于梅龄，何跃进有过这样的心理活动：她“坐在左边的位置上，一动不动。他有时觉得她的脸是用砖头一类的材料制成的，寻常看不出一丝裂缝，既没有悲也没有喜，更没有激动和焦虑，有的只是认命以后的平和。平和可以像水，平和也可以像铁”[②]。正是这样一个对他而言像砖头、像铁一般冰冷而陌生的女人，要与他一起经营一份迫于生计的爱情。他们对彼此并不厌恶，也谈不上什么喜欢，而仅仅是一种无奈的合作关系。这其实就暗合了生活中最为常见的庸常状态，没有任何热情，也没有什么讨厌，有的只是迫于险境的无奈与退让。这种无爱无恨的状态似一条“自动化”的河流，它埋葬了人们对于生活及爱情的感受与热

---

① 张翎：《创作谈》，《北京文学·中篇小说月报》2013年第1期，第56页。

② 张翎：《何处藏诗》，《北京文学·中篇小说月报》2013年第1期，第24页。该作品引文具体出处下文不再一一标示。

情，让人成为某种失去意识的只求生存的机器。

2. 庸常生活中的诗意编织：诗、爱与人性之光

正是因为面对生活的黑暗地带，诗、人性与爱才显示出其光彩。

通过几个月的假恋爱，又一年零六个月的同居生活，何跃进和梅龄共同经历了最初两人相处的陌生尴尬，后来的相互体贴照顾，最后的相知相爱的情感流变。诗歌在其中起到了关键的作用。梅龄知道何跃进随处丢弃的诗是“他藏在万仞山岩一样厚实的心门里边的话。这些话，他是一辈子也不会说给别人听的”。梅龄细心地将他的诗收集起来，她通过这些诗来了解何跃进的内心，知道端端的故事，最后因他的诗情爱上了他。

在双线叙事结构下，小说描写了何跃进、端端和梅龄艰难的生存、庸常的生活、坎坷的命运及空虚的情感。两个时空，三个主要人物，被张翎用诗歌作为一条细线串联起来。这就让故事人物在庸常的生活中有了一份诗情，也使故事讲述更加生动而富有诗意。海德格尔曾经通过荷尔德林的诗作出这样的深刻阐释：充满劳绩，但仍诗意地栖息在这片大地上。何跃进的生活，像大多数人一样庸常无奇，但不同的是他会写诗，为端端，为自己，为梅龄。写诗已经成为他生活中的常态，诗成为他认识自身、感悟生活、纪念端端的重要形式，也成为其他人了解他的重要媒介和途径。

真正的爱是两个灵魂的结合。“爱，不是占有，也不是奉献，爱只是自己的心愿，是自己灵魂的拯救之路。”① 何跃进对端端爱的坚守，梅龄对何跃进爱的给予，让何跃进知道“生命中除了冬天，还有别的季节”。他们间的爱情繁复多样，残缺不全。但是爱情的存在让生活在庸常状态中的他们看到了希望和光亮，让彼此感受到在漫漫寒夜中久违的温暖。故事结尾，梅龄怀着何跃进的孩子来找他一起买房子，一家人最终团聚了。新生命的存在，把两个常年飘荡的灵魂牵连在一起，让他们看到了希望，也感受到了温暖。

---

① 谢金娇：《论张翎小说中的女性生命困境书写》，硕士学位论文，广西师范大学，2012年，第31页。

二、有力量的文学

张翎善于以女性特有的敏锐、细腻去探寻、思索人类共同面临的生存困境，去关注人和人性，特别是在大的历史时空下人的命运遭际。也就是说，张翎的作品“通过富有个性的历史书写，鲜明的性别视角叙事，人性复杂的书写，独特的生命体验的关注和中西文化融合的思考等方面来表达她对过去故乡、现在生活、未来生命的独到见解和看法”①。张翎将人物安排在大的历史环境和当下生活中，让他们经历种种考验，体验生存的困境、精神的创伤。最后，作者又给予他们温情的结局，让他们冲破花岗岩般厚实的生活中的黑暗之墙，看到光亮，看到希望，获得温暖。

1. 理想主义的结局

《何处藏诗》前 22 小节讲述的故事都是在一种沉重压抑的气氛之中进行的，不管是“文化大革命”时期端端的悲惨遭遇，还是何跃进与梅龄弄假成真的爱情。但是，在最后一节即第 23 小节，故事结尾却出人意料，一个充满温情的结局出现，何跃进、梅龄两个人相爱相守了。可以说，张翎对笔下的众生确实充满了关爱，她总是在人物颠簸的命运中灌注某种希望，让人们看到亮色。张翎曾将自己和张爱玲作比较，“因为她的刁钻尖狠是出于对世态炎凉非常的灰心绝望，而我不是，我骨子里还是很温情的，对人生充满希望。而且我觉得一时半刻，我还看不到人生中那些绝望的东西，或者说常在绝望中看到一条生路。所以，她写的是人的丑恶，而我写得更多的则是人的无奈”②。

张翎的小说描写的多是残缺的婚恋、失落的亲情、无根的成长困境，但结尾却往往是“理想主义大回旋”，以温情和博爱许诺故事人物以希望与爱。正如作家在《何处藏诗》的创作谈中所说的：“这种抱团取暖的苦情故事一般来说很难有个好结局。在现实生活中，何跃进这样的男人大多会在长久的

---

① 谢金娇：《论张翎小说中的女性生命困境书写》，硕士学位论文，广西师范大学，2012 年，第 1 页。

② 力扬：《为自救而写作的女人——多维专访华裔女作家张翎》，《多维时报》2005 年 12 月 16 日。

与世隔绝中寂寞地老去，而梅龄这样的女人大多会被郑阿龙这样的男人始乱终弃，靠微薄的施舍过着怨妇的日子。他们不会在那桩假婚姻中陷入爱情这个危险的陷阱。她不会爱上他，更不会为他平庸的诗情感怀伤神。他也不可能爱上她，因为他不知道怎么爱，而她缺乏教他爱的动力和能力。”①然而，即便现实生活果真如此，文学也还是需要并可以有别样的可能。

张翎在写完这篇小说后，意识到柔软单薄的诗歌，无法撑起一段苦难的感情经历。这种书写的模式，虽说极有可能是一种伪生活，却给人以希冀，给人以力量。虽然这种写作模式减弱了张翎作品的深刻性，却表现出一种理想主义。“理想主义属于人类特有的精神现象和价值理念。它是心灵生活向上的运动，指向价值世界的深层维度。积极性质的理想主义，是一个时代精神生活和有力量的标志。”②张翎在其作品中就展现出了这种理想主义的追求，因为理想，作品就有了一种力量。

2. 温情的力量

真正有力量的文学能够直达人性深处，给人以希冀、温暖和光亮。张翎习惯于给她小说中残缺的婚恋安上一种温情结局，这与她作为一名基督徒的信仰是相关的。她的作品，洋溢着博爱的精神和悲悯的情怀。这种信仰，让其作品更加有力量，能给人以感动与思索、温暖与希望。也就是说，作者有了信仰，文学就有了力量。

文学的力量，可能来源于真实的描写、华美的语言、精巧的结构、丰富的想象、优美的修辞等，但是一部真正有力量的文学作品，其核心的力量一定来源于其自身的品质。这种品质包含着作者的热情和理想，也包含着作者的价值判断。

张翎认识到人在现实生活中所必须面临的困境和苦难，却始终不忘在苦难中寻找希望，在困境中追求理想。其笔下的何跃进与梅龄就是如此。这样的人物以及围绕人物而展开的情节设置彰显了张翎的深切期望，她期待读者

---

① 张翎:《创作谈》,《北京文学·中篇小说月报》2013 年第 1 期，第 56 页。

② 李建军:《理想主义造就有力量的文学》,《中国社会科学报》2010 年 10 月 12 日。

能通过文学作品去思索与人的命运和尊严相关的生活理想，向往美好的未来生活，寻找属于自己的精神家园。

三、当下文学生态的丰富与作家的坚守

当下中国处于一个消费的时代，大众传媒的普及，外来思想体系的侵入，使中国文学的基本生态出现了复杂化面貌，从而也导致了人们文学价值取向的多元化。近年来，中国文学作品数量日渐增加，文学类型更加丰富多样，阅读的群体越发庞大，这自然是可喜的一面，但在这种“丰富”之外也隐藏着忧患。英国学者迈克·费瑟斯通说，现代社会人们追求的是“消费时的情感快乐及梦想与欲望”①。确实，在当下的中国，一些经典的具有较高审美价值的文学作品往往被弃置一边，人们追逐的大多是能给予自己暂时性快乐或欲望满足的作品形式，对人文精神的探寻却兴趣全无。

在这样的一个时代境遇中，当感官享受与日常休闲乃至于经济利益成为文学市场最为首要的主导价值时，文学也就失去了其作为人学的最为核心的价值。面对因“丰富”而带来的发展困境，作家该如何选择呢？欧阳友权教授是这样回答的：“一个有艺术追求的作家，他从事文学创作是要表达一种精神的旨趣，或负载生命搏击的心路历程，其最高的艺术目标是以无限的精神追求去追求精神的无限和永恒，以建构人的精神家园。”②

作为海外华人作家，张翎坚持用小说去追求精神的无限和永恒。因其移民身份与工作机缘，“使得她在关注异乡客的生存状态和精神焦虑上，有了深刻的自我见解，进而形成了一部部‘跨界’书写”③。不同于以往的海外移民文学，在张翎的作品中乡愁只是点缀之物。这在海外文学中具有一定的代表性，贯穿其小说的精神内核是关于人性的书写。她曾说到，无论她写的故

---

① ［英］迈克·费瑟斯通：《消费文化与后现代主义》，刘精明译，译林出版社 2000 年版，第 12 页。

② 欧阳友权：《互联网时代文学生态论》，《阴山学刊》2003 年第 1 期，第 6 页。

③ 谢金娇：《论张翎小说中的女性生命困境书写》，硕士学位论文，广西师范大学，2012 年，第 7 页。

事发生在什么时代、什么地点，其中的人物有着什么样的身份，其最看重的还是人性本身。无疑，这是一种坚定的文学信念。她在坚守，亦在持续地探寻。

如上所述，张翎说，在《何处藏诗》中，她书写的极有可能是一段“伪生活”。确实，在小说中她营造的是一种由诗意的想象构建而成的生活，希冀也不免超越了现实生活的边界。然而，我们认为，当下依然需要这种诗意理想的文学，需要这种有真正力量的文学。它作为一种介入人的精神世界的韧性书写，以别样的方式丰富了当下中国文学的基本生态。

当代中国文学需要这样的一种文学样态。在文学研究中，我们也必须持续关注“有力量的文学”这样的理论性命题。

第三节 小说赋予现实以意义：一种有效的写作

——从计文君的中篇小说《无家别》谈起

从一定意义上说，当下社会是一个碎片化、多元化、消费型的开放社会，且科技的迅速发展促成了当下社会的瞬息万变。在“文化”成为人们口中时髦词的今天，文学却走向了边缘。众所周知，小说是通过虚构叙事对社会现实的能动反映，然而，面对这样的社会现实，很多作家显得手足无措、无所适从。部分作家尤其是网络写手为了赢得利益向消费逻辑妥协，很少甚至从不去思考“什么是真正的小说”“什么是有价值的小说”“小说存在的意义何在”“作家的责任为何”这些关乎文学根本的问题，这使得各种各样低质量的小说文本充斥于人们的生活中。这既阻碍了人们合理世界观、人生观以及价值观的培养与确立，同时也让作家们处于越来越尴尬的境地。在这样的文学生态下，有良知的作家应该迎难而上，积极承担起自己的使命。他们最有力的武器即是文学作品，而一部好的文学作品产生的条件，除了作家自身的丰富经验、天才想象力以及具有表现力的语言之外，还需要端正其自身的文学观念。写作者们的文学观念在很大程度上决定了其作品的优劣和价值高低。

面对无边无际的现实，女性作家计文君也像众多同行一样对文学创作充满了困惑和担忧，但她并没有被现实淹没、吞噬，而是努力保持独立清醒的头脑，不断地反思并更新自身的文学观念。在其2013年发表的中篇小说《无家别》的创作谈中，她明确地表达了个人的困惑和忧虑，同时也试图寻找合理的答案。她认为："有效的写作，是有贡献的写作，无论是对世界的发现，对人类的精神情感的探索，还是对小说艺术本身的探索，只要有微末的贡献，哪怕是谈不上成功的尝试，都是有贡献有意义的写作，是有效的写作。"[①]可见，计文君对于小说或者说文学有其自身相对明确的理解以及颇为明晰的价值取向。其实，在她所发表的《"70后"的尴尬和可能》《虚构的魅力，梦的力量》《题材意识与个人经验》《经验的容器》等一系列文章中都可窥见她一直以来对于文学观念探索的自觉性，同时，她若干年来创作的中短篇小说即是其文学观念发展的印证。她在理论与实践中寻寻觅觅，终于找到了文学精神上的归宿，这个归宿即她的"文学之乡"——钧州。计文君在钧州这片土地上播撒她的人生经验、文学思想和文学理想，从而赋予现实以意义。《无家别》就是钧州大地上生长起来的一棵树，它以自己的生长历程诉说着"无立足之地的失败感"，以其沉重的叹息表达着对于社会现实的批判。

一、"文学之乡"作为经验的容器

"文学之乡"这个词对于我们来说并不陌生，它既可指某个因文学热爱者众多且文学成就突出的地区，如宁夏西吉、陕西高陵；也可指作家主动建构的文学领地，如莫言的"高密东北乡"、沈从文的湘西、贾平凹的商州等，它们是作家个体的文学精神之乡。前者是现实层面上的文学盛产地，而后者则是超越于现实基础之上的虚构之所。显然，计文君的"文学之乡"钧州即是其文学想象的结果。

1. 钧州：计文君的"文学之乡"

对于钧州，计文君曾经这样表述："我从2000年开始写小说，至今为

---

① 计文君：《创作谈：无边无际的现实》，《北京文学·中篇小说月报》2013年第10期，第100页。

止几乎全部的作品，都与那个叫‘钧州’的地方有关。那是一个中原的腹地，有着悠久的历史，也有着和中国其他城市一样的现代、当代命运。我故事中的人物，在那里生活、出发、远离，或者从异乡归来……我现实中的故乡是河南许昌，读过《三国演义》的人大概知道它的位置。然而钧州并不是许昌，当然不只因为我无中生有地给了它一条白沙河，甚至也不是许昌的象征、比喻或者变形，它只是我的文学之乡——盛放自我经验的容器。”① 由此可知，钧州是用来盛放她真实经验的虚构容器，这个容器的选择并不是毫无根据的。历史上以及文学中的钧州，是我国第一个朝代夏国的都城，具有悠久的历史，是华夏文明的发源地之一。在这片土地上，既孕育了一代又一代的文化名人，同时也是众多文人笔下描写的对象，尤其是对于钧瓷，如“出窑一幅元人画，落叶寒林返暮鸦”“雨过天晴泛红霞，夕阳紫翠忽成岚”“峡谷飞瀑菟丝缕，窑变奇景天外天”等，都是对窑变的神奇发出的真切感慨。并且它的发展与众多的城市一样，遭遇了各种浪潮的席卷，经历了沧海桑田的变迁，具有一定的代表性和普遍性。钧州已不是现实中的那个地方，它是超越其上的具有精神文化意义的宝地。

在计文君的眼中，它俨然成了一个“国家”的缩影，她游荡在这个“国家”的历史与现实之中，体悟人性、人情以及生存哲学。计文君表示：“作为经验容器的文学之乡，固然有些质素来自写作者真实生命经历中地理、文化意义上的故乡，但更为本质的来源，是这一写作者在人类漫长叙事谱系中选择的位置。”② 故而，钧州，理所当然地成了计文君在人类漫长叙事谱系中个人自觉选择的位置。

2.“文学之乡”中的丰富意蕴

“小说是用虚构的容器盛放真实的经验”③，钧州这一虚构的容器中盛放着计文君丰富多彩的经验。对此，我们就从《无家别》谈起。小说叙述了博士生史彦从北京退回故乡钧州后的遭遇——母亲的病痛、妻子的冷漠、老同学

① 计文君：《经验的容器》，《文艺报》2013 年 9 月 27 日。

② 计文君：《经验的容器》，《文艺报》2013 年 9 月 27 日。

③ 计文君：《经验的容器》，《文艺报》2013 年 9 月 27 日。

王启的虚伪庇护、季青的“外强内弱”、人与人之间的难以理解以及故乡花驿的逐渐消逝等，都裹挟着史彦走进死胡同，本以为“退一步海阔天空”[①]的他没有料想到现实是如此的荒诞、破碎，竟会成为“无路可退”，最终他只能在这无常的现实中感叹“我该如何存在”。《无家别》传达出了当代众多像史彦一样的人在无边无际的现实中挣扎的无力感和失败感，他们无法找到自己的安身立命之所，他们的精神、灵魂更是无处安放。计文君借《无家别》表达了对当代社会现实的某些本质性认识和批判以及对于人该如何处世的哲思，在充满命运感的书写中引发人们对于自身存在的深刻思索，而这些背后隐藏的是作者在生活和文学上的理想，即在洞明世事、淡定从容地生活的同时，以文学去发现世间真实、探索人类的精神情感、挖掘艺术的有效呈现方法。她在《“70后”的尴尬和可能》中道出了她理想中的小说，即“它以极具吸引力的故事和极富个人色彩的修辞，在真实世界和‘太虚幻境’之间形成叙事空间，以复杂、多义的文本和变动不居的现时性和人类历史时间构成对位的互文关系……完成这样叙事的作家，既洞明世事，了解现实，又拥有伟大的梦想，通晓虚构的魔力”[②]。可以说，《无家别》就是计文君对于小说理想形态的现实实践成果之一，她找到了杜甫《无家别》与现实社会中相通的东西，从而利用虚构的魔力来呈现真实，来表达无立足之地的失败感，在历史与现实的交叉映照中，催生出无穷意蕴，试图以此赋予现实以意义。计文君在2012年发表的另外一部中篇小说《窑变》写的同样是发生在钧州的故事，它利用“梦”和“镜子”去描写主人公邵自清这样一个带有清高孤傲气质的书生在物质文明时代所遭遇的困境，在虚实相对、虚实相生中捕捉现实，体味人生哲理，真是应了《红楼梦》中“假作真时真亦假，无为有处有还无”这句充满丰富韵味的话，使作品具有浓厚的中国古典小说特征。此外，《帅旦》《开片》《剔红》等都叙述了钧州女子在荒诞现实里追逐爱情或其他事物的过程中受尽身心折磨、痛苦之后终获新生的故事，她们在苦难中寻

---

① 计文君：《无家别》，《中国作家》2013年第8期，第4页。该作品引文具体出处下文不再一一标示。

② 计文君：《“70”后的尴尬和可能》，《文艺报》2011年9月28日。

找自我、确认自我，焕发出了如“窑变”一样的光彩。这些作品均反映了在无边无际的现实中人性的复杂和丰富，于现实“火炉”中煅烧的人们有的成了“废品”，有的成了“珍品”，而作家却让她笔下的女性人物大多成了洞明世事、优雅从容之人，就如《无家别》中那些“在一切无常中守住自己的常”的杨树一样，以此道出作者自身对于生活、生命的深刻体验和期待。

综观以上作品，钧州这个“文学之乡”所呈现出来的现实是怪诞、碎片化而又无边无际的，人们在现实的裹挟中挣扎着行走，身体与灵魂都备受痛楚，而计文君心中期待着他们能够反思自我、确认自我，走向从容、韵致。童庆炳先生在评价莫言的“文学王国”时曾指出：更为重要的是，作家有自己的文学理想，有自己的审美追求，有自己的价值取向，就是在这种梦幻化和情感化中，这一切都可能渗入其中，这样或那样地被实现，从个别的特殊的故乡里，写出普遍的人类相同的人性、人情，写出人类的美好追求。[①] 计文君的钧州又何尝不是如此呢？文学之乡作为经验的容器，并不局限于作家对现实生活的直接反映，而更是孕育着作家对文学、对生活、对生命的意义的深刻体认和期待，它并不仅存于对已然发生和存在的状况的叙写，而更指向事物与生活的未来和可能性。这些体验以及期待能否在小说中生成意义就需要对艺术本体进行不断地探索，承载它们的“文学之乡”是作家在对艺术本体性的持续性思考中找到的珍器，它自身所蕴含的历史与文化意义与当下现实相互指涉，与其他叙事策略共同推动着小说意义的生发。故而，“文学之乡”是一个位置，它承载着意义，抑或说它也推动着小说、文学意义的生成。

二、小说意义的生成与写作的有效性

1. 小说何为

计文君在其作品集《剔红》的“后记”中写道：“应该是昆德拉说的话，任何一个真正小说家的作品，都应该包含其对此前小说全部历史的思考，以

---

① 参见童庆炳：《莫言的硕士论文与高密东北乡文学王国》，《北京师范大学学报》（社会科学版）2013 年第 5 期，第 71 页。

及对‘小说是什么’这个问题的回答。我实在不想让自己给出的答案，过于蒙昧、无效。”[①]这是计文君在写作实践过程中的理论思考，她希望通过自己的小说对“小说是什么”这个问题作出有效的回答，如上所述，她一直以来所追求的就是“有效的写作”。也许人们在写作小说的过程中总想去追求优美的文字、跌宕起伏的情节或者动人的情感，它们或许对读者有着巨大的感染力，但不一定就具有有效性。写作的有效性并不仅仅在于作品能够单纯地给读者带来主观感受，而更在于小说是否能够生成意义，是否对现实、文学、人类有所贡献、有所价值。这并不仅是计文君的个人选择，更是社会赋予小说、赋予写作的责任与使命，也是小说存在的根本价值之所在。

进一步讲，“小说之所以存在且继续存在，不在于小说可以反映现实，而在于它能赋予现实以意义”[②]。赋予现实以意义的写作即是一种有效的写作。在这个言论自由而且电子媒介相当发达的当下社会，每个人都可以公开展示自己的作品，因而小说的数量达到了十分可观的地步，然而真正能够赋予现实以意义的作品却犹如沙里淘金。这样的一个基本事实也从另一个方面说明小说意义生成的困难和有效写作的不易。

2. 作家何为

小说的存在在于赋予现实以意义，而要写作出这种具有实际意义的小说，需要写作者具备宽广的视野、较深刻的历史意识、敏锐的洞察力以及合理的价值观等，甚至有时即使具备了这些优秀的品质，落实到写作上也难以使其生成意义。尽管意义的生成是一件困难的事情，然而，小说家必须致力于意义的生成。因为，作为虚构叙事的小说，意义是结构它的根本力量。没有意义的小说只能让人感觉到一时的惊艳、一时的感动，它的生命是短暂而晦暗的，甚至有些只能说是情节、情感等的复制或者文字的堆砌，它们终究会被泛滥的小说文本所掩埋、吞噬。追求小说意义的生成，既是小说继续存

---

① 计文君：《作品集〈剔红〉后记——且留几分听琴读香的心性》，2013年6月21日，见http：//blog.sina.com.cn/s/blog_652e6a5e0101a8oi.html。

② 计文君：《创作谈：无边无际的现实》，《北京文学·中篇小说月报》2013年第10期，第100页。

在的内在要求，也是作家自我个性以及主体生命得以彰显的媒介。尽管有困难，但是作家仍须坚守这一价值追求，如此才能使小说的价值得以呈现。计文君对此深有体会，她常常感觉到意义生成的困难，但是为了追求有效的写作，她始终在思考如何建构小说才能使其具有意义。功夫不负有心人，她的作品笃实地向我们展示了其意义。在《无家别》中，“我”在现实中清醒地挣扎着，成了一个无立足之地的失败者，而季青表面上活得很体面、成功，其实身心同样无安放的基点，同样是这个时代下的失败者。或者说，《无家别》传达的是一种无立足之地的失败感，而这正是由无边无际的现实引致的。在这里，作家的社会批判倾向是鲜明的，与此同时，小说文本也由之赋予了现实以意义。在《窑变》中，邵自清作为一个知识分子，其精神诉求在物质文明的挤压下难以得到满足，他所代表的知识分子的力量走向了颓败，表达了作者对于物质文明挤压精神文明的社会现实的批判以及对时代困境下知识分子命运的探索和思考，以此凸显其有效性。计文君的有效写作让人们在虚构中认识到了现实，体会到了现实的无边无际给人们带来的困境，启发人们去改变现实以及更好地存在。

其实，追求小说意义的生成、追求有效的写作，是计文君对“小说何为”与“作家何为”这样的问题所作出的具有当下价值的深度考量，是一个具有浓烈的现实感、责任感的作家鲜明而深沉的文学立场的响亮表达。她表示：“选择帮助自己的文学天赋发挥到最高点的题材，不仅来自对自我精神气质的了解和对自我经验的重视，同时也来自作家责任感的建立。虽然写作是个人的事，但是，个人写作背后依然有着深刻的责任，对社会、对文化和文学本身的责任。作家愿意承担什么样的文化责任和如何认定自己的社会身份，某种意义上，决定了小说的题材选择，同时也决定了创作的高度和作品的意义。”① 她在文学上的实践并非个人情感的胡乱宣泄，而是蕴含着她对于自己作为一个作家、一个有良知的知识分子的身份的深刻认同，在此基础上，她自由自发地去关注当下社会现实，关注人类的生存，以自己独特的方

① 计文君：《题材意识与个人经验》，《文艺报》2013年1月4日。

式表达着她的生活经验和文学经验，当然，其中还包含着她对于社会现实的批判和对人类生存的终极追问及美好愿望。她致力于将个人经验转变为时代经验、民族经验乃至人类经验，期望这些个人经验是有意义的、有贡献的。毋庸置疑，这是她的可贵之处。至少，从这个层面来说，她在众多作家中脱颖而出，被称为"准备好了"的小说家或"未来大家 Top20"便是当之无愧的。她在文学上所表现出来的致思倾向和现实责任感，为当下颇见乱象的文坛注入了一股纯正的血液，激励着文学创作者们对"小说何为""作家何为"等关乎小说命运、文学命运的问题进行深入思考，具有重大意义。

在文学发展的当下，在文学逐渐边缘化的今天，在文学和人的生存都陷入困境的此时，计文君以其细腻的笔触、敏锐的眼光和从容不迫的心态为人们探索出了一条虽布满荆棘却洒满阳光的道路。她的《无家别》《窑变》《帅旦》《开片》《剔红》等都坚实地走在这条道路上，将无边无际的现实展示给人们看，将人类的当下命运书写在人们眼前，探索那些在个体身上普遍存在却又未被清醒认识的社会现实及人类情感，让人们在阅读中思考当下现实，思考个体生命在现实中存在的重大问题，在阅读与精神沟通中真正实现其有效的写作，赋予现实以意义。优秀的作家理应形成这样一种共识，即追求有效的写作，让文学能赋予现实以意义。这是文学的力量、小说的力量得以呈现的根本性方式。

第四节　文学的绿色之思：文学生态内质的凸显

——从冯俊科的中篇小说《鸦雀无声》说起

曾永成先生曾说："文艺的绿色之思，就是对文艺问题的生态学思维。"① 当下的文学同样需要绿色之思，需要生态学思维。绿色，是生命之色、希望之色、和谐之色。文学的绿色之思，就是对文学生命的本色之思。文学需要在绿

① 曾永成：《文艺的绿色之思——文艺生态学引论》，人民文学出版社 2000 年版，第 2 页。

色的生命意蕴和生态内涵引导下深入思考人类精神领域如何生成人的生命生态的绿色，而不应仅仅从意识形态这个社会金字塔尖审视人和社会的关系。

一、《鸦雀无声》的生态维度

2014 年，小说家冯俊科发表了中篇小说《鸦雀无声》。在作品创作谈中，冯俊科反问道："麻雀到底咋死的?"[①] 这一发问式的论述与"麻雀到底还是死了"截然不同。它呈现的不是简单的现象描摹，而是作者的一种反思，或许还可以说是作者寄予文学的反思。两者表现出不同的思维方式和思想深度，前者旨在引导读者深究生态危机背后深层的社会、文化、思想根源，而这也正是我们探究《鸦雀无声》生态维度的落脚点。

1. 自然生态的呈现

"这些年，农村的土地大量流失和土地资源严重污染，给农民造成了极大危害。这种危害农民们以牺牲健康和生命的代价在承受着，各种生物动物鸟们以死亡和灭绝种类的代价在承受着。"[②] 正如作者所言，人与自然的生态问题日益突出。"人类敲响了地球的丧钟，与此同时，地球也在敲响人类的丧钟。"[③] 这是需要我们警醒的。

自然与人本应是相互依存的关系。在中国古代自然哲学中，自然被看作万物之母和本原。庄子云："天地有大美而不言。"老子《道德经》说："人法地，地法天，天法道，道法自然"，将自然比作"玄牝"，将其视为万物之源的庞大母体。《文心雕龙 · 原道》中讲："文之为德也大矣，与天地并生者何哉……心生而言立，言立而闻名，自然之道也。"在这里，我们可以明确感受到中国古代哲人对自然的敬畏与依托。然而，随着现代化的加速推进，人与自然、人与社会之间的矛盾日渐尖锐，人与自然的疏离感有增无减。在

① 冯俊科：《创作谈：麻雀到底咋死的?》，《北京文学 · 中篇小说月报》2014 年第 8 期，第 93 页。

② 冯俊科：《创作谈：麻雀到底咋死的?》，《北京文学 · 中篇小说月报》2014 年第 8 期，第 93 页。

③ 王耘：《复杂性生态哲学》，社会科学文献出版社 2008 年版，第 1 页。

中国社会现代化的进程中，工业化和农业化肥农药滥用造成的环境污染在20世纪70年代便凸显出来，而当下更是有过之而无不及。臭氧层的破坏、沙尘暴的吞噬、可用土壤和水资源的严重匮乏、疑难杂症的增加……使人类又面临着新的生态危机。尤其是原始生活领地的不断毁坏，加剧了人与乡村土地两者之间的冲突。大部分人仍沦陷于人类中心主义而不能自拔，一味地生活在以人类为主体的世界中，前人对待土地的谦恭态度在他们身上不复存在。俨然如《鸦雀无声》中所提及的："几十家这厂那场，如雨后春笋般出现在昔日的耕地上，祖祖辈辈留下来的耕地，像1943年的蚂蚱吃秋一样，转眼间都没有了。"① 正因如此，土地也未能给他们以庇护，"各种园区、工厂、研究中心、商品楼等越建越多，郊区农村的耕地已经不多了，一分一厘的耕地都显得金贵起来。县政府为了保护耕地不突破红线，向死人要土地，开展了轰轰烈烈的平坟运动"。人与土地、人与自然的严峻冲突可见一斑。"作为生态系统的自然并非任何不好的意义上的'荒野'，也不是'堕落'的，更不是没有价值的。相反，她是一个呈现着美丽、完整与稳定的生命共同体。"② 对于自然，人们需要保持一种敬畏，善待自然也就是善待人类自身。

2. 人文生态的折射

生态恶化的始作俑者，无外乎人类的贪念与盛行的消费主义。对此，鲁枢元教授早有阐述："生态恶化，不仅仅是个自然现象。自然生态的恶化同时还与当代人的生存抉择、价值偏爱、认知模式、价值观念、文明取向、社会理想密切相关。自然领域发生的危机，有其深刻的人文领域的根源。"③ 可见，自然生态背后折射出的不仅仅是人与自然、人与土地的关系，更是人与社会、人与人，甚至是人与自身之间关系的纵横交错。

人与社会的关系其实就是人与外部世界这一主客体之间的关系。自然是

① 冯俊科：《鸦雀无声》，《北京文学·中篇小说月报》2014年第8期，第87页。该作品引文具体出处下文不再一一标示。

② ［美］霍尔姆斯·罗尔斯顿：《哲学走向荒野》，刘耳、叶平译，吉林人民出版社2000年版，第10页。

③ 鲁枢元、孙妮娜：《诗意的栖居——鲁枢元教授访谈录》，《语文教学与研究》2003年第2S期，第4页。

自在的存在，社会是自为的存在，“历史不过是追求着自己目的的人的活动而已”[①]。人与社会的基本关系也无外乎存在正相关和负相关两种基本形态。人与社会的正相关便是指人与社会两者之间的良好互生、双向适应，作为主体的人对社会的建构和发展起积极的推动作用，作为客体的社会对人的生存和发展起良好的促进作用，两者相辅相成，形成良性循环，这便是理想的关系图景。但不可否认，人与社会的关系在多数情况下呈现出的却是相互冲突的负相关性，人对社会和社会对人的消极作用随处可见，两者之间产生的相互分离、相互对立的破坏性让人猝不及防。《鸦雀无声》中，几年间陆续出现的酿酒厂、养鸡场、饲料厂、养猪场、造纸厂、塑料编织厂、颜料厂、塑料凉鞋厂等现代工业严重挤压着人们的生存空间，由此形成的社会规制也在无形中钳制着人们的价值观念和思维方式，金钱至上的消费主义盛行，金钱渐渐成了衡量一切的标准，人们的眼中能看到的似乎只有金钱，无关道德风化。司马连种看着轰鸣的机器没日没夜地吐出一只只塑料凉鞋时，就像是看到了印钞机无休止地印着一张张人民币，眼睛笑成了一条缝，人与人之间的关系维系也只剩下了利益。

人与人的交往和相互作用大多表现为他人对自己的某种有用性，可以说，利益关系就是在客体对主体需要的满足过程中结成的关系，“利益是社会历史发展的最初原因和全部发展的萌芽”[②]。人对利益的追求本无可厚非，人有权利追求自身的合法权益，但是，倘若人与人之间的关系被抽离得仅仅剩下利益，所有人都不择手段地追求自身的利益，那便必然走向人性的异化，即人完全被物所支配。《鸦雀无声》便向我们呈现了这一面貌，人性的自私裸露无余、唯利益论吞噬人心。为了抢肥水，人们可以肆意践踏庄稼，甚至为了多获取一点肥水不惜大打出手。而得知肥水是废水、废水有毒后，各村又开始纷纷建堤坝，将废水堵向旁村，旁村害怕废水流向己村便也纷纷建坝。工厂为了阻止废水倒流也组织工人用煤渣碎砖和废料修建堤坝。为了

---

① 《马克思恩格斯文集》第一卷，人民出版社 2009 年版，第 295 页。

② 谭培文：《马克思主义的利益理论》，人民出版社 2002 年版，第 25 页。

自身的经济利益不惜牺牲他人的健康，人与人之间的温情荡然无存，存留的就只是自身利益的满足和欲望的膨胀。

在这样的人文生态中，我们不禁要追问："幸福是什么？"幸福是司马槐、老山等人眼中的高楼大厦、柏油马路、路虎奥迪名车、电灯电话和基本的生活保障吗？幸福是司马连种口中的坐着专机、雇着保姆、过着像皇帝皇后一样的生活吗？幸福是金钱位数的不断升级吗？答案显然是否定的，正如王岳川所说的那样，"肉身安顿在巨大的建筑空间中，却找不到精神归宿之所在。在失去意义中丧失信仰的生活使得金钱直接成为当代人的信仰，在金钱位数升级的同时，当代人不断地感到离具有超越意义的幸福越来越远"①。幸福到底是什么？这个看似最简单的问题却一直困扰着伦理学家，不同的人对幸福的定义不同，同一个人在不同的阶段对幸福的体悟也有所差异。从《鸦雀无声》中人的种种遭际可知，幸福绝不是某一种或几种能够使人得到快乐的行为方式，也不是只存在于"天堂"中的纯理性的幸福观念。真正的幸福应是马克思主义幸福观所提倡的，把物质生活和精神生活科学地结合起来，把个人幸福同集体幸福、暂时的幸福和长久的幸福、创造幸福和享受幸福正确地协调起来的幸福，如此，人方能享受幸福之长久。

二、文学的生态面向

自然生态的恶化有其深刻的人文领域根源，生态文艺学、生态美学、生态批评所关注的不仅仅是生态，文学也不仅仅是为生态而生态，应是思想文化批判，反思人类在文化和历史上的错误。正如鲁枢元先生所持论的："重整破碎的自然与重建衰败的人文精神是一致的……文学艺术将为填平物质和精神之间的鸿沟，抚慰人与自然之间的创伤，开创新时代的和谐与均衡做出贡献，文学艺术也将在完善世界的同时完善自身。"② 文学应凭借其自身力量改善人的非美的存在状态，建立符合生态规律的审美的存在状态，这才是文

① 王岳川：《生态文学与生态批评的当代价值》，《北京大学学报》（哲学社会科学版）2009年第2期，第131页。

② 鲁枢元：《走进生态学领域的文学艺术》，《文艺研究》2000年第5期，第4页。

学应有的生态面向和生态维度。

1. 文学之思：生态意识的重建

自然生态的急剧恶化，人类生存状态的每况愈下，致使越来越多的作家震惊于全国乃至全世界范围内的生态灾难。现代人因与大自然疏离已久而致的美感沦丧、人心荒寒更让无数作家难以接受，基于此，越来越多的作家开始摒弃原有的人类中心主义写作，而转向生态写作，意在凭借文学的生态意识唤醒人类的生态意识，引导人类完成由“自我意识”向“生态意识”的转向。

从现存的生态危机审视现代文明便可知，现代文明最致命的欠缺就在于它对大自然的有机整体性和人之生命的有机整体性的严重忽视。“现代世界观强行造成了人与周围自然界、自我与他人、心灵与身体之间的破坏性断裂。”①因此，重建生态整体观便是确立生态意识的题中之义。所谓生态整体观，便是要认识到自然界万物是一个有机整体，它们相互依存、相互联系、相互制约，人与自然万物没有主次之别、等级之分，两者只有和谐统一方能较好地维护地球的生态系统。反之，一方的败坏很可能招致整体的败坏，“生态学的前提便是自然界所有的东西都是和其他东西联系在一起的……生态学扎根于有机论，它的生长发展在于其内部的力量，它是机构和功能的统一整体”②。对此，我们需要保持足够清醒的认识；对于作家而言，亦如此。

文学的基点便是借助文学的影响力告诫人类，人与自然在人的实际生存中结缘，自然是人的实际生存不可或缺的组成部分，自然包含在“此在”之中，而不是在“此在”之外。人类想征服、教化、驯服、破坏和利用自然万物的冲动实际上是一种“生态梦魇”，文学的理想之光便是引导人类冲破这种“人类中心主义”的“生态梦魇”而走向“生态整体观”，使人成为生态系统中的有机组成部分。这是当下作家和文学应承担的责任，事实也如此，中国当代不乏饱含生态意识和生态整体观的文学佳作。如当代作家徐刚几十年来一直深切关注生态问题，他的《伐木者，醒来》《长江传》《地球传》等

---

① ［美］查伦·斯普瑞特奈克：《真实之复兴》，张妮妮译，中央编译出版社2001年版，第6页。

② ［美］卡洛琳·麦茜特：《自然之死》，吴国盛等译，吉林人民出版社1999年版，第110页。

生态报告文学具有浓厚的生态意识，影响深远。姜戎的长篇生态小说《狼图腾》是体现生态整体观的佳作。小说中，额仑草原的白狼王这一维护草原繁荣的野性力量与毕利格老人这一维护草原繁荣的人性力量构成了小说的张力。毕利格老人关于草原上“大命”和“小命”的生态智慧便是作者的生态智慧，可以说，毕利格老人是真正的生态整体主义者，他看重个体生命，但更看重生态系统的和谐与健康。而这也正是文学所要传达的内蕴。此外，还有众多当代作家在人与自然的关联中感悟着生态整体观并将其倾注于文学，如李存葆的《绿色天书》《净土上的狼毒花》《鲸殇》，张炜的《三想》《怀念黑潭中的黑鱼》，阿城的《树王》，张抗抗的《沙暴》，贾平凹的《怀念狼》《废都》，叶广芩的《老虎大福》，迟子建的《雾月牛栏》，等等。令人欣慰的是，生态意识已经深入不少作家的内心深处，而作家的职责便是凭借自己的力量将文学中的生态意识传输给读者，让读者在潜移默化之中自觉完成生态意识、生态整体观的内化，实现人的主观世界与客观世界的美化，实现人与自然、人与人、人与自身的动态和谐。

2. 文学之光：生态文化精神的书写

鲁枢元先生将生态文艺学的研究对象界定为自然生态、社会生态、精神生态三位一体的生态整体。文学的书写对象同样是自然生态、社会生态和精神生态，恰如柏林特所说：“这个世界的所有生物都需要我们的尊敬和关怀，整个生态系统需要我们的敬畏与保护，美学家有义不容辞的责任促使人类学会遵循自然秩序而栖居。”① 文学的绿色之思便是对生态文化精神的关注与呈现，这既是文学自身发展的需求，也是时代进步的重要环节。

现代性文化断根和消费主义导致人类现代性危机——自然生态危机和精神生态危机的出现。正因如此，西方存在着解构与建构、否定与建设两种截然不同的后现代思想体系。一种是以法国福柯、德里达、拉康为代表的解构性后现代主义；另一种是以美国大卫·格里芬和大卫·伯姆为代表的建设性

---

① Kern，Robert，“Ecocriticism：What Is It Good For?”，Branch，Slovic（ed.），*The ISLE Reader：Ecocriticism*，1993–2003，Athens：The University of Georgia Press，2003，p.38.

后现代主义。相比之下，我们更赞成建设性后现代主义，主张对现代性批判地继承，保留其优点，克服其弊端，创造出新的经济与文化形态，从而实现对现代性的超越。格里芬便将这种创造性的后现代文化形态称为“生态时代精神”。可以明确的是，后现代社会作为对科技理性主导的现代工业时代的超越，实际上已经形成了一种新的经济与文化形态。而这种文化形态所倡导的文化精神则是对科技理性主导的一种超越和走向综合平衡、和谐协调的生态精神。单从经济发展现状来看，我国目前还是发展中国家，现代化还没有完成，更谈不上已经进入信息经济时代，但从现代性的负面影响和精神文化角度看，我国同样存在市场拜物、工具理性主义盛行和生态恶化等严重问题，因此，对现代性的反思和超越、对生态文化精神的书写是一个时代性的大问题，不可或缺。

当代的我们或许不会再像第一次世界大战前二十年间的德国青年一样成为“自由的精神流浪者”，漫游在德国的森林和山谷之间寻求一种新的生活方式，以此来排解现代都市生活带来的混乱感和异化感，但我们可以借助文学的力量来传达我们的生态文化精神，反思我们的文化和历史。姜戎的长篇小说《狼图腾》之所以成为生态文学的经典之作，不仅在于其蕴含的生态意识，更在于小说对知青的生活也进行了生态上的历史反思，由是，北京知青陈阵在蒙古族老人毕力格的言传身教影响下逐渐领悟到草原上的生态智慧。正因为如此，小说折射出来的生态文化精神让人如沐春风。尽管这种精神之光如鲁枢元先生所说的，是一种“恢弘的弱效应”，但我们仍要像他一样对以“弱”的文学改善生态状况抱有期待，“始终认为人类的文学活动是一种‘恢弘的弱效应’，相信柔弱的文学最终会平息肆虐的生态灾难”①。

在生态危机严峻、污染横行已然威胁到自然生命的现状下，这种热烈的情感、微弱的文学之光无疑是十分可贵的。具有生态文化精神的文学便是当下需要的文学。

① 鲁枢元：《生态文学：恢弘的弱效应——读刘青汉主编的〈生态文学〉》，《绿叶》2011年第6期，第36页。

附录
邵丽中篇小说《刘万福案件》评价

2011 年第 12 期的《人民文学》杂志发表了河南女作家邵丽的中篇小说《刘万福案件》，随即，这部作品被广泛关注。现在来看，《刘万福案件》的“热”是有其内在理由的。这主要来源于这部小说散发出的浓烈“气息”，它丰厚、多样，有意味、有质感，而且是基于现实的。在这里，我们力图从多个维度呈现出其基本面貌，也体现出作为评论者对于它的审视以及由此而延展开来的思考与探索。

第一节 理想诉求的文学书写

——中篇小说《刘万福案件》旨趣之一

生活于人世间的每个社会个体都需要理想，也正是理想的存在让个体的具体生活拥有了多姿色彩的可能。文学是人学，是社会现实中从事实际生活活动的人的“精神分析”学，这一“精神分析”自然也指向对于社会个体理想的诉求、确认与呈现。文学书写人的理想，其自身也就更增添了亮色与质地。

《刘万福案件》是一部出色的作品。其文学意蕴是深刻的，也是多向度的，对于理想问题的书写与表现即是其中的一个重要方面。需要特别指出的是，在书写小说中人物基于现实的理想时，邵丽也在表达着属于自己的文学理想，而这里的每一种理想自然还对应着某种有待深入思索的人生姿态，包括作家介入生活的姿态。

一、县委书记的高蹈姿态——周启生的改革理想与百病丛生的社会现实

> 我不想在一首诗里翻身 / 不想在被反复歌吟的长句里苏醒 / 除非碰着那些人 / 他的骨头硌着我的痛处 / 眼里的光掺着时间的沙砾和无助的悲哀 / 而即使坐在动辄得咎的明处 / 语言的剑鞘 / 仍然包裹不住思想的锋芒 / 他是我的兄弟 / 我们不该让思想劈面相遇 / 在静夜里电闪雷鸣 / 不该在风雨如磐的时节里 / 把日子拼贴得风生水起 / 兄弟，记得有一次我们谈起了王小波的散文 / 仿佛站在楚襄王的快舟上 / “一点浩然气，/ 千里快哉风” / 我们在这个时代里鼓腹而游 / 也在这个时代里百病丛生 / 不管是在庙堂之高 / 还是江湖之远 / 左手家国天下 / 右手儿女柔情 / 如今，何处是长亭更短亭 / 天涯望断 / 高楼休倚 / 只是读到“理想主义火焰生生不息”时 / 鼻腔发酸……

这首诗题为《兄弟》，出现在小说《刘万福案件》的结尾处，也是作品补记的一个部分。它是从鄂豫皖交界处的一个县的县委书记岗位调到市政协工作——“明升暗降，这已是公开的秘密”①——的周启生，在一次酒后给已离任挂职副县长的作家“我”的身为一个自由主义经济学家的老公发来的一条短信。周启生与“我”老公的“好”“不仅体现在酒上，更多的是在思想上的交锋”，他们俩成了“兄弟”。这首诗是对兄弟情谊的吐露，是对社会现实的拷问，更是对一个政治理想主义者终极关注的真实书写。周启生不想在一

① 邵丽：《刘万福案件》，《人民文学》2011 年第 12 期，第 25 页。该作品引文具体出处本附录下文不再一一标示。

首诗里“翻身”，不想在个人的政治理想中“苏醒”，但是现实的残酷总是硌着他的痛处。明知这是一个多“病”的世界，却只因内心的一点浩然气，忍不住把理想带入现实，“左手家国天下，右手儿女柔情”，把日子过得风生水起。当理想与现实劈面相遇也就无可置疑地会产生碰撞与冲突，何处是归路，天涯望断，留下的是无奈也是悲哀，最后只能远远地仰望着理想，体味着理想，鼻腔发酸……

与作品中的主人公刘万福一样，周启生当然也是在中国这块特殊的土地和文化氛围里出生、成长、变化的。中国政法大学法律专业毕业的他，从北京回来后，先在省政府的一个厅局任职，后来作为后备干部被派到贫困县挂职，挂了一年就落地生根了。小说中写到，刚开始的时候，周启生滴酒不沾，规规矩矩的像个大姑娘。他的前任书记告诉他说，不会喝酒就当不了县委书记。于是，他苦练了一个月，胆汁都吐了出来，才把功夫练得差不多了。有一次他一个晚上陪了十七个饭局，用他自己的话说，喝得都找不着自己的嘴了。

然而，周启生在骨子里是高蹈的，充溢着理想主义情怀。我们知道，一个真正理想主义者的理想是建立在对于社会现实的深刻认知与评价的基础之上的。周启生明白，当代中国的经济之所以创造了奇迹，是坚持了中国特色的社会主义市场经济体制，选择了一条政府管制和市场经济相结合的道路，“邓小平的政治智慧在于，始终在斯密和凯恩斯之间摸着石头过河，既避免了大起大落，又让经济在可预期的河道里顺流而下”。他对中国社会的复杂性也有着清醒的认识，在争论中，周启生对“我”说：“中国社会的跨度太大了，一边是你老公这样的，背着笔记本电脑满世界飞，一边是老百姓拿鸡蛋去换盐；一边是喝腻了可口可乐的小皇帝，一边是老天爷下多少雨才能喝到多少水、一辈子可能都不洗澡的农民的孩子。”这一认知与判断无疑饱含着周启生对中国农村、农民及其生活遭际的悲悯，其个人政治理想的笃定无疑与之存在着深层的关联。

理想主义者渴望改变现实，由此，他们往往也是最富于悲情的。周启生同情农民，不容许他人扭曲农民形象：“你们这些知识分子所谓的农民，不是一个人，只是一个拼贴的镜像，是你们凭空想象出来的。”他计较于农民身份的社会确认，激昂地与“我”的老公“对话”：“你想过这个问题没有？一个城里的工人下岗之后来我县里种地，不管种多少年，他的身份还是工人，还是市民；而一个农民在城市里不管做了多大的老板，他还是农民工。好像农民身份就是他们的‘红字’，这跟过去喊地主的儿子地主崽子有什么区别？”身份认同确实是一个人生存与发展的重大问题，我们不能不说，周启生的思索是深刻的。面对农民的基本生活现状，他主张把农民“赶进”城是目前最好的选择，也是一种理性的选择。

作为一个领导者，基于个人的高蹈理想，周启生大刀阔斧地进行改革，但改革不可避免地触及了很大一部分人的既得利益，干部们在私下里对他议论纷纷，身为挂职副县长的“我”曾经说过他几次，也根本不可能改变他，他很自信，他坚持做他自己。他说：“全国不是有三千二百个县委书记，是三千二百零一个，那一个就是我。”周启生木秀于林，其砰然陨落也就成了一种必然。希冀实现政治理想，也许“周启生”们确实需要寻找一条更为现实的途径。然而，理想又确实让周启生的生命充溢着力量。

二、农民进城的盲目姿态——刘万福的进城理想与城市梦的破灭

著名社会学家费孝通在其早年出版的《乡土中国》一书中提到：“从基层上看去，中国社会是乡土性的”；“直接靠农业来谋生的人，是黏着在土地上的”；“我们很可以相信，以农为生的人，世代定居是常态，迁移是变态”；“不流动是从人和空间的关系上说的，从人和人在空间的排列关系上说就是孤立和隔膜”。① 就今天的中国来说，这一状况显然出现了较为明显的变化。改革开放以来尤其是20世纪90年代以来，随着城市化进程的加快，农村劳动力大量走出他们世代赖以生存的土地，涌进了城市，进城似乎成了他们的一种战斗姿态。怀抱着改变命运的进城理想，即使在城里遭遇种种尴尬与困

① 费孝通：《乡土中国》，载《费孝通全集》第六卷，内蒙古人民出版社2010年版，第108—110页。

难，他们依然顽强地生存与发展，试图用自己的血汗和青春换来城市身份。近年，不少关注农村、关注城乡问题的作品都着力书写与反映农民工的进城理想与现实困境。

如前所论，在农民进城问题上，县委书记周启生是持积极态度的；他鼓励农民进城，并且认为这是一种理性的选择。“我”老公也认为，农民进城可以说是生命不息进城不止，因为城市让他们觉得还有很多种活法，在城市里一切皆有可能，放谁身上都是如此。对于他们把农民“赶进城市”的观点，“我”始终不同意并且非常反感。针对刘万福的故事，“我”的看法是，简单地把农民赶进城市会害了他们，如果刘万福一直待在农村，也许就没有后来那些事儿，现在中国很多社会问题，有很大一部分都是因农民盲目进城引起的。基于此，“我”想把刘万福的故事写成小说，小说名字就要把他近三十年间的三死三生体现出来。

刘万福三死三生中的第二死二生与他的进城密切相关，换句话说，就是由他的进城所引发的。1960 年初，刘万福出生于穷得连羊都喂不活的半山羊村，22 岁时，经人介绍，他到山西省山阴县的一个煤矿挖煤。后来遭遇矿井塌方，被困在井下，靠吃煤泥维持生命，七天之后被部队的战士救出。这是他的第一死一生。从山西回到老家之后，刘万福娶妻生子，为父母养老送终，一晃就是十多年。孩子上学之后，“对城市的渴望像毒瘾一样始终折磨着他”。一年春节，他的一个在广东打工的表弟跟他说起了城市的生活，“他再也控制不住自己了，第二天就打起铺盖跟着表弟去了广东中山市”。起初他卖菜，在积累了一定的经验和资金之后，他开始给工厂供应盒饭。在这一过程中，刘万福偶遇台湾老板萧先生，后者看重河南人的义气，把自己鞋厂的盒饭生意给了他。一年下来，萧先生很是满意，在年底公司做尾牙（福建地区的民间传统节日，商家一年活动的“尾声”）时，刘万福作为特邀嘉宾出席，并得到了一个大大的红包。刘万福通过自身的努力似乎得到了城里人的接纳和认可，但他的进城梦想随即却因妹夫买死猪肉引起的“食物中毒事件”而破灭。刘万福失去了萧先生的信任，甚至保安老乡都说他抹黑了河南人的脸。由此，他回了老家，但不到半年，“他的城市毒瘾再次发作。他发现在家根本没法活，在这个生他养他的村庄里他会窒息而死。现在的他像一条鱼一样，需要不断地从一个水域游到另一个水域，才有足够的氧气让他活命”。进城的迫切愿望不断被鼓荡，不久，他包了一辆车，带着老婆在全国各地跑起了运输。一次在湖北境内，刘万福跳下车捡烟头却遭遇了车祸，幸亏当地公安局的杨局长路过救了他。出院之后刘万福回了家，“彻底断了进城的念头”，也就是说，他的城市梦最终还是破灭了。这是他的第二死二生。

关于农民被“赶”进城，“我”与老公、周书记有过一次涉及“道德”主题的争论：“按你们俩的逻辑，把农民赶到城里去还是最大的道德，而且功德无量了？”“像你说的刘万福这件事情，并没有统计学上的意义……经济学家不考虑单个人的感受和结果，也许经济政策对某个人是不道德的，但如果对大多数人是道德的，就是良策。”“为什么不道德的事儿总是轮到刘万福他们？”“从理论上讲是这样的：只要改善某些人的境况，就会使其他人受损，那就不要轻易变动，这个社会就是最合理的，最合理的也就是最道德的。这就叫做帕累托最优，也是我们追求的目标。”“我不管什么最优不最优，看到这些活生生的人活得没有一点尊严，如果我们再熟视无睹，不管他是经济学家也好，县委书记也好，我觉得都不是一件多么体面的事情！”……在这里，争论双方的探讨分明涉及当前中国社会的状况尤其是这一社会状况下的道德建设问题，无疑，“我”的道德观是存在一定的理想性质的[①]，但这在当前的道德建设中又是不能不予以重点关注的问题。

农民工进城，无疑印证着当代中国社会的蓬勃发展，他们在促进农村社会变迁、改造农村公共空间并以此推动社会改革的同时，也剧烈改写着他们自身的面貌和农村建设情形。[②]然而，其问题也是明显存在的。由于自身的局限及其他多种因素的制约，农民工很难真正融入城市，难以在城市中找到合适的位置，也很难被城市所接纳。身份认同遭遇困难，城市梦想也就无法

---

① 参见余涌：《关于道德建设的几个问题》，《江西师范大学学报》（哲学社会科学版）2010年第6期，第18—19页。

② 参见何兰萍：《公共文化生活空间与农村文化建设》，《江西师范大学学报》（哲学社会科学版）2011年第2期，第8—13页。

真正实现。周启生、“我”、“我”的老公的思考、忧虑与思想的交锋即基于对这一问题的深度探索。不可否认的是，在当下，农民工进城依然是一个需要全社会予以关注的重大问题。

三、作家创作的倾斜姿态——邵丽的文学理想与现实主义风格

作家邵丽在书写作品中的人物及其理想时，充盈着一种悲剧意味。她深刻地认识到，无论是农民刘万福、县委书记周启生还是公安局局长杨子龙，他们都是在中国这块特殊的土地和文化氛围里出生、成长、变化和发展的。“我们从出生开始，就会被套上各种各样的‘文化模板’，它即使不是度身定做的，肯定也是别无选择的”①，每一个人都无法逃离自己的“文化模板”恣意独舞。这样，刘万福践行勤劳持家理念却无法改善生存环境，周启生木秀于林因而砰然陨落，杨子龙在现实中坚持以退为守的活命哲学，这些现象不是“这一个”，而是普遍的、先验的、宿命的。在邵丽看来，这才是它的悲剧意义之所在。因而，她认为，作家、社会学家以及更多的人需要共同关注这一问题。也正是在此之中，我们可以清晰地看到她的文学理想及其创作的基本姿态。

文学写作应该关注普遍的社会现象的悲剧意义，这其中无疑蕴含着作家对于普遍的社会现象中的人的问题的关注与探索。《刘万福案件》中写到，作为美女作家的“我”写的故事越来越被市场所认可，于是，“我”也就理所当然地感受着、体味着扑面而来的幸福，然而，“我”的一位“一向对人说话不好听”的老师严肃地斥责“我”的故事“都是些盗版的生活”。老师让“我”去体验生活、寻找生活，在对真实生活的感触中写“真正的小说”，而“真正的小说”就在于“看清楚它的人物，琢磨透它的细节，从而对他们的生命进行评价”。尽管这谈及的只是小说文本中的美女作家“我”的遭际与小说观念的改变问题，而实际上我们可以把它看成作家邵丽对自身的基本文学认识与文学理想的明确呈示。

---

① 邵丽：《创作谈：倾斜的姿态》，《北京文学·中篇小说月报》2012 年第 1 期，第 25 页。

在小说中，邵丽对刘万福、周启生、杨子龙的生命进行评价，而这自然来自她对小说中人物的有意设置以及上文所谈及的对他们的悲剧意义的深刻认知；或者，毋宁说她是在对刘万福、周启生、杨子龙的悲剧意义的揭示中评价他们的生命的。而所有的这一切都根基于作家邵丽清醒而执着的文学现实主义态度。小说中，作家写到“我”：“我是一个现实主义者，我的所有的作品，双脚都插在黏糊糊的现实里不能自拔。”在《刘万福案件》创作谈中，邵丽说得很明白：“一个时期以来，我一直尝试用各种文体写作，尝试着离真实的生活更远一点，更深地潜下去，不暴露作者的面目和思想。但我觉得我做不到，我是吃着现实主义的面包长大的，而且甚爱这一口儿。”[①] 邵丽的现实主义创作倾向与风格的自我营构是坚定的，也是有力量的，她的作品散发着一种浓郁的现实主义精神气质和情感态度，它是存在鲜明的价值取向的。只是在此之中，我们需要同时深刻地认识到作家在综合考量自身的创作视野、理念、立场和文学态度而作出“倾斜”的写作姿态的自觉选择。邵丽这样谈及作家与现实生活的关系问题：“离生活太近，作家往往会成为现实生活的代言人，这样就会削弱作品的文学意趣；离生活太远，也就意味着抛弃了作家的社会责任感，让写作成为纯粹的白日梦。这里面还包含着另外一个问题，那就是作家应该以怎样的姿态介入生活？”[②] 在这个问题上，她的选择是“怎样把我们的身子倾斜起来，直到拿捏得与现实所允许达到的某种平衡，这是我们在动笔之前必须深思的”[③]。

对现实与时代的自觉思考与介入，是一个成熟作家的重大使命。邵丽以丰厚的生活积累为支撑，直面社会敏感问题和各种矛盾，敏锐地寻找出生活的痛处，并以悲悯的情怀、理想的眼光来对待生活中的苦难，她用仁慈和同情来包容人性的复杂，这使得她的作品受到了社会的广泛关注。邵丽说：“我喜欢歌颂人性的真善美，我也希望尽量发现社会的美，并通过自己的作品把善和美推广出去。世界上任何一个文学奖项奖励的都不是技巧或者技

① 邵丽：《创作谈：倾斜的姿态》，《北京文学·中篇小说月报》2012 年第 1 期，第 25 页。
② 邵丽：《离现实近一点还是远一点》，《文艺报》2012 年 7 月 25 日。
③ 邵丽：《创作谈：倾斜的姿态》，《北京文学·中篇小说月报》2012 年第 1 期，第 25 页。

术，而是作家的人文关怀和对于真善美的追求”；“100个作家在100个个体体验里，会有100种感受。我更倾向于在苦难里发现美好，在荆棘里发现花朵，在阴霾里学会看到阳光。文学的神圣在于，它始终使我们的精神挣脱沉重的肉体，以独立和自由的姿态，存活在另一个可以抵达永恒的世界里”。①邵丽的文学追求及对于文学价值的认识是明确的，她深信略萨的话：文学是人们为抵抗不幸而发明的最佳武器。对于她来说，文学是在苦难中寻求希望、在困境中追求理想的高尚事业。作家要以倾斜的姿态，扎根于苦难的现实，又要在理想与现实中寻找路径，把现实提升到理想的方向，把理想引入生活中，达到理想与现实的融合。现实主义文学往往是具有一种理想气质的。邵丽用笔记录下了我们所处的这个时代寻常而又不寻常的图景，同时也表达了她对文学理想的美好期待与浓情坚执。

第二节　泥淖中的自救与渡生

——《刘万福案件》的文学伦理及其现实关怀

什么是伦理？伦理的本义是指“人伦关系及其内蕴的条理、道理和规则”②，它“是文化的一部分，是人类社会及生活秩序的规范、品德和原理的总和”③。什么是文学伦理？这是笔者提出的文学命题，它受启发于《刘万福案件》中对政治伦理问题的解答。在作品中，“我”，一个作家，来到鄂豫皖交界处的一个县挂职的赵副县长，向县信访局长追问官员的政治伦理并作出这样的解释：“政治伦理是官员的良心和脸，最起码是遮羞的衣服。”为政者需要讲政治伦理，作家及其作品也必须关切文学伦理。文学伦理不仅是作家的良心和脸，也是作家面对社会现实进行言说和书写的尺度与规范，作家关

① 王艳：《邵丽：用心书写生活》，《周口日报》2009年6月27日。

② 焦国成：《论伦理——伦理概念与伦理学》，《江西师范大学学报》（哲学社会科学版）2011年第1期，第22页。

③ 孔润年：《伦理文化的人格透视》，中国社会科学出版社2010年版，第4页。

注人的伦理状况并书写其多维度的可能，这其中充溢着作家浓郁的现实关怀愿望，它铸就和拓展着文学的道德维度。我们知道，文学与道德是一个重要的文学命题；历史、审美与道德，是我们理性审视文学问题的三大基本维度。①

文学伦理的生成在很大程度上来源于作家鲜明的文学现实主义立场。在当下社会与文化语境中，一个作家应该在其作品中通过文学伦理的书写与营构去关注社会现实，建构当代道德文化，参与公共建设。邵丽在《刘万福案件》中亮出鲜明的现实主义立场，通过其伦理表达，透视现实景象和人物情态，在丰富了小说伦理内涵的同时更呈现了现实中的各种伦理可能。

一、自救者的道德多面性

人，无疑是最复杂的生物，对人之本性及其道德状况不能够仅仅作简单评说。关于性本善还是性本恶的命题，历来争论不休。其实，人之道德生来就是相对和模糊的，而又在后天不断地变更与交迭。那种谦卑而又桀骜，那种利已而又博爱，那种对人的刻薄与大度，以及对事的唯唯诺诺和执着坚定，都在于你从什么样的角度，以什么样的立场去捕捉，又关乎你以什么样的态度去“放大”和“缩小”。真正的作家要能深刻地洞察人性的多面，并以一颗豁达之心包容一切可能，这需要作家以宽广的视角审视生活、关切现实，并发现生活的这种广袤。作家书写城市人的光鲜亮丽，也要透视一些城中人在喧嚣怪圈中的精神空虚；作家描绘底层民工在社会“角落”的困苦艰辛，也要观照他们最本真的温暖人情；十恶不赦的杀人犯也许是一位好父亲。作家应该在作品中、在自己的文学书写中摊开宽广的精神维度，笔触现世的悲凉、艰难与温暖，以期在对世人或抚慰或抽打的絮语中展现出深层的伦理诉求。

其实人首先都是自救者。呱呱坠地的婴儿以哭泣来获得氧气，又靠着哭泣来表达诉求、谋得利益。人要解答活着的问题，更进步的人会考虑如何才

---

① 参见詹艾斌、姜昱珂：《狄德罗的理论诉求与当代儿童戏剧的发展》，《江西师范大学学报》（哲学社会科学版）2012 年第 2 期，第 65 页。

能活得精彩的问题，怎样在困境中突围、怎样在低谷中崛起，人在“自救”的过程中必然会因为阶段的不同或对象的变化而展现伦理的多面镜像。不仅是人，社会要谋求自身的当代发展，文学也要避免走向没落，各种“主体”都在自救中不断前行，也在自救中诠释着伦理的多面。作家这一社会主体必须自救，而要完成这一自救的任务就要求作家必须具有自救的能力、具有书写伦理与向善的能力。谢有顺曾说：“少有作家能在苦难背后发现某种希望，能够在恶势力的背后看到生生不息的善的力量。”[①] 邵丽能够在现实的雾霭中捕捉到道德的多维、人性的多面，看到生活中的各种伦理可能并在小说中铺陈开来。

在小说中，邵丽抛出了众多发人深思的伦理多面元素。《刘万福案件》涉及刘万福的是前面已略有提及的三个主导事件：矿难、交通肇事、故意杀人。而在矿难事件中，读者就和刘万福一同感受了一把人性的光辉与阴暗落差之间的悲凉。矿井坍塌，被困多日浑身无力的刘万福，吃着班长阎涛给他的糖和压缩饼干，“他的眼泪就下来了，他知道阎涛跟孙刚是表兄弟，但他却没有去照顾他”。刘万福觉得很温暖，但心里的热乎劲儿还没过去呢，却在回头与班长手里高举的一大块煤矸石猛地打了个照面时凉个彻底，阎涛企图砸死他，让其他矿工吃他的肉维持生命。获救之后，刘万福向着娘说阎涛，“就是他救了我们几个人的命”，却又对着阎涛喊出“我就是回家吃屎，也不会再跟着你下井了”。对于被困井下的其他人，阎涛是负责任而又有魄力的恩人，而对于刘万福来说阎涛是一个矛盾的复合体。人性的闪光与灰败只在一线之间，井下的阎涛是自救者，如果没有矿难的触发点，阎涛也许是刘万福心中永远的好班长。

刘万福既是杀人者，又是“牺牲品”。现实生活的多变让他不断成长、不断蜕变，面对生活的各种苦难他多次自救，寻求出路，最后，为了维护必要的尊严，他突破了极度长久的压抑杀害了刘七，被判刑坐牢。对此，作家这样写道：“我相信，他的尊严不是由灿烂的星空做底子的，而是在生活的

① 谢有顺：《文学伦理　重申灵魂叙事》，《小说评论》2007 年第 1 期，第 19 页。

烂泥里一点一点泡出来的，即使到了天庭他寻找的肯定不是灿烂的星空，而是一个能让自己喘口气的角落（如果天庭有角落的话）。作为当时的看客和后来的读者，也许看到的只是他一刀索命的快意恩仇，看到的只是他把刀举起又落下的物理过程，可支撑这个物理过程的心理过程有多长？是一个世纪，一辈子还是一刻？可以肯定地说，不是一刻。”无论是村民抑或是读者，对于刘万福的道德评判都是“心中有数”的。小说结尾处，张和平对于刘七和刘七爹的多维伦理描述又何尝不是在伦理的圈子中模糊善恶？像老师的黑道大哥和像杀手的老师，这是监狱里刘万福的“同伴”，但这一身份的反差设定不是随意而为的，而是作家想让读者从不同的面去体味人性、感悟生活的有意为之。

丰富的生活和繁复的叙事中的伦理在刘小枫看来是一种理解的伦理：“让自己陷入多维关系网，充分理解生活世界的多层次和多面性。生命的多面性正是现代伦理的终极世界，其中充满相互排斥和相互矛盾的东西，人们必须放弃界定它的愿望，更不用说寻求确切答案了。”① 界定和寻求答案并不是我们的目的，找寻隐蔽在生活中重重苦难和悲哀表层之下的善与温暖才是更有意义的。犹如邵丽自己所说的：“人生的过程是一个灵与肉痛苦挣扎的过程，如果通过文学这个媒体，使我们互相之间变得更加宽容、关爱、和谐，可能这比任何奖项都更加富于意义。”② 邵丽相信，人生的过程就是这样的过程，而有良知的作家的写作也正是这样的写作。

二、抉择中的艰难渡生

自救者有时也兼救他者，尤其是那些富于社会责任感的人，更多的时候是将自身置于一个渡生者的位置。一个真正的知识分子，一个具有现实主义精神的作家，更是要明确自己的位置，参与到社会公共建设中，在作品中体现一种文学伦理，继而“渡化”生活中的人们。“任何一个真正意义上的知

① 刘小枫：《沉重的肉身》，华夏出版社 2007 年版，第 149 页。

② 邵丽：《〈大河报〉资料：文学成就我的梦想》，2011 年 2 月 2 日，见 http://blog.sina.com.cn/shaolideboke。

识分子，都不可能以自己的专业为理由而漠视社会伦理秩序的混乱，拒绝与公众进行交流和沟通……这类知识分子更加强调自身的公共化伦理使命，并以积极的姿态随时随地地将自己纳入公共化的现实领域。”① 社会现实，无疑是作家考量创作时的伦理选择的度绳，而这种选择也绝非易事。

现实主义、自由主义、后现代主义，这三个“主义”是《刘万福案件》中“我”、作为经济学家的丈夫与女儿不同的思想倾向、价值取向，也折射出社会现实中各个群体与个体的思维模式和价值取舍，体现了不同人对个人命运、对国家发展的不同道路的选择。作家在小说中没有止步于“三死三生念党恩”的套路，而是带着读者走访各处、挖掘故事，在这一过程中挖掘现实、开拓人性。作家每深入挖掘一个故事，就展现出一组社会图景。伴随而来的不仅仅是一个个发人深思的人物，还有多个群体的生存状况。邵丽的目的当然不可能只是向读者讲故事，她用大写的数字分隔小说，每剥下故事的一层皮，小说中的“我”、丈夫和周书记必然会对这颗“洋葱”的呛味作出反应，是评论刘万福，更是阐释大社会。这三位人物在小说中绝对称得上是知识分子，“我”更是被丈夫调侃“你看人家作家，就是比我们有正义感是吧”。他们关注社会现实，探讨社会问题，为国家、为人民寻求出路。他们是自救者，也是渡生者，而关于渡生之法他们也有着各自的选择。选择成全某部分群体利益的同时也会带来对另一群人的伤害，渡生者们也在作着艰难的抉择。

小说中的公安局局长杨子龙说：“天天拉关系找门子不干活的没人找事，只要干事就有人找你的茬儿。”这也正像是一个作家的处境，一个作家要想翻开现实表皮，挖出真正的生活，就不可避免地会碰触到各种“章程”棱角，继而被找碴儿。是选择“干事”还是插科打诨？一个真正想要与生活对话的作家必然会选择前者。作家要本着一种使命感与责任感，在作品中呈现自己的伦理思考和价值选择，并使其潜移默化地被读者接受，让作品从真正意义上产生伦理价值，体现社会功能。“艺术化了的伦理道德常常以隐藏和浸润的方式作用于世道人心，对人和社会呈现出价值意义。文学作品中隐含

① 洪治纲：《公共知识分子：审视与追问》，《羊城晚报》2004 年 8 月 14 日。

的思想观念有一种能激发起读者道德情感的作用。它通过使读者产生情感跃动或是心灵震撼，重塑他们的精神面貌或是提升他们的精神人格，从而达到对人们品格的陶冶和心灵的净化。”[①] 作家的文学书写当然不是随心所欲地选择，这是一个艰难求索的过程，不能是简单的喊口号似的教化，而是要真正符合社会的伦理诉求、伦理发展的理想期待和社会公众的伦理接受可能。

如前所述，在小说中，“我”、“我”的丈夫与县委书记周启生就农民进城问题展开了争论，“我”对把像刘万福这样的农民赶进城表示愤慨，并且认为，正是因为盲目进城才害了刘万福，让他承受生活中的苦难，这，是不道德的。对此，“我”的丈夫说：“像你说的刘万福这件事情，并没有统计学上的意义。经济学家不考虑单个人的感受和结果，也许经济政策对某个人是不道德的，但如果对大多数人是道德的，就是良策。”这就像是阎涛在矿井下的取舍，选择牺牲刘万福来保全包括自己在内的其他人，这显然是一个不该被肯定的取舍。对于社会问题，任何一种选择都不能完美地满足每一个人的利益，对于农民是否应该进城这一问题，“我”、“我”的丈夫、周启生最终谁都没能说服谁，到底是需要时间的洗涤还是需要更多的“刘万福”来佐证，这却是仁者见仁、智者见智。在作品中作家虽然以问号结束了讨论，但其实已经充分表达了自己的态度。进不进城是农民关于自救的选择，而作者站在渡生者的位置，需要以一个作家的敏感性，快速地对现实生活进行反应，还要用“委婉”的方式勇敢地、坚定地进行文学表达。这不是向政治壁垒低头，也不是残忍地有意回避社会现实，而恰恰是一个作家理性地、自觉地选择以最好的角度看待当下世界以及这个世界中的伦理状况。

三、在阳光下行走

一个作家要以怎样的姿态介入生活、在世间行走？是在阴影里疲于躲闪地唯诺迂回，还是在阳光下不避明枪地巍峨跃进？是目不斜视、甩开繁杂人间，大踏步地向着“高楼”前行，还是躬下身子、倾听尘嚣，继而择路而行？

---

① 王雪舟：《文学作品中的伦理边界问题探讨》，硕士学位论文，南华大学，2011 年，第 7 页。

当下的文学好不容易摆脱了浓重的政治色彩的熏染与规训，却又在市场经济的大潮中无选择地向一部分流俗的大众趣味摇尾。在一些人一头扎进生活的洪流时，一部分人又回游至“纯文学”的高地。一个作家究竟要怎样经营作品，继而滋养文学？又该如何观照现实生活，发挥文学的社会职能？这就涉及一个作家的文学书写姿态问题。这其中既包含着文学书写的方式与方法，更关涉作家如何处理其与现实生活的关系问题。在邵丽看来，作家应该以怎样的姿态介入生活从事文学书写是一个争论不休而又永远无解的问题，“因为作家就是‘这样’介入生活的，他的使命感推动着他义无反顾地试水——我的意思是说，方法并不是一部作品生命力的终极标准，尽管它特别重要”①。她的自觉的选择是以“倾斜的姿态”介入生活，把自己的身子“倾斜”起来，拿捏好、处理好文学理想书写、应然书写与社会现实要求之间的平衡。②《刘万福案件》的书写策略、书写姿态或者说书写的方式方法就是这样的。

作家显然需要踩在现实的土壤上抚慰现世的灵魂。要真正地用眼睛去看、用耳朵去听、用手去触摸、用心去体味，要把整个身心放进社会现实中去书写；要看得到现实生活的阴面，也要看得到现世的光明；要听得清人性的善言，也要听得明人性的恶语，从而以一个作家的身份去进行多种伦理表达。如谢有顺所说，“如果我们把现实主义看作是作家精神在场的根本处境的话，你就会发现，它决不像过去那样仅仅是模仿现实的形象，而是为了写出现实更多的可能性；它也决不是简单地复制世界的外在面貌，而是有力地参与到对一个精神世界的建筑之中，并发现它的内在秘密”③。作家要明确其文学伦理意识，作品要想表达文学伦理，作家就要葆有这样的一种现实主义精神。作家深刻的现实主义态度与其作为一个知识分子、一个有良知的知识分子的价值选择密切相关。当代中国文学的发展需要现实主义精神、需要现实主义作家，更需要作为有良知的知识分子的现实主义作家，营构社会的公共性、文学伦理的公共性，参与公民社会的建设。

---

① 邵丽：《离现实近一点还是远一点》，《文艺报》2012 年 7 月 25 日。

② 参见邵丽：《创作谈：倾斜的姿态》，《北京文学·中篇小说月报》2012 年第 1 期，第 25 页。

③ 谢有顺：《现实主义是作家的根本处境》，《当代作家评论》2002 年第 2 期，第 101 页。

诺贝尔文学奖获得者、秘鲁作家略萨持论：小说需要介入政治。苏联作家索尔仁尼琴也说："文学，如果不能成为当代社会的呼吸，不敢传达那个社会的痛苦与恐惧，不能对威胁着道德和社会的危险及时发出警告——这样的文学是不配成为文学的。"① 我们欣慰地看到，正是由于受到这样的文学精神的感召或者说持有相近的文学理念，一些当代中国作家逐步走出曾经据为己有的"纯文学"高塔，开始关注社会现实并让作品逐步融入生活。然而，随着市场经济的繁荣和传媒时代的跃进，不少作家也开始或被动或主动地进行迎合大众阅读趣味的商业化写作。"作家对自我身份确认并争得话语权逐渐被大众的认可取代，一个作家对社会道德、文化的贡献无形中被能够带给大众的消费指标所取代。"② 这其实是现实社会将作家放置在了一个欲发挥却不能的位置，作家在这个位置上没能也无法做"有用的"伦理表达，由是，他们的文学书写不能切入社会症结的要害，从而也就无法真正参与到社会公共建设之中。这也是《刘万福案件》中作为美女作家的"我"在小说刚开始时所面临的一种处境。可贵的是，邵丽明确地认识到，作家需要突破这种处境。缺少对生活的自我认知和独立精神、被故事绑架的作家不可能在作品中展现一种真实的、完整的文学伦理。作家不应满足隔靴搔痒的盗版生活，不应因这个可恨的浮躁的当下世界而焦躁，应该去积极寻求正版的生活，洞悉和描述正版生活中的伦理状况。这，便是在阳光下的行走和实践。

第三节　文化中的人与人的文化塑造
——《刘万福案件》的文化意蕴及其延展

文化研究、文化批评关注文学作品的文化维度，或者说，把文学文本放

① 陈建华：《索尔仁尼琴：俄罗斯民族复兴的思想者》，《社会科学报》2008 年 8 月 4 日。
② 李明德、张英芳：《文学职能及作家身份刍议》，《唐都学刊》2006 年第 2 期，第 62 页。

置于更为广阔的文化视域中进行考察，从某种意义上说，这无疑会拓展和深化具体文学的研究。然而，开展这一路向的文学研究的一个必要的前提是，特定的文学文本自身需要存有一定的文化意蕴。有评论者把《刘万福案件》视为邵丽在2011年写得最为出色的一部作品，甚至是2011年度中篇小说的收官之作。这样的评价颇有道理，这在很大程度上是因为，《刘万福案件》具有丰富的、多向度的文学蕴含，而文化意蕴则是其中的一个重要方面，而且，我们还可以从作品的文化意蕴出发作出必要的延展性论证与言说。

一、文化中的人

每一个社会个体都身处于特定的环境之中，这一环境自然包括文化环境。马克思指出：环境改造人，人也改造环境。这其中蕴含着深刻的辩证法。对此，我们首先需要明确认识到的是，环境改造人，文化环境塑造人，人及其精神状态往往是环境包括文化环境的产物。

作为一个社会个体，人在整个环境、整个文化环境中往往有一种无能为力感，已经被训导进而成为文化的组成部分的个体缺乏撼动整体文化的力量。《刘万福案件》中的社会个体诸如刘万福、“我”、周启生、杨子龙，面对无力改变只能顺从的各种文化，努力挣扎却无济于事，最后仍然被卷入无处不在的现实规则之中。

1. 官场文化中的个体无力

官场文化催生官场“套路”。小说中的美女作家“我”带着“政治伦理”的理念到县里挂职当副县长，以便在锻炼中体验生活、寻找生活。在一次处理群众上访事件的过程中，坚持实事求是、客观叙述事实的“我”被上访群众“围攻”，差点引发越级上访。然而，县信访局局长接待群众上访“套路”的出现，就暂时平息了众怒，控制了局面。事后信访局局长的一句“赵县长，您一直在大机关工作，对咱们下面的情况还不是很熟悉，接待群众上访都是有‘套路’的，一般情况下我先说个意见，然后再让您拍板，免得领导被动”让“我”除了“嗯”一声之外不知作何反应。“嗯”是一种不屑，却也是无奈地回应和认同。作为一个作家的“我”满怀热情地想要在政治生活中实践自己的“政治伦理”，然而，信访领导们却不懂什么叫“政治伦理”。他们的不懂“政治伦理”激起“我”滔滔不绝的解释，直到“政治伦理”被官场“套路”所击败。这种政治理念的流产让“我”在面对第二个群众上访事件时，在没有规矩可循的情况下不由自主地选择适应现实环境的官场“套路”：“没规定按套路办。”

县委书记周启生坚持做自己，他风风火火地推行改革；然而，在推行改革的过程中，他也不能不屈从于官场文化。在前面我们曾提到，初当县委书记时，周启生滴酒不沾，前任书记告诉他，不会喝酒就当不了县委书记。无奈之下，他苦练了一个月，胆汁都吐了出来，才把功夫练得差不多了，后来更是有过一个晚上陪了十七个饭局的纪录。怀有明确的政治信念的周启生向官场酒桌文化“低头”意味着他向整个文化环境的妥协，甚至是对这种文化的隐性认同。周启生融入、屈从酒桌文化，其实便预示着他砰然陨落的结局。在既成的文化语境中，他木秀于林，也就不可能不触及很大一部分人的既得利益，后来他被调到市政协工作，明升暗降。周启生的政治理想最终被现实规则、被既成文化所辗压，当他“读到‘理想主义火焰生生不息’时”，“鼻腔发酸”，那是对死去的信念和理想的泪留。

公安局局长杨子龙把在国道上被车撞了的刘万福及时送到医院，并且垫付了医药费。但一个月后出了院的刘万福在公安局找到他表示感谢时，他却对刘万福说：“你找错人了，我从来没有救过人。”杨子龙为什么这样处理这件事？那是因为，他还是个想干事的公安局局长，但“只要干事就有人找你的茬儿”，他做局长不到一年，然而，据说告状信就已经可以用麻袋装了，他正准备给上面打报告，以身体不行为由请求调离，如果把他救刘万福的事一宣传，调走的事非黄了不可。杨子龙身处官场，很是熟稔官场文化规则，作为一个社会个体，他无力改变文化现状，而又要维护自身必要的利益，那就只能选择做一个既成文化中的人。

2. 文化“边际”中的个体无力

社会学家、民族学家、教育家潘光旦的新人文思想认为，任何生命的目的都在于寻求“位育”（指生物在环境中的地位和生物自身的发育），“位育”

是放在特定环境下来谈的，在此，环境分为人的体内环境与体外环境，体外环境包括物质的和文化的两个方面。

进城是刘万福的最高念想。然而，刘万福在现代城市中的“位育”寻求道路却满是荆棘，步履维艰，其内心所想与外在世界现实经常性地甚至是自始至终地陷入矛盾冲突，社会法则对他提出苛刻的生存与发展条件。在小说中，邵丽尽力展示以自己的实际行动期望融入现代城市、追逐城市生活而不得的农民的生存困境。“刘万福”们盲目进城却又最终被城市抛弃，不仅是因为物质生活上的隔阂与悬殊，更深层的原因在于精神文化上的被边缘化，或者说处于城市文化的“边际”。“边际”一词是费孝通在《反思·对话·文化自觉》一文中提出的，它相对于中心而言，“从一个中心向四周扩张出来的影响，离中心越远，受到的影响就越小，成一种波浪形状”，文化“有中心和扩散的范围，远离中心的可以称为边际”。[①]

用生命向城市进发的刘万福，始终处于城市的“边际”、处于城市文化的“边际”，不甘于被边缘化的他努力寻求支撑他立足城市的支点，但一直未果；也就是说，处于城市文化“边际”的刘万福始终是无力的，只能选择在湖北车祸出院之后回家，从此“彻底断了进城的念头”。

3.“刘七规矩”中的个体无力

《刘万福案件》中存在一个特殊的环境——“刘七规矩”做主的环境。刘七是半山羊村的“地头蛇”，村里的百姓面对他的横行霸道、为所欲为，即便是吃亏也只能用一句“算了”了事，除了低首臣服别无他法。出生于农村的刘万福不自觉地选择农民身份，或者说是农民身份选择了他。作为个体，他在社会中的地位是渺小的，很多时候被有意无意地忽略，习惯了被忽略，刘万福也就养成了一种隐忍的特质。这种隐忍决定了刘万福的本分生活，规规矩矩地遵从没有公平正义的“刘七规矩”。

隐忍“帮助”刘万福忍受了新婚妻子的被欺辱，忍受了刘七在建材市场

① 费孝通:《反思·对话·文化自觉》,《北京大学学报》(哲学社会科学版)1997年第3期，第18页。

上的垄断规矩，忍受了女儿的被强奸。在刘万福的妻子和女儿受欺负时，半山羊村没有人敢站出来说一句话，“刘七说卸谁的胳膊腿儿那可不是说着玩的”，而本应充当他们“保护伞”的当地派出所也给不了他一线希望，因为“小打小闹的他们才管，凡是大闹的都跟他们没有关系”。

在如此的“规矩”文化中，刘万福是无力的、无奈的。他无力于刘七的暴力法则，无奈于社会法则法力的“伪无边”。最终，他只能以捍卫生命尊严的形式“掠夺”了刘七那颗“晃荡得太久”的头，一道刀刃快意恩仇的光，引领他走出了黑暗的生命轨道。

人都是文化中的。邵丽这样指出：“刘万福也好，杨子龙、周启生也罢，他们在中国这块特殊的土地和文化氛围里出生、成长、变化。社会学上有一个比较一致的看法是：性格决定命运。如果再往前追问，那下一个问题将是：什么决定性格？肯定是文化，毕竟‘性相近，习相远’。我们从出生开始，就会被套上各种各样的‘文化模板’，它即使不是度身定做的，肯定也是别无选择的。刘万福在他那个阶级里，靠勤劳节俭能在多大意义上改善生存环境？杨子龙如果不坚持以退为守的活命哲学会不会全身而退？周启生如果不是木秀于林怎么会砰然陨落？其实，如果我们仔细观察，会发现这些现象根本不是‘这一个’，它甚至是普遍的、先验的、宿命的，这才是它的悲剧意义之所在。”① 她赋予作品中的人物以悲剧意义，而这一悲剧意义甚至是普遍性的。非但是作品中的人物，作家自身亦然。邵丽有言：在当下语境中，“在现代化越来越显示出它的强大的审美趋同的社会环境之下”，拥有作家身份的人也并不比“刘万福”们强，“一个作家并不比任何一个社会个体更有能耐，谁能逃离自己的‘文化模板’恣意独舞呢?”② 也就是说，这样的悲剧意义存在于我们每一个人身上，它由我们身处的文化所决定。我们都是置身于特定文化中的人。需要特别说明的一点是，邵丽在此似乎是在有意识地、敏锐地把刘万福的问题、“刘万福”们的问题、一个农民的问题升华为

---

① 邵丽:《创作谈：倾斜的姿态》,《北京文学・中篇小说月报》2012 年第 1 期，第 25 页。

② 邵丽:《离现实近一点还是远一点》,《文艺报》2012 年 7 月 25 日。

一个文化的问题，继而进行必要的探索。笔者认为，这样的文学视野、态度与立场无论如何都是值得敬重的。

二、人的文化塑造

在文化与人的关系问题上，从另一个方面说，文化又是人为的，是人创制的，人类通过努力创造各种为自身服务的文化，并决定文化的形态。能够创造文化的人无疑是实现了个体主体性的人；人受制于文化，同时也在创造着文化。晚年的费孝通在社会与个人的关系问题上与此相近的认识可以增进我们对这一问题的理解。在其 1994 年发表的《个人 · 群体 · 社会》一文中，费孝通对自己一生的学术历程进行了总结与反思。在思考中，他认识到，“个人跳不出社会的掌握，而同时社会的演进也依靠着社会中个人所发生的能动性和主观作用。这是社会和个人的辩证关系，个人既是载体也是实体”，而自己长期以来的研究却“只见社会不见人”，即过分重视社会对个人的塑造而忽视个人的主体性与个体对社会的改造作用。他充分地认识到，每个个体既在原有的社会结构下行动，也参与新的社会建构，每个个体的思考与行动一方面受制于历史，另一方面也同时在创造新的历史。① 由此，我们可以进一步明了的是，人是在文化之中的，而具有个体主体性的人同时也积极参与和开展自身的文化塑造与创制活动，表现出必要的文化自觉。

刘万福以捍卫生命尊严的形式杀害刘七，在无力与无奈中他试图突破对其造成严格规训的文化形态，但显然这无关乎新的文化的塑造，他只是在一个属于自己的生命节点上有了一次“快意”的行动。也就是说，作家邵丽在小说中所思考的根本上在于“文化模板”对人的训导甚至是主宰，而没有去探索现实中人的能动的、自觉的文化塑造问题。

然而，作为一个评论者，在深切同情和伤感于作品中的人物“深陷”既成“文化模板”的同时，却不能不去关注现实中的人尤其是“刘万福”们

① 参见费孝通：《个人 · 群体 · 社会——一生学术历程的自我思考》，《北京大学学报》（哲学社会科学版）1994 年第 1 期，第 7—17 页。

的文化塑造问题，即当代中国农民的文化塑造问题。这表现为对《刘万福案件》文化意蕴的一种延展性思考。

“刘万福”们成长于与现代城市文化存在显著差异的乡土文化中，在现代城市求生存的他们面临的困境，实质是文化生存与发展的困境。他们的困境让我们意识到当代中国文化发展已然进入了一个瓶颈地带，一定程度上预示着中国文化发展的危机。要解除这个危机、走出困境，就必须对农民进行文化上的重新塑造，更要求农民进行自我塑造、自我文化塑造。

费孝通说，生活在一定文化中的人要对其文化有“自知之明”，明白它的来历，形成过程，所具有的特色和它发展的趋向。自知之明是为了加强对文化转型的自主能力，取得决定适应新环境、新时代时文化选择的自主地位。[①] 这就是他在 20 世纪 90 年代进行自我学术反思和探求中华文化乃至世界文化发展方向的思想进程中，明确提出来的“文化自觉”。

“刘万福”们显然没有文化自觉，没有文化自觉自然也就不可能进行自主的文化塑造与创制。我们必须注意到的是，像刘万福一样的人有很多，他们作为国家的一个重大群体，其形象在很大程度上决定着整个国家的形象，这是看起来光鲜亮丽的现代都市形象所无法替代和掩盖的。要确立新的民族国家形象，要完成国家形象的合理的当代建构，就必须促成当代中国人的文化自觉，尤其是像刘万福一样的人的文化自觉。在这个问题上，当代文学、当代作家是可以也理应有所作为的。

赵旭东指出：“文化相比人而言是居于次要地位的，这种本体论上的人本关怀排除了两种可能的知识论陷阱，其一便是以文化优先为借口的‘文化支配’，而另外一种便是人被动地受到文化的规训。这两种文化认识论的取向都不能够给人一丝一毫的喘息和逃避的空间，原本创造文化的人变成了文化的奴隶。在这个意义上，费先生晚年所提出的‘文化自觉’的概念就不是被解释成为表面意义上的‘文化的自觉’，而是创造出文化并借助文化而生

① 参见费孝通:《反思·对话·文化自觉》,《北京大学学报》(哲学社会科学版) 1997 年第 3 期，第 22 页。

活的‘人的自觉’。”[①] 由此，我们可以认识到，人的自觉的文化塑造与创制来源于能够创造出文化并借助文化而生活的人的自觉。扎根于社会现实、坚执现实主义文学精神的当代作家应该在自己的文学世界里书写、描述这种人的自觉——在一定意义上可以认为这是我们这个时代最艰难的问题，而现实主义就“意味着始终以分析的态度面对现实，以怀疑的精神思考并回答时代‘最艰难的问题’”[②]。作家书写、描述这种人的自觉，也就能够以深切“同情”的态度充分地“把握”当下时代中的生命个体，体味他们自主的文化塑造与创制。以此而言，当代中国文学无疑还存在相当大的发展空间。

第四节　“何为小说”与“小说何为”

——中篇小说《刘万福案件》中的文学问题

在本附录的第一节，我们曾经提及，在《刘万福案件》中，邵丽借美女作家“我”之口提出了这样的文学问题：什么是小说？什么是真正的小说？这也就是“何为小说”的问题，理解、确认了这一问题自然也就明白了“小说何为”，也就是“小说应该做什么”“小说的价值选择是什么”“小说的书写与发展方向是什么”这样的问题。在《刘万福案件》中，邵丽不仅提出了这样的问题，而且以自己的文学理念与创作实践创造性地回答了这样的问题。

一、何为小说：一个文学问题的提出

《刘万福案件》中的“我”是一个容易被故事“诱惑”的作家，而读者也越来越被“我”笔下的故事所“诱惑”，“我写的故事越来越被市场所认可”。在文学世界里，我们身处的这个时代是一个由故事“导向”的时代，

---

① 赵旭东：《费孝通对于中国农民生活的认识与文化自觉》，《社会科学》2008 年第 4 期，第 58 页。

② 李建军：《重新理解现实主义》，《文汇报》2006 年 2 月 12 日。

当然，由故事所“导向”的人生情势也存在于我们的日常生活世界之中，由是，“我”也就一直欣然地享受和体验着由他人、市场的肯定而带给“我”的“幸福”。

然而，“我”的老师对于“我”的小说创作的严肃批评却让“我”从幸福的峰顶一跤摔下来：

> （一场北京的新书签售仪式）签完之后，我去看文学院的老师，还没说几句话，他就从书架上拿出一本我刚出的小说集不满地说：“你作为一个作家应该明白，虽然小说是讲故事，但故事不一定就是小说。”他把小说集砰的一声扔在我面前的茶几上：“从原始人那个时代起，人们就会讲故事了。编一个故事，把各种小元素掺进去爆炒一下，这就算小说了？那种低级的故事说来说去，隔靴搔痒，都是些盗版的生活。”

老师的批评，让“我”必须正视一个基本的文学问题：何为小说？由此，“我”在悲情的强烈体验中重新思考文学与生活之间的关系、作家与生活之间的关系，“谁不想要正版的生活呢，这个可恨的浮躁的世界”。从理论上讲，作家应该走在时代的前面，“我”至少要生活在当下的这个时代之中，带着时代的问题去思考、去探索，这样，“我”才不至于被盗版的生活、被盗版生活中的故事所束缚、所左右、所规训。于是，“我”听从了老师的建议，去体验生活，去寻找生活。就这样，“我”来到鄂豫皖交界处的一个县挂职当副县长，并在这里“找到”了很多故事，包括刘万福的故事。

这天，作为副县长的“我”在群众信访接待室值班，一群人跑了三十多公里来给县委县政府送锦旗，而且，带头的年长者张和平还为县电视台代拟了一篇新闻稿，稿子的标题是《三死三生念党恩》。这群人是半山羊村村民，他们代刘万福来表达对于党的三次救命之恩的感谢。新闻稿的内容大致是这样的：为了维持全家人的生计，20 世纪 80 年代初，20 岁刚出头的刘万福到山西山阴县的一个煤矿当挖煤工，一次，他所在的施工班遭遇矿井塌方，共产党员、班长阎涛领着大家靠吃煤泥维持生命，到了第七天终于被部队的战士救了出来，刘万福很感谢党。从山西回到家，刘万福娶妻生子，待了十多年后，他依然很想进城，于是他带着老婆到全国各地跑运输，但在1998年10月遭遇了一场车祸，湖北某市公安局局长杨子龙路过把他送进了市医院，并帮他垫付了三千多元的医疗费，刘万福得到了及时治疗，很快康复出院。然而，杨子龙却根本不承认是自己救了他，通过这件事，刘万福说，他终于知道了什么是真正的共产党员。经过两次大的波折，刘万福回到了生他养他的村庄，靠着短途贩运蔬菜维持全家的生活。同村有个地痞叫刘七，1983年，他调戏刘万福的媳妇，双方就此结下了仇怨。2008年，刘七带着一帮人又到刘万福家果园里寻衅滋事，刘万福的小女儿也被侮辱，刘万福忍无可忍砍死了刘七和他的一个同伙，法庭根据他犯罪的性质和投案自首的情节，判处他死缓。在接到判决书的那一刻，刘万福在法院的回执上写下了一句话：共产党万岁！

刘万福是一个丰满的人物，也是一个很有生活故事的悲剧人物。在实地深入调查、探究刘万福故事的进程中，很快，“我”就被故事“俘虏”了、“绑架”了，“我体会了和他的悲哀同样的悲哀”，也正是在这种深刻的“体会”、“同情”（理解之同情）、思考与强烈的写作意念——“我想把刘万福这个故事写成小说，小说名字就要把三死三生体现出来”——的激荡中，“我”明白了什么是小说，什么是真正的小说。

在此，需要特别说明和补充的一点是，作家邵丽的以上文学书写准确地把握住了我们这个时代的某些特质以及这个时代的文学创作中存在着的一些值得警惕的价值倾向。这让我们更加明了，在我们这个容易被肤浅、扁平的故事“诱惑”“导向”的时代里，一些作家的文学理念和创作实践存有一种严重的匮乏局面，他们缺乏探索文学、小说的本质特征等问题的理论自觉，缺乏对文学与生活之间关系问题的真正而深入的探讨，而更多的是以经验甚至是惯性来写作、来讲故事。我们不能不说，这是一个严重制约当代中国文学发展的重大问题。什么是真正的小说？这不仅是《刘万福案件》中的美女作家“我”提出和要解答的问题，也是邵丽提出和要回答的问题，更可以看成邵丽在有意识地引导读者在当下社会与文学语境中去积极思索和探讨的问题。

二、作家的解答和创作实践：在对生活的深度感知中讲述与评价生命

什么是小说？什么是真正的小说？真正的小说是在看清楚它的人物，琢磨透它的细节的基础上，对人的生命进行评价。这是“我”的老师说的，也是“我”力图在刘万福的故事里寻找背面的东西，在体会了和他的悲哀同样的悲哀之后的根本性认识。在这里，我们还要指出，“我”对于这一文学问题的解答，其实毫无疑义地也是作家邵丽对这一问题的回应，而且，在小说中，她更是以自己的文学理念和创作实践鲜明地回答了这一问题。

邵丽认识到，在当下，新技术的不断涌现、小说家与外部世界联系的日益加深，都深深地影响着小说家们的写作；而且，正如有的论者指出的那样，市场经济的历史潮流是不可阻挡的①，它在不断地更新着人们的价值观，逼迫着小说家走向市场。然而，即便如此，她还是深信2010年诺贝尔文学奖得主、秘鲁作家马里奥·加尔巴斯·略萨所说的一句话：文学是人们为抵抗不幸而发明的最佳武器。这样，在现实的语境中，小说家就不能完全从艺术或者技术的角度放任自己，小说家必须要有他的责任和使命感。②而这种责任和使命感的获得与实现在根本的意义上就来自小说家如何看待现实生活，如何处理自己与现实生活之间的关系，如何关注、讲述与评价现实生活中的个体生命这样的问题，从而进行属于自己的创作实践与文学书写。

邵丽、“我”、“我”的老师对“真正的小说”的理解与土耳其作家奥尔罕·帕慕克的小说观念存在着一定的相似之处。帕慕克说：“通过认真阅读小说，我在年轻的时候学会了认真对待生活。文学小说显示，我们实际上具有影响事件发展的能力，我们个人的决定可以塑造我们的生活，因此我们应该认真对待生活”；“小说家在他自己生活的细节和他的想象里发现了丰富的

---

① 参见万俊人：《市场经济与道德》，《江西师范大学学报》（哲学社会科学版）2010年第6期，第10页。

② 参见邵丽：《离现实近一点还是远一点》，《文艺报》2012年7月25日。

材料。他写作是为了探索、发现并深入揭示这些材料。小说家希望在作品中传达的深沉的人生观——我称之为中心的洞见——呈现于细节、整体形态和人物性格中，这些内容都是在小说写作过程中发展出来的”。[①] 邵丽，包括“我”，积极探索小说与生活之间的关系，在艺术性构造与处理小说人物、情节的基础上，对刘万福、县委书记周启生、杨子龙，尤其是刘万福的生命进行讲述与评价，在此之中传达出其深刻的思想内涵，从而也通过创作实践塑造着自己的文学生活与现实生活。

在《刘万福案件》中，刘万福的故事是被一再讲述的，它先后被新闻稿和在“我”的求证下，以张和平（包括村民）的零零碎碎的叙述来各自讲述了一遍，最后才被“我”转述成为小说。纵观这三次讲述，我们可以清晰地看到个中的差别。处于故事中心位置的无疑一直都是刘万福，但是这三次讲述之后的刘万福已经脱离了他作为一个人的存在，而是被视为一种符号被描述和诉说着。

这三次不同的讲述，我们可以按照刘万福的不同“符号意义”作出这样的区分：

（1）如前所述，在张和平执笔的新闻稿中，刘万福是一个受到党和政府的关照而具有幸福感的农民。

（2）在作为杀人事件亲历者的村民们（包括张和平）的讲述中，刘万福是一个为民除害的好人。

（3）在“我”的整理与讲述中，刘万福是一个历经生活磨难、不断地与现实生活抗争，希望通过自己的努力改善生存环境的底层人。在这里，“我”的讲述其实也就是邵丽的声音。

不同视角下，每个个体对于他者生命的讲述是不同的，这是他们各自价值观、信仰和生活态度的差异性体现。作为听故事的人，“我”成了扭结刘万福的人生与其他人的人生的节点。这三次对刘万福故事的讲述毫无疑义地

---

① ［土耳其］奥尔罕·帕慕克：《天真的和感伤的小说家》，鼓发胜译，上海人民出版社 2012 年版，第 55、144—145 页。

表现为三种话语形态。在这里的分析中，我们可以把第二种形态搁置起来，而着重关注第一种和第三种话语形态。张和平作为刘万福生命故事的中转人，在第一次叙述中，也就是在如上新闻稿的叙述中，他是代官方而作，话语形态是典型的权力话语中的感恩形态。相较之下，我们可以明确地看到，在经过“我”梳理、讲述的刘万福的故事中，刘万福是一个有着坚执的信念和顽强生命力的人，但他同时也是一个浸泡在生活痛苦中的人，他所遭受的苦痛根本上来自在总体的社会文化语境下底层民众的生命的卑微、无奈及其不能承受之重。比如，我们曾说到，在小说中，刘万福的进城事件引发了“我”、“我”的作为经济学家的老公与周启生三人之间的激烈争论甚至是争吵。争论与争吵中更见“我”的讲述立场与话语形态。“我”坚持认为，简单地把农民赶进城市会害了他们，如果刘万福一直留守在农村，也许就没有后来他所遭遇的那些事儿，当下中国的很多社会问题，大多是由农民盲目进城引起的。“我”的老公则说，农民进城是生命不息进城不止，城市让他们有了很多种活法，这开启了农民生活的无限可能。周启生也说，把农民“赶进”城是目前最好的选择，也是理性的选择。对此，“我”发怒了，爆发了，从道德维度质问与苛责他们，认为他们根本不能真正地理解底层、理解“刘万福”们的生命。再比如说，在“我”整理之后的讲述中，刘万福砍杀刘七也不是一个简单的复仇故事，它有一个缓慢的生长过程，这个过程充满着远比故事大得多的张力，而且，他和刘七的恩怨在上一代就结下了。刘万福想通过杀人倔强地确立自己生命的尊严，邵丽这样书写“我”在这一问题上的感受：“他的尊严不是由灿烂的星空做底子的，而是在生活的烂泥里一点一点泡出来的”，支撑刘万福把刀举起又落下这个物理过程的心理过程是漫长的。显然，这是两种差异巨大的讲述，哪个版本的生活才是刘万福的真正生活？无疑，多种“声音”的碰撞建构起小说文本的“复调式”样态，刘万福故事的“底本”和诸种“述本”的演绎使得文本的意涵与个体的生命形态具有了不确定性，由此，我们也看到了《刘万福案件》这篇小说对于复杂的现实生活的多维度呈现，明显地，这是作家在合理处理小说与生活之间的关系基础上的一种艺术构造。只是，我们更加需要注意和认识到的是，由于文本意涵、个体形象的不确定的存在，“我”也就能够在整理和讲述故事的过程中坚定地明确自身的价值立场和文学态度，从而作出一己的判断与选择，而刘万福的丰富的生命形态也正是这样被建构起来以及被评价的；当然，这也是邵丽对于刘万福生命形态的建构与评价。

《刘万福案件》是多年以来邵丽思想苦恼的一个产物，在她的笔下和她的认识中，刘万福的故事具有典型性，它是普遍的：“刘万福的故事不是现在有，它过去就有，将来还会有。在制度文明和法治社会真正建立之前，我们还会遇到千千万万个刘万福”①；刘万福现象“不是‘这一个’，它甚至是普遍的、先验的、宿命的，这才是它的悲剧意义之所在”②。这是邵丽真正想说的，而我们知道，作家讲故事本身是一种有倾向性的行为，说什么与不说什么就是一种选择，所以，我们可以认为，邵丽在这里的述说明显地呈示出了她创作《刘万福案件》的基本思想倾向和价值取舍，体现着她自身所构筑的也期望达致的文学伦理状况。

卢卡奇在《小说理论》中指出：小说“试图以塑造的方式揭示并构建隐蔽的生活总体。对象的给定结构——探求只不过是从主体来看以下一点的表达：无论是客观的生活整体，还是其与主体的关联，都不具有什么不言而喻的自身和谐——表明了对塑造的态度：历史情况自身所承载的一切破裂和险境，都得包括进塑造中去，而不能也不应该用编排的手段加以掩饰”③。邵丽在《刘万福案件》中，构建了、揭示了刘万福有限生活的根本景观或者说集中概括了其生活总体，而且正是在这一构建与揭示中她深度感知着现实生活本身，从而向读者讲述和评价着刘万福的生命。

三、小说何为：反映生活、温暖生命、激荡精神、充溢灵魂

从邵丽、“我”对于“何为小说”“什么是真正的小说”问题的解答中，从邵丽对于刘万福生命的讲述与评价这一创作实践中，我们需要认识到，小

① 邵丽：《离现实近一点还是远一点》，《文艺报》2012 年 7 月 25 日。

② 邵丽：《创作谈：倾斜的姿态》，《北京文学·中篇小说月报》2012 年第 1 期，第 25 页。

③ ［匈］卢卡奇：《小说理论》，燕宏远、李怀涛译，商务印书馆 2012 年版，第 53 页。

说活动绝不能被简单地认为是一种娱乐式的文学生产和消遣式的快餐消费，小说在对真实的社会生活的呈现中可以也需要承载对于人性、生命、文化等重大问题的深度思考与探索。真正的小说是一种对人的生命进行评价的形式，它的最根本的着力点就在于人本身。

文学是人学，是社会现实中从事实际生活活动的人的“精神分析”学，是唯物史观视野下由人参与其中并构筑而成的流动着的社会存在的基本反映和体现，是人实现其自由自觉特性和确证其本质力量的基本方式；依凭它，人类可以艺术地掌握世界，而它也实践和呈现着人性的多样性和丰富性的展开。在漫长的人类文明发展进程中，文学已然渗透到我们的日常生活和精神生活之中，它构造着我们的社会生活、政治生活乃至经济生活世界，也塑造者我们的身体、思想与灵魂。铁凝说：“文学可能并不承担审判人类的义务，也不具备指点江山的威力，但它始终承载理解世界和人类的责任、对人类精神的深层的关怀。它的魅力在于我们必须有能力不断重新表达对世界的看法和对生命新的追问；必须有勇气反省内心以获得灵魂的提升。”[①] 由此，我们可以明白，对生活、生命、精神、灵魂的书写与观照是文学当然也是小说无法回避的基本命题。

邵丽说，每位作家的责任和社会使命感推动着他义无反顾地、不迟疑地、勇敢地“介入”生活，作家需要对人类生活的美和善、对人的价值和尊严进行不屈不挠的探寻和讴歌。而这也已经成为了她的生命密码，不抛弃，不放弃。[②] 由是，我们可以进一步认为，任何小说写作、任何真正的小说写作都不是一次简单的探险行为，而是作家在“介入”现实、深入社会生活的基础上关乎人性、关乎生命的抉择的报告。我们读到的与其说是一个故事，倒不如说是对人类精神的分析，是对人类精神的隐喻，是人类灵魂的自白书。

文学、小说在反映社会生活的基础上书写、讲述与评价人的生命，最终

① 铁凝：《大师的时代已然过去》，2006 年 11 月 17 日，见 http://www.thebeijingnews.com。

② 参见邵丽：《离现实近一点还是远一点》，《文艺报》2012 年 7 月 25 日。

是为了温暖生命；正因为温暖，生命才有了温度、有了深度，由此我们可以更加认识生命的本质、理解生命的意义，从而成就道德人格，创造和实现生命的价值。[①] 文学、小说书写个人的生命、个人的心理，而个人其实无可置疑的是民族、人类的一部分。荣格这样讨论个人的心理和民族的心理问题："在医生眼里，一个民族的心理只是在某些方面比个人的心理更为复杂而已。何况，诗人们不是也说到过他们'灵魂的国度'吗？这在我看来是十分正确的，因为心理的多面性中有一面就是：心理并不是个人意义上的，我们不过是一个唯一的、无所不包的精神的一部分，用斯威登堡（Swedenborg）的话说，是一个唯一的'最伟大者'（the homo maximus）的一部分。"[②] 小说正是作家把它作为民族心理的一部分创作出来的关于一个民族、一个时代和这个世界的精神图景，从这个意义上说，如何合理地评价一个生命，也就是对于一个民族的精神和整个世界的精神的叩问与探索。由此，我们可以明白的是，通过个人的生命、个人的心理，文学传达整个民族、传达整个人类的集体经验，更表达民族与人类的精神诉求，它是民族与人类精神的隐喻，理应激荡现实生活中的人的精神。文学是人类心理的传感器，它直抵人类的精神腹地，它冲撞人的灵魂。从这个维度上来看，小说必须具有灵魂。如果文学、小说缺少了灵魂，那它也就失去了真义；相反，有了灵魂，充溢灵魂，甚至是提升灵魂，文学、小说也就有了光。[③]

---

① 参见徐春林：《〈论语〉的生命观与生命教育思想》，《江西师范大学学报》（哲学社会科学版）2011 年第 5 期，第 55 页。

② ［瑞士］卡尔·古斯塔夫·荣格：《现代人的精神问题》，载《精神分析与灵魂治疗》，冯川译，译林出版社 2012 年版，第 234 页。

③ 参见尤凤伟：《创作谈：上帝说：要有光》，《北京文学·中篇小说月报》2012 年第 2 期，第 23 页。

后 记

经过紧张而持续的劳动，这部著作终于完成了。在此，我们再简要地表达三层意思。

其一，这部著作各章节的评论对象，也就是对中篇小说文本的确立，是有选择的。2010—2014 年，中篇小说创作繁丰，我们不可能一一提及。文本的选择较为困难，但我们是慎重的，也是有一己的标准和尺度的。既然是有选择的，也就必须承认我们的研究是非完整性的。我们关注和探讨的是文学的多样化生长中的一些环节，故而，我们称为“五年中篇小说印象”。

其二，这部著作是集体性的研究成果，是在 2011 年底、2012 年初就有意识地开始的一项工作。工作的基本流程是：评论对象也就是中篇小说文本的确立由陈海艳、詹艾斌负责，他们先期进行广泛的阅读，并形成对具体评价作品的基本认识和态度；之后，请学生（包括博士生、硕士生和个别优秀本科生）对指定的文本进行课外阅读，将阅读心得提交课堂讨论，明确共识，在此基础上，由詹艾斌统筹制定完整的论证设计；学生自愿选择，根据论证设计要求，撰写评论文章初稿；个别文章的初稿由陈海艳、詹艾斌自己撰写；最后，评论文章的定稿由陈海艳、詹艾斌一一修订完成。让人欣慰的是，在这一过程中，学生的主导性文学价值观与文学批评价值观得以有效确立，文学批评的创新能力进一步增强，学术立场和学术价值观也日益明确。

学生参与评论文章初稿撰写的情形是：伍文珺，第一章第二节、第二章

第一节与第二节；欧阳小婷、余媛媛，第三章第一节；姚燕苹，第六章第一节；黄婧，附录第一节；高宇婷，附录第二节；杨欢欢，附录第三节；吴易骅，附录第四节；曾诚，代序；孙溧，第三章第二节、第五章第三节；简思香，第一章第三节、第二章第三节、第六章第三节；周云颖，第三章第三节；张燕，第三章第四节、第四章第一节；查书雨，第一章第四节、第四章第二节；何露，第二章第四节；黄蓉，第六章第二节；李健钊，第四章第三节；胡遒，第五章第四节；潘佳丽，第六章第四节；杨舒晴，第五章第一节；赖欢，第四章第四节；夏成，第一章第一节。

其三，这部著作是我们关注 2010 年以来——在我们的研究计划中，将适时地回溯至 21 世纪以来——中篇小说创新发展的尝试性的、阶段性的研究成果。我们会保持热忱，跟进中篇小说创作的步伐，继续对其予以批判性的、建设性的探讨。这也就是我们在“代序”中所说的，“这是一次尝试，我们也会持续下去”。

2018 年 6 月